루소전집
4

Jean-Jacques Rousseau

라 투르가 그린 루소의 초상화

1 비엔 호수의 물결을 따라 몽상에 잠겨 있는 장 자크 루소
생피에르 섬에 은거해 있는 동안 루소는 사람들 사이의 번잡함에서 벗어나고 싶을 때면 비엔 호수의 작은 섬을 향해 작은 배를 저어 나아갔다. 물결에 몸을 맡기며 몽상에 잠기는 시간이야말로 루소에게 가장 달콤하고도 행복한 시간이었다.

2 토끼를 배에 태우고 섬으로 가는 루소 일행
생피에르 섬에 머무르던 시절, 루소는 비엔 호수의 무인도가 토끼가 살기에 알맞을 것이라 판단하고 함께 사는 징세관에게 부탁해 암수 토끼 몇 마리를 구해 그곳에 방생했다.

1 **1 《고독한 산책자의 몽상》의 초안이 적혀 있는 카드**
   《고독한 산책자의 몽상》을 처음 구상했을 때, 루소는 그 초안을 27장의 카드에 적어놓았다.

2 **2 〈다섯 번째 산책〉 원고**

식물을 채집하는 장 자크 루소(게오르그 프리드리히 메이어, 18세기경)
예순다섯 살도 넘은 노년에 루소는 식물채집에 빠져들었다. 그는 무라위의 《식물계》를 통째로 외우고 지구 상에 알려진 모든 식물을 알아보려는 장대한 계획을 세웠다.

루소의 식물채집

크레티앙 기욤 드 리무아뇽 말제르브
프랑스의 정치가로 서적 검열관장을 지내기도 한 말제르브는 루소의 후원자이자 보호자였다. 관대하고 선량한 그를 깊이 신뢰한 루소는 그에게 편지를 보내 자신의 삶과 사상에 대해 상세하게 이야기하곤 했다.

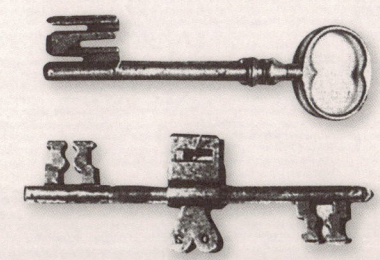

1 | **1. 장 자크 루소의 방문 열쇠들**
2 | 루소는 세상 사람들이 자신을 감시하고 쫓아다닌다는 망상에 사로잡혀 방문을 걸어 잠그고 살았다.

2. 장 자크 루소가 쓰러질 때 앉아 있었던 의자

장 자크 루소의 데스마스크

장 자크 루소의 서명

JEAN-JACQUES ROUSSEAU

루소전집
4

고독한 산책자의 몽상
말제르브에게 보내는 편지 외

장 자크 루소 지음 | 진인혜 옮김

책세상

일러두기
1. 이 책의 번역 저본은 다음과 같다.《루소 전집*Jean-Jacques Rousseau. Œuvres complètes*》1권(Paris : Gallimard, 1959)에 수록된《고독한 산책자의 몽상*Les rêveries du promeneur solitaire*》, 〈나의 초상Mon Portrait〉, 〈말제르브에게 보내는 편지 Lettres à Malesherbes〉, 〈몽상의 초안Ébauches des rêveries〉, 〈즐기는 기술과 그 밖의 단상들Art de jouir et autres fragments〉, '문헌Documents' 중 〈1737년 6월 27일의 장 자크 루소의 유서Testament de Jean-Jacques Rousseau, du 27 Juin 1737〉, 〈제네바 시민 장 자크 루소의 유서Testament de Jean-Jacques Rousseau citoyen de Genève〉.
2. 각주는 원작에 속한 것이며 미주는 옮긴이의 주이다.
3. 원문에서 이탤릭체로 강조한 부분은 고딕체로 표시했다.
4. 책(단행본)·잡지·신문은《 》로, 논문·희곡·시·연극·오페라 등은 〈 〉로 표시했다.

차례

고독한 산책자의 몽상　　　　　　　　　　　　　　　13

말제르브에게 보내는 편지 외
자전적 단상과 전기적 자료　　　　　　　　　　　149

　나의 초상　　　　　　　　　　　　　　　　　151
　말제르브에게 보내는 편지　　　　　　　　　　165
　몽상의 초안　　　　　　　　　　　　　　　　188
　즐기는 기술과 그 밖의 단상들　　　　　　　　200
　1737년 6월 27일의 장 자크 루소의 유서　　　207
　제네바 시민 장 자크 루소의 유서　　　　　　211

해설 행복을 추구하는 몽상가의 내면 일기 | 진인혜　　215

옮긴이주　227
찾아보기 | 인명　235
찾아보기 | 용어·저작　236

고독한 산책자의 몽상

Les rêveries du promeneur solitaire

JEAN-JACQUES ROUSSEAU

첫 번째 산책

 이제 이 세상에 나는 혼자다. 더이상 형제도, 가까운 사람도, 친구도, 사람들과의 교제도 없고, 오직 나 자신뿐이다. 가장 사교적이고 상냥한 사람이 만장일치로 추방된 것이다. 그들은 증오심을 교묘히 발휘하여 예민한 내 영혼에 가장 잔인한 고문이 어떤 것인지를 찾아냈고, 그들과 나를 결부시켰던 모든 관계를 가차 없이 파괴시켰다. 그들이 아무리 그렇게 했어도 나는 인간을 사랑했을 것이다. 그들은 다만 인간이기를 포기함으로써 내 애정에서 빠져나간 것이다. 그리하여 이제 그들은 자신들이 원해서 내게 낯선 이방인이 되었고, 결국 아무것도 아닌 사람들이 되었다. 그런데 나는, 그들과 모든 것으로부터 떨어져 나온 나 자신은 무엇인가? 바로 이것이 이제부터 내가 탐구해야 할 문제이다. 불행하게도 이 탐구에 앞서 내 처지를 간략히 살펴보아야 한다. 그것은 그들을 떠나 나 자신에게 이르기 위해 필연적으로 거쳐야 할 일이다.
 십오 년 전부터 나는 기이한 상황에 놓여 있지만, 이 상황이 아직도 꿈만 같다. 소화불량에 시달리느라 잠을 설치다가 잠에서 깨어나면, 나는 고통에서 벗어나 친구들과 다시 함께 있게 되는 상상을 여전히 하곤 한다. 그렇다, 나도 모르는 사이에 깨어 있는 상태에서 잠 속으로, 아니 삶에서 죽음으로 갑자기 뛰어든 것이 틀림없다. 어찌 된 일인지는 모르지만, 나는 정상적인 상태에서 벗어나 아무것도 보이지 않는 불가해한 혼돈 속으로 추락하게 되었다. 현재의 내 상황을 생각하면 할수록 내가 어디에 있는 것인지 이해할 수가 없다.

아! 나를 기다리고 있던 운명을 어떻게 내가 예견할 수 있었겠는가? 그 운명에 맡겨진 지금은 또 어떻게 그것을 납득할 수 있겠는가? 나는 과거나 현재나 여전히 똑같은 사람인데, 어느 날 갑자기 한 치의 의심도 없이 괴물로 독살자로 암살자로 여겨지고 간주되리라고, 하찮은 족속들의 노리개이자 인류의 공포가 되리라고, 행인들이 건네오는 모든 인사가 내게 침을 뱉는 것이 되리라고, 한 세대 전체가 만장일치로 기꺼이 나를 생매장하리라고, 내 상식으로 짐작이나 할 수 있었겠는가? 이 기이하고도 갑작스러운 변화와 맞닥뜨렸을 때 우선 나는 당황스러웠다. 흥분과 분노로 정신착란에 빠져 마음을 진정시키는 데 십 년이 넘게 걸렸다. 그리고 그 사이, 부주의하게도 실수에 실수를, 잘못에 잘못을, 어리석은 짓에 어리석은 짓을 거듭하면서 내 운명을 농락한 자들에게 수많은 구실을 제공했고, 그들은 교묘하게 그것을 이용하여 내 운명을 돌이킬 수 없는 것으로 만들어버렸다.

나는 오랫동안 격렬하게 발버둥쳤지만 소용없었다. 교묘한 재주도 기교도 꾸밈도 용의주도함도 없고, 솔직하고 개방적이고 성급하고 성을 잘 내는지라 발버둥 치면서 스스로를 더욱 옥죄었고, 끊임없이 그들에게 새로운 빌미를 주었을 뿐이다. 그리고 그들은 그 빌미를 놓치지 않았다. 마침내 모든 노력이 아무 소용도 없음을 깨닫고 쓸데없이 번민에 시달리던 나는 남아 있는 유일한 해결책을 취했다. 그것은 불가피한 일에 더 반항하지 않고 운명에 복종하는 것이었다. 그리고 이 체념에서 얻는 마음의 평정 덕분에 나는 내 모든 불행에 대해 보상받았다. 그것은 고통스럽고도 부질없는 저항을 계속하는 고역에서는 찾을 수 없는 것이었다.

이런 마음의 평정에 이르도록 도와준 것이 또 하나 있다. 온갖 기교를 동원해 나를 증오하던 박해자들이 원한으로 말미암아 한 가지 기교를 잊어버리고 빠뜨린 것이다. 계속 새로운 타격을 가함으로써 끊임없이 나를 고통스럽게 하고 그 고통을 새롭게 하기 위해서는, 잊어버린 그 기교의 효과를 증대시켜야 했다. 만약 그들이 교묘하게 내게 어떤 희망의 빛을 남겨두었더라면, 나는 여전히 거기에 붙잡혀 있을 것이다. 거짓 속임수에 속아 여전히 그들의 노리개 노릇을 하고 있을 테고, 또한 기대가 어긋남에 따라 언제나 새로운 고통으로 마음이 몹시 아플 것이다. 그러나 그들은 모든 수단을 미리 다 써버렸다. 내게 아무것도 남겨놓지 않음으로써, 그들 스스로에게서 모든 것을 빼앗은 것이다. 그들이 내게 퍼부은 비방과 멸시와 조롱과 치욕은 이제 약해지면 약해졌지 더는 증가할 여지가 없다. 비방과 멸시와 조롱과 치욕을 더이상 악화시킬 수 없는 그들이나 그것을 피할 수 없는 나나, 이제 우리는 모두 어쩔 수 없는 상태가 되었다. 나의 불행을 너무 서둘러 절정으로 몰고 간 탓에, 지옥의 온갖 술책을 동원하는 막대한 권력을 가진 인간일지라도 아무것도 더 보태지 못할 것이다. 육체적인 고통은 내 고뇌를 증대시키기는커녕 오히려 잠시 잊게 해줄 것이다. 어쩌면 그 고통 때문에 비명을 지르느라 한탄을 하지 않게 될지도 모른다. 그리고 찢어질 듯한 육체의 아픔에 마음의 아픔이 잦아들지도 모른다.

이미 모든 일은 벌어졌는데, 그들에 대해 내가 무엇을 더 두려워하랴? 내 처지를 더 악화시킬 수 없으므로 그들은 더이상 나를 불안하게 하지 못할 것이다. 그들은 불안과 공포라는 재난으로부터 나를 영원히 해방시켜주었다. 이제부터는 언제까지나 위안만이 있을 뿐이다. 현실적인 재난은 내게 아무런 영향도 미치지 못한다. 나는 현재 겪고 있는 재난에 대해서는 쉽게 체념하고 받아들이지만, 닥칠까 두려운 재난에 대해서는 그렇지 못하다. 겁에 질린 내 상상력은 그 재난들을 조합하고, 휘저어 부풀리고, 증대시킨다. 나는 닥쳐올 재난을 기다리는 것이 당장 눈앞에 벌어지는 재난보다 훨씬 더 고통스럽다. 내게는 타격보다 위협이 더 끔찍하다. 재난이 실제로 일어나면 상상이었던 부분은 곧 모두 제거됨으로써 실제의 크기로 축소된다. 그러면 나는 재난이 상상했던 것보다 훨씬 대단치 않다는 것을 알게 되고, 고통 속에서도 위안을 느낄 수밖에 없는 것이다. 그런 상태에서는 온갖 새로운 두려움에서 해방되고 희망에서 비롯되는 불안에서도 벗어나므로, 단지 익숙해지기만 하면 더 악화될 수 없는 상황을 하루하루 잘 견뎌낼 수 있다. 그리고 시간이 흐르는 가운데 감정이 무뎌짐에 따라, 그들에게는 그 감정에 다시 활기를 불어넣을 수단이 더이상 없어진다. 바로 그것이 나를 박해하는 자들이 온갖 원한에 사무친 행동들을 끝도 없이 하면서 내게 베푼 선행이다. 그렇게 해서 그들은 나에 대한 모든 영향력을 스스로 박탈했고, 나는 그들을 무시할 수 있게 되었다.

내가 마음의 평정을 완전히 되찾은 것은 두 달도 채 안 된다. 오래전부터 나는 더이상 아무것도 두려워하지 않았지만, 여전히 희망은 품고 있었다. 때로 나는 그 희망에 현혹되기도 하고 좌절하기도 했는데, 그것은 여러 가지 수많은 정념passion으로 끊임없이 나를 동요시킨 한 원천이었다. 그런데 예기치 못한 슬픈 사건 때문에 마침내 내 마음속에서 실낱같던 희망의 빛마저 꺼져버렸고, 내 운명은 영원히 돌이킬 수 없게 되었다. 그때부터 나는 미련 없이 체념하고 마음의 평화를 되찾았다.

음모의 전말을 얼핏 깨닫기 시작하면서, 나는 살아 있는 동안 세상 사람들을 다시 내 편으로 만들겠다는 생각을 금세 깨끗이 단념했다. 설령 그들이 돌아온다 해도 더이상 상호적인 관계가 성립될 수 없으므로 내게는 아무 쓸모도 없을 것이다. 사람들이 내게 다시 돌아와도 소용없는 일, 그들은 더이상 나를 다시 만나지 못할 것이다. 그들이 불러일으킨 경멸감 때문에 그들과의 교류는 내게 따분하고 부담스럽기까지 하리라. 그들과 함께 살던 때보다 고독 속에서 지내는 지금이 훨씬 더 행복하다. 그들은 내 마음속에서 교제의 모든 즐거움을 앗아갔다. 내 나이에 그런 즐거움은 다시 싹틀 수 없을 것이다. 그러기에는 너무 늦었다. 그들이 내게 좋은 일을 하든 해를 입히든 이제 나는 아무 관심도 없다. 내 동시대인들이 무슨 짓을 하든 내게는 전혀 의미가 없을 것이다.

하지만 나는 여전히 미래에 기대를 걸고 있었다. 더 나은 세대가 내게 내려진 판단과 내가 당한 일들을 잘 살펴보고, 그런 일들을 주도한 자들의 간계를 쉽게 간파해 마침내 나를 있는 그대로 보게 되리라고 기대했던 것이다. 내가《루소, 장 자크를 심판하다―대화 Rousseau juge de Jean Jacques, Dialogues》를 쓰고, 그것을 후세에 전하기 위해 터무니없는 시도를 수없이 한 것도 바로 그런 희망 때문이었다. 비록 먼 미래에 대한 희망이었지만, 내 영혼은 당대에 여전히 정의로운 마음을 지닌 사람을 찾고 있었을 때와 마찬가지로 동요했다. 그런데 머나먼 미래에 걸었던 희망도 무참히 깨어져, 나는 이번에도 동시대인들의 노리갯감이 되고 말았다. 나는《루소, 장 자크를 심판하다―대화》에서 그러한 기대가 무엇에 근거한 것인지 이야기했다. 내 실수였다. 하지만 다행히도 너무 늦지 않은 때에 그 사실을 깨달아 최후의 순간을 맞이하기 전에 완전한 마음의 평안과 휴식의 시간을 발견할 수 있었다. 그 시간은 지금 내가 이야기하는 바로 이 시기에 시작되었고, 이제 나는 그 시간이 멈추지 않으리라고 굳게 믿는다.

훗날에라도 세상 사람들이 돌아오리라고 기대한 것이 얼마나 큰 실수였는지, 나는 거의 날마다 새로운 성찰을 통해 확인한다. 나에 관해서라면 그들은 나를 미워한 집단에 속한 이들로 끊임없이 교체되는 안내자들에게 조종받기 때문이다. 개인은 죽지만 개인이 모인 집단은 죽지 않는 법이다. 그 속에서 똑같은 정념이 영원토록 계속되고, 마치 사탄이 부추겨대는 것처럼 격렬하고 꺼질 줄 모르는 그들의 증오는 언제까지나 변함없이 생생한 것이다. 내게 적대적인 개인이 모두 죽은 후에도 의사들과 오라토리오회 수도사들은 여전히 존속할 터인데, 나를 박해하는 집단이 그 두 집단뿐이라 하더라도 그들은 내 생전에 나라는 사람을 가만두지 않는 것과 마찬가지로, 내가 죽은 후에도 내 평판을 그냥 내버려두지 않으리라고 확신한다. 어쩌면 세월이 흐름에 따라 내게 실제로 모욕을 당했던 의사들은 마음이 누그러질지도 모른다. 그러나 내가 사랑하고 존경했으며 전적으로 신뢰했고 한 번도 모욕한 적이 없는 오라토리오회 수도사들, 수도자나 마찬가지인 그들 성직자들의 마음은 영원히 달랠 길이 없을 것이며, 그들 자신이 공정치 못해 나를 죄인으로 만들었음에도 그들의 이기심amour-propre은 결코 나를 용서하지 않을 것이다. 그리고 그들이 세상 사람들이 원한을 누그러뜨리지 않도록 끊임없이 원한을 북돋우려고 애쓸 것이므로, 그들과 마찬가지로 세상 사람들의 마음도 가라앉지 않을 것이다.

나에게는 이 땅에서의 모든 것이 끝났다. 사람들은 내게 더이상 좋은 일도, 나쁜 짓도 할 수 없다. 이제는 이 세상에서 기대할 것도, 두려워할 것도 남아 있지 않다. 그리하여 나는 심연의 밑바닥에서도 평온하다. 불운하고 가엾은 인간이지만 신처럼 흔들림이 없다.

내 외부의 모든 것은 이제 나와 무관하다. 이 세상에는 더이상 내게 가까운 사람도, 동료도, 형제도 없다. 나는 마치 내가 살던 행성에서 낯선 행성으로 뚝 떨어진 듯 이 땅에 존재하고 있다. 내 주위에서 무언가 식별할 수 있는 것이 있다면, 내 마음에 슬픔과 고통을 주는 것들뿐이다. 그리하여 내게 접근해오고 나를 둘러싸고 있는 것에 눈길을 던지면, 언제나 분노를 자아내는 경멸스러운 모습이나 나를 괴롭히는 고통스러운 모습을 발견하게 된다. 그러니 고통스러워하면서 쓸데없이 간여했던 몹쓸 대상들은 머릿속에서 떨쳐내자. 오직 나 자신 안에서만 위안과 희망과 평화를 얻을 수 있으니, 여생에는 홀로 나 자신에게만 전념하고 싶다. 당연히 그래야 한다. 지난날 내가 《고백Les confessions》이라고 불렀던 엄격하고 진지한 검토의 후속편을 다시 시작하는 것은 바로 이와 같은 상황에서이다. 나는 나 자신을 탐구하고 나에 대한 보고서를 서둘러 미리 준비하는 데에 내 마지막 날들을 바치고자 한다. 내 영혼과 대화를 나누는 달콤한 즐거움에 온전히 몰두하자. 그것만이 사람들이 내게서 빼앗아갈 수 없는 유일한 것이니까. 내 내면의 성향을 성찰함으로써 그것을 더 바람직하게 정돈하고 거기에 남아 있을지도 모르는 악을 바로잡게 된다면, 내 명상이 완전히 무익하지는 않으리라. 비록 이 땅에서는 내가 더이상 쓸모없는 존재라 할지라도, 내 마지막 날들을 완전히 낭비한 것은 아니리라. 날마다 산책하며 보내던 여가 시간은 종종 매력적인 명상으로 가득 차곤 했는데, 애석하게도 지금은 기억할 수가 없다. 그리하여 내게 다시 찾아올 수도 있을 그런 명상들을 이제부터 글로 남겨놓으려 한다. 그러면 그것을 다시 읽을 때마다 큰 즐거움이 되돌아오리라. 나는 내 마음의 참된 가치를 생각하면서 내 불행과 박해자들과 치욕을 잊을 것이다.

 본질적으로 이 글은 내 몽상에 관한, 일정한 형식이 없는 일기에 지나지 않을 것이다. 여기에는 나 자신에게 던지는 많은 질문들이 있을 것인데, 고독하게 성찰하는 사람은 필연적으로 자기 자신에게 깊이 몰두하게 되기 때문이다. 그뿐만 아니라, 산책하면서 내 머리를 스쳐 가는 낯선 생각들 역시 모두 이 글 속에 자리잡게 될 것이다. 나는 생각한 것을 마음속에 떠오르는 대로 말할 것이다. 보통 전날의 생각은 다음날의 생각과 잘 연결되지 않는데, 그런 식으로 전후 맥락 없이 말할 것이다. 하지만 지금과 같은 기이한 상황에서 내 정신에 매일의 양식이 되는 감정과 사고가 무엇인지 알아냄으로써, 결과적으로 내 본성과 기질을 새로이 이해하게 될 것이다. 따라서 이 글은 《고백》의 부록으로 간주될 수 있다.[1] 하지만 나는 꼭 그래야 할 이유를 더이상 느끼지 않으므로 이 글에 그 제목을 붙이지는 않겠다. 내 마음은 역경의 도가니에서 정화되었기에, 마음속을 세밀히 조사해보아도 비난할 만한 성향의 찌꺼기를 거의 발견할 수 없다. 이 땅에 대한 애정이 내 마음속에서 뿌리째 뽑혀 나간 터에 아직도 고백해야 할 것이 뭐가 남아 있겠는가? 나는 비난받을 일도, 칭찬받을 일도 없다. 이제는 사람들 속에 살지 않기 때문인데, 더이상 그들과 실질적인 관계도 진정한 교제도 가지지 않는 나는 그런 존재일 수밖에 없다. 선행을 해도 언제나 악행으로 해석되고 무슨 행동을 해도 타인이나 나 자신에게 해를 끼치게 되어 나의 유일한 의무는 행동을 삼가는 것이 되었고, 그 의무가 내 마음속에 존재하는 이상 나는 그것을 수행하고 있다. 그러나 육체가 무위도식하는 가운데서도 내 영혼은 활발히 움직인다. 내 영혼은 여전히 감정과 사고를 낳고 있고, 지상의 세속적인 이해관계를 모두 버림으로써 그 내적이고 정신적인 생명력이 더욱 증대된 듯하다. 내게 육체는 단지 귀찮은 존재이자 장애물일 뿐이다. 그래서 나는 최대한 앞당겨 육체에서 빠져나오고자 한다.

아주 독특한 상황은 확실히 검토하고 묘사해볼 가치가 있다. 나는 바로 이 같은 검토에 내 마지막 여가를 바치고자 한다. 그 일을 성공적으로 해내려면 질서 정연히, 체계적으로 착수해야 할 것이다. 하지만 나는 그렇게 할 수가 없다. 그러면 내 마음의 변화와 그에 잇달아 일어나는 또 다른 변화를 알아보려는 내 목적에서 벗어나게 될 것이다. 어떤 점에서는 물리학자가 매일의 대기 상태를 알기 위해 실험을 하듯 나 자신에 대한 실험을 행할 것이다. 즉 내 영혼에 기압계를 갖다 대는 것인데, 이 실험을 오랜 기간 반복적으로 잘 실행한다면 물리학자들만큼이나 확실한 결과를 도출해낼 수 있을지도 모른다. 하지만 내 시도를 거기까지 확장하지는 않을 것이다. 실험을 체계화하려고 애쓰지 않고, 다만 기록하는 것으로 만족할 것이다. 내 시도는 몽테뉴Montaigne²의 시도와 동일하다. 그러나 목적은 그와 정반대이다. 그는 다른 사람들을 위해 《수상록Les essais》을 썼지만, 나는 오직 나를 위해 내 몽상을 기록한다. 더 늙어 세상을 떠날 시간이 가까워졌을 때 나의 바람대로 내가 지금과 같은 성향을 그대로 간직하고 있다면, 이 몽상의 기록을 읽으며 지금 이 글을 쓰면서 느끼는 즐거움을 다시 맛보게 되리라. 또한 그렇게 내 과거가 되살아남으로써, 이를테면 내 삶은 두 배로 늘어나리라. 사람들이 뭐라고 하든 나는 여전히 친교의 매력을 맛볼 수 있을 것이며, 늙은 나는 마치 더 젊은 친구와 사는 것처럼 다른 나이의 나와 함께 살게 될 것이다.

《고백》의 초반부와 《루소, 장 자크를 심판하다―대화》를 집필할 때, 나는 나를 박해하는 자들의 탐욕스러운 손아귀에서 그 글들을 보호해 가능하면 그것들을 후세에 전할 방법을 찾느라 끊임없이 노심초사했다. 하지만 이 글에 대해서는 더이상 그런 불안으로 괴로워하지 않는다. 그것의 무용함을 잘 알기 때문이다. 또한 사람들이 더 잘 알아주기를 바라는 욕망이 마음속에서 사라져버렸으므로, 내 진실한 글들과 내 결백을 보여주는 저작의 운명에 극히 무관심할 뿐이다. 어쩌면 그런 글들과 저작은 이미 모두 영원히 없어져버렸는지도 모른다. 사람들이 내가 무엇을 하는지 염탐하든, 이 글에 대해 불안해하든, 이 글을 탈취해 없애버리거나 위조하든, 이제 아무 상관도 없다. 나는 이 글을 숨기지도 드러내지도 않을 것이다. 살아생전 이 글을 누가 내게서 빼앗아간다 해도, 이 글을 썼다는 기쁨, 그 내용에 대한 기억, 이 글을 낳은 고독한 명상, 내 영혼이 사라지지 않는 한 그 근원이 절대 사라질 수 없는 그 고독한 명상은 내게서 빼앗아가지 못할 것이다. 내가 처음 불행을 겪을 때부터 운명에 반항하지 않는 법을 알았더라면, 오늘날 내가 취하는 해결책을 취할 줄 알았더라면, 사람들의 모든 노력과 무시무시한 간계가 내게 아무런 영향도 미치지 못했을 텐데. 그리고 이제 그들이 음모를 성공시키더라도 내 휴식을 방해하지 못하는 것과 마찬가지로, 온갖 음모로 내 휴식을 방해하지 못했을 텐데. 그들에게 마음껏 내 치욕을 즐기라고 하라. 하지만 내가 내 결백을 즐기고, 그들의 뜻과는 달리 평화롭게 여생을 마치는 것을 방해하지는 못하리라.

두 번째 산책

　나는 한 인간이 처할 수 있는 가장 기이한 처지에 놓인 내 영혼의 일상적인 상태를 묘사하려는 계획을 세우고, 그 계획을 실행하는 데 다음과 같은 방법보다 더 간단하고 확실한 것은 없다고 생각했다. 즉 머릿속이 완전히 자유로운 상태에서 생각이 아무 저항도 장애도 없이 흘러가게 내버려두는 가운데, 고독한 산책과 그 산책 도중에 떠오르는 몽상들을 충실하게 기록하는 것이다. 그 고독한 명상의 시간은 하루 중 다른 것에 마음을 빼앗기지 않고 아무 방해 없이 오롯이 나 자신으로 돌아가는 유일한 시간, 본성이 원한 것이 무엇인지를 확실히 말할 수 있는 시간이다.
　나는 그 계획의 실행을 너무 미뤘음을 곧 깨달았다. 이미 활기를 많이 잃어버린 내 상상력은 이제 흥분시키는 대상을 바라보아도 예전처럼 불타오르지 않고, 몽상의 열광에 푹 젖어들지 못한다. 이제 몽상의 산물 속에는 창작물보다 무의식적인 추억이 더 많고, 미온적인 무기력으로 인해 내 모든 기능은 약화된다. 내 안의 생명의 기력은 점점 꺼져가고 있다. 내 영혼은 가까스로 노쇠한 육신의 껍데기 밖으로 솟아오른다. 내게 그것을 누릴 권리가 있다고 느끼기 때문에 내가 언젠가는 그런 상태에 이를 것이라 믿는 그 간절한 희망이 없다면, 나는 그저 추억으로만 존재하고 있을 것이다. 따라서 생의 마지막에 이르기 전 나 자신을 조망하기 위해, 적어도 몇 년 전, 이 세상에서 모든 희망을 잃고 이 땅에서 더이상 마음의 양식을 찾지 못해 마음의 실체만으로 마음을 살찌우고 모든 양식을 내 안에서 구하는 데 차츰 익숙해져가던 그때로 거슬러 올라가야 한다.

너무 늦게 생각해낸 방법이었지만, 이 방법은 곧 내게 모든 것을 보상해주기에 충분할 만큼 좋은 결과를 가져다주었다. 나 자신으로 돌아가는 습관 덕분에 내 불행에 대한 감정과 기억은 마침내 거의 사라졌다. 그리하여 나는 진정한 행복의 원천은 자기 안에 있고, 행복해지기를 원할 줄 아는 사람은 결코 다른 사람들에 의해 비참해지지 않는다는 것을 나 자신의 경험을 통해 깨달았다. 사오 년 전부터 나는 상냥하고 부드러운 영혼이라면 명상 중에 발견하게 되는 그런 내적 환희를 습관적으로 맛보아왔다. 이렇게 홀로 산책하면서 이따금 느끼던 그 황홀과 도취는 나를 박해하던 자들 덕분에 알게 된 즐거움이었다. 그들이 없었다면 나는 나 자신 속에 지니고 있던 보물을 결코 발견하지도, 알지도 못했을 것이다. 보물이 그토록 즐비한데, 어떻게 다 정확하게 기록하겠는가? 그 많은 달콤한 몽상들을 회상하려 하면서, 나는 그것을 묘사하기는커녕 다시 몽상에 빠져들었다. 몽상에 대한 기억 때문에 어떤 상황으로 되돌아가게 되는 것인데, 기억을 전혀 느끼지 못하게 되면 곧 그런 상황도 알지 못하게 될 것이다.

나는 《고백》의 속편을 쓰려는 계획을 세운 후에 한 산책들, 특히 내가 지금 말하려는 산책에서 바로 그런 효과를 경험했다. 산책을 하던 중 예기치 않은 한 사건이 내 사고의 흐름을 중단시키고, 한동안 다른 방향으로 몰고 간 것이다.

1776년 10월 24일 목요일, 나는 점심을 먹은 후 대로를 따라 슈맹베르 거리까지 가서 메닐몽탕의 고지대에 이르렀다. 그리고 거기서 포도밭과 초원을 지나는 오솔길을 따라 그 두 마을의 경계에 있는 아름다운 경치를 가로질러 샤론까지 갔다. 이어 돌아갈 때는 아까 그 초원으로 해서 돌아가기 위해 다른 길로 가는 우회로를 택했다. 나는 푸른 초목의 식물을 바라보느라 이따금 걸음을 멈추기도 하면서, 쾌적한 경치가 언제나 가져다주었던 기쁨과 재미를 느끼며 즐거운 마음으로 초원을 거닐었다. 그러다가 파리 근교에서는 거의 보지 못했지만 이 지역에는 아주 흔한 식물을 두 가지 발견했다. 하나는 국화과에 속하는 '쇠서나물[3]'이고, 다른 하나는 미나릿과의 '시호(柴胡)[4]'였다. 이 식물들을 발견한 것에 기뻐하며 꽤 한참을 즐거워하다가, 고지대에서는 특히나 희귀한 식물인 '점나도나물[5]'도 발견했다. 그날 내가 사고를 당했음에도 그 점나도나물은 가지고 있던 책 안에 그대로 남아 있었고, 나는 그것을 내 식물표본에 끼워 넣었다.

늘 보아온 모양과 익숙한 목록인데도 변함없이 나를 기쁘게 하는, 아직 꽃이 피어 있는 다른 몇 가지 식물들을 자세히 살펴본 후, 나는 마침내 그 세밀한 관찰을 차차 그만두고 전체 풍경이 주는 인상에 몰두했다. 그 인상 역시 그에 못지않게 유쾌하고 더욱 감동적이었다. 포도 수확은 며칠 전에 끝나 있었다. 도시에서 온 산책자들은 이미 돌아갔고, 농부들 또한 겨울 일거리가 생길 때까지 들녘을 떠나 있었다. 군데군데 잎이 떨어져 벌써 다소 황량해지긴 했지만 여전히 초록빛이 도는 아름다운 들판에는 겨울이 가까워짐에 따라 고독이 드리워져 있었다. 그 모습에서 내 나이와 운명을 꼭 닮은 우울과 감미로움이 뒤섞인 인상이 느껴져, 거기에 내 신세를 빗대어보지 않을 수 없었다. 결백하게 살아왔음에도 불운한 말년에 서 있는 내 모습이 보였다. 영혼은 여전히 생기 있는 감정으로 가득하고 정신은 여전히 몇 송이 꽃으로 장식되어 있지만, 그 꽃들은 이미 슬픔으로 시들고 권태로 메말라 있었다. 홀로 버려진 나는 첫얼음이 어는 추위가 다가오는 것을 느꼈고, 고갈되어가는 내 상상력은 더이상 내 마음이 만들어낸 존재들로 고독을 채우지 못했다. 나는 한숨지으며 생각했다. 나는 이 세상에서 무엇을 했는가? 살기 위해 태어났는데, 제대로 살아보지도 못하고 죽어간다. 적어도 그건 내 잘못이 아니었다. 내가 선행을 하도록 사람들이 내버려두지 않았기 때문에 내 존재의 창조자에게 선행의 제물을 바치지는 못하겠지만, 좌절된 선의, 건전하지만 별 소득은 없는 감정, 사람들의 멸시를 견뎌내는 인내는 바칠 수 있을 것이다. 그런 생각을 하니 나 자신이 불쌍해졌다. 나는 젊은 시절부터 중년 시절을 거쳐 세속으로부터 격리당했던 시절, 그리고 내 삶을 마감해야 하는 기나긴 은둔 시절 동안 내 영혼이 그린 궤적을 돌이켜보았다. 내 마음속에 깃들어 있는 모든 애정, 한없이 다정하면서도 맹목적인 애착, 몇 년 전부터 내 정신의 양식이 되어온, 슬픔이라기보다는 위안이 되는 생각들을 만족스럽게 되돌아보았다. 그리고 거기에 빠져 있었을 때 느꼈던 것과 거의 똑같은 기쁨을 느끼며, 그것들을 묘사할 수 있도록 기억을 되살릴 준비를 했다. 나의 오후는 그런 평화로운 명상 속에서 지나갔고, 나는 그날 하루에 매우 만족해하며 돌아오던 중 지금부터 이야기하려는 사건 때문에 한창 몽상에 빠져 있다가 불현듯 깨어났다.

여섯 시쯤 나는 갈랑 자르디니에 술집6과 마주한 메닐몽탕의 내리막길을 내려가고 있었다. 그런데 내 앞에서 걷던 사람들이 갑자기 비켜서자, 커다란 덴마크산 개 한 마리가 나를 향해 달려오는 것이 보였다. 호화로운 사륜마차에 앞서 전속력으로 돌진하던 개는 나를 발견했을 때 질주를 멈추거나 방향을 바꿀 시간이 없었다. 나는 바닥에 내동댕이쳐지지 않을 유일한 방법은 내가 공중에 떠 있는 동안 개가 내 밑으로 지나갈 수 있도록 정확한 순간에 펄쩍 뛰어오르는 것이라고 판단했다. 이치를 따져보거나 행동에 옮길 겨를도 없이 번개보다 더 빠르게 머릿속을 스친, 사고를 당하기 전 내가 마지막으로 한 생각이었다. 나는 개와 부딪치는 것도, 추락하는 것도, 뒤이어 다시 정신이 들 때까지 일어난 일도 아무것도 느끼지 못했다.

내가 의식을 되찾은 것은 거의 날이 어두워서였다. 나는 서너 명의 젊은이들의 품 안에 있었는데, 그들이 내게 일어난 일을 들려주었다. 덴마크산 개는 달리기를 멈추지 못하고 내 두 다리로 뛰어들었고, 나는 그 거대한 몸집과 엄청난 속력에 들이받혀 머리를 앞으로 하고 고꾸라졌다. 온몸의 체중이 실린 위턱이 울퉁불퉁한 포석에 부딪쳤고, 내리막길이라 머리가 두 발보다 낮은 쪽을 향했던 만큼 더 심하게 추락했다.

개 주인이 탄 사륜마차가 바로 뒤따라오고 있었는데, 그 순간 마부가 말들을 제지하지 못했더라면 내 몸은 마차에 깔아뭉개졌을 터였다. 이것이 나를 일으켜세워 정신이 들 때까지 부축해주었던 사람들을 통해 알게 된 내용이었다. 당시 내가 처한 상황은 너무 희한해서 여기에 다 묘사할 수도 없다.

밤이 깊어갔다. 하늘과 몇 개의 별과 어렴풋한 초목이 눈에 들어왔다. 첫 느낌은 감미로운 순간이라는 것이었다. 나는 아직 그 정도의 지각밖에 할 수 없었다. 그 순간 나는 삶에 눈뜨고 있었다. 눈에 보이는 모든 사물이 내 가벼운 존재로 가득 채워지는 것처럼 느껴졌다. 오직 현재라는 순간만이 느껴질 뿐, 아무것도 기억이 나지 않았다. 나라는 개체에 대한 분명한 개념도 없었고, 조금 전 내게 일어난 일에 대해서도 아무런 생각이 없었다. 내가 누구인지, 지금 어디에 있는지 알 수 없었다. 아픔도 두려움도 불안도 느껴지지 않았다. 피가 흐르는 것이 보였다. 나는 그것이 내 피라는 것조차 생각하지 못한 채, 마치 흐르는 시냇물을 바라보듯 보고 있었다. 내 전 존재에서 황홀한 평온이 느껴졌다. 그 후 그 순간을 떠올려볼 때마다 내가 경험한 모든 쾌락의 행위 중 그에 견줄 만한 것은 없다는 생각이 든다.

사람들이 내게 어디 사느냐고 물었다. 나는 대답할 수가 없었다. 나는 여기가 어디냐고 되물었다. 그들은 '라 오트 보른'이라고 대답했는데, 내게는 마치 '아틀라스 산맥'이라는 말처럼 들렸다. 나는 내가 있는 고장과 도시와 거리를 연달아 물어보지 않을 수 없었다. 그렇게 하고도 여전히 정신을 차릴 수가 없었다. 대로까지 나온 후에야 내 거처와 이름이 생각났다. 모르는 사람인데도 얼마간 친절하게 나와 동행해준 한 신사가 내가 꽤 먼 곳에 산다는 것을 알게 되자 탕플 광장에서 집까지 삯마차를 타고 가라고 조언해주었다. 나는 계속 많은 피를 뱉어냈지만 통증도 상처도 느끼지 않았고, 아주 가뿐하게 걸을 수 있었다. 하지만 얼음장 같은 오한 때문에 깨진 이가 무척이나 불편하게 딱딱 부딪쳤다. 탕플 광장에 이르자 나는 걷는 게 힘들지 않으니 삯마차 안에서 한기로 죽을 지경이 되는 것보다 차라리 이대로 계속 걸어가는 편이 낫겠다고 생각했다. 나는 아주 건강할 때와 조금도 다름없이 길을 잃지 않고 바른 길로 장애물과 마차들을 피하면서 어렵지 않게 탕플 광장에서 플라트리에르 거리까지 2킬로미터 남짓을 걸어갔다. 이윽고 집에 도착하여 길에 잇닿은 문에 설치된 비밀 자물쇠를 열었다. 그리고 어두운 계단을 올라가, 그때까지도 제대로 분간할 수 없었던 추락 사고와 뒤이어 일어난 일들 말고는 별다른 사건 없이 마침내 집 안으로 들어갔다.

나를 보고 내지르는 아내의 비명을 듣자, 나는 내가 생각보다 더 많이 다쳤음을 깨달았다. 하지만 그날 밤도 통증을 느끼지 못하고 지나갔다. 다음 날 내가 지각하고 발견하게 된 내 모습은 이러했다. 윗입술은 안쪽으로 코까지 찢어졌는데, 바깥쪽 피부가 잘 보호해주어 완전히 갈라지는 것은 모면했다. 윗니 네 개는 안쪽으로 쑥 들어갔고, 위턱을 덮고 있는 얼굴 피부는 온통 타박상을 입어 퉁퉁 부어올라 있었다. 오른손 엄지는 뼈어서 잔뜩 부어올랐고, 왼손 엄지는 심하게 다쳤고, 왼팔도 삐어 있었다. 그리고 왼 무릎도 역시 퉁퉁 부어오른데다 통증이 심한 타박상 때문에 완전히 굽혀지지가 않았다. 그러나 이 요란스러운 상황에서도 아무 데도, 심지어 이 하나조차 부러지지 않았다. 그 정도로 넘어진 것을 생각하면 기적에 가까운 행운이었다.

이상이 내가 당한 사고에 대한 아주 정확한 이야기이다. 그런데 채 며칠도 안 되어, 이 이야기는 뭐가 뭔지 알 수 없을 정도로 바뀌고 왜곡되어 파리에 퍼졌다. 그 같은 와전을 미리 예상했어야 했건만 이상한 사실이 너무도 많이 덧붙여졌고, 이해할 수 없는 이야기와 쉬쉬하는 태도가 곁들여졌다. 사람들이 하도 우스꽝스럽게 조심스러운 태도로 내게 그 이야기를 하기에, 나는 그 은밀함에 불안한 마음이 들었다. 나는 언제나 어둠 속에서 일어나는 일들을 증오해왔다. 그런 일들은 자연히 내게 두려움을 불러일으켰는데, 여러 해 전부터 내 주위에서 끊임없이 일어나는 어둠 속의 일들 때문에 분명 그 두려움이 줄어들지 않았을 터였다. 당시 있었던 온갖 기이한 일들 중 한 가지만 언급해보겠다. 그것으로 다른 일들도 미루어 짐작하기에 충분할 것이다.

한 번도 친분을 맺은 적이 없는 경찰청장 대리 르누아르 씨가 내 소식을 알아보기 위해 비서를 보냈다. 비서를 통해 그는 그 상황에서 나를 위로하는 데 별 효과도 없을 도움을 한사코 제공하겠다고 했다. 비서는 도움을 받아들이라고 격한 어조로 내게 끊임없이 강요했고, 자신을 믿지 못하겠다면 르누아르 씨에게 직접 편지를 써도 좋다고까지 했다. 그가 덧붙인 대단한 열의와 은밀한 태도에, 나는 이 모든 것의 이면에는 내가 간파할 수 없는 어떤 비밀이 있음을 깨달았다. 지난번의 사고와 그로 인한 열 때문에 머릿속이 흥분 상태였던 나를 겁먹게 하는 데는 그 정도면 충분했다. 나는 불안하고 우울한 수많은 추측에 빠져들었고, 주위에서 일어나는 모든 일에 대해 초연한 침착함보다는 열에 들뜬 망상이 드러나는 해석을 가했다.

그런데 내 평정심을 완전히 뒤흔드는 또 다른 사건이 일어났다. 몇 년 전부터 도르무아 부인이 내 환심을 사려고 애쓰고 있었는데, 나는 그 이유를 짐작할 수 없었다. 부자연스럽게 꾸민 작은 선물과, 목적도 즐거움도 없는 잦은 방문에는 어떤 은밀한 꿍꿍이가 있었지만, 도무지 그 속내를 짐작할 수가 없었다. 그녀는 왕비에게 보여주기 위해 쓰고 싶다는 소설에 대해 이야기했다. 나는 여성 작가들에 대한 내 견해를 말했다. 그녀는 그 계획이 자기 재산을 복원하기 위한 것이라면서 후원이 필요하다고 했다. 나는 대꾸할 말이 없었다. 그 후 그녀는 왕비에게 접근할 수가 없어서 자신의 책을 세상 사람들에게 제공하기로 결심했다고 말했다. 나로서는 그녀가 내게 요구하지도 않은데다 말해줘도 따르지 않을 조언을 해줄 상황이 아니었다. 그녀는 내게 미리 원고를 보여주겠다고 했다. 나는 그러지 말라고 부탁했고, 그녀는 원고를 가져오지 않았다.

회복기에 있던 어느 화창한 날, 나는 그녀에게서 인쇄가 완료되어 제본까지 된 책을 받았다. 그리고 서문에 나에 대해 지루하게 덧붙인 겉치레 섞인 과도한 찬사를 읽고는 불쾌해졌다. 거기서 느껴지는 거슬리는 아첨은 결코 호의가 아니었는데, 내가 잘못 생각한 것은 아니었을 것이다.

며칠 후, 도르무아 부인이 딸과 함께 나를 찾아왔다. 자신의 책이 주석 하나 때문에 큰 물의를 빚었다는 것이었다. 나는 재빨리 소설을 훑어보며 그 주석을 가까스로 찾아냈다. 도르무아 부인이 떠난 후 그것을 다시 읽고 그 어투를 검토해보니, 그녀의 방문과 아첨 및 서문에 쓴 과도한 찬사의 동기를 알 것 같았다. 나는 그 모든 것의 목적이, 세상 사람들에게 그 주석을 내가 쓴 것으로 여기게 하여 책이 출판되었을 경우 저자에게 돌아갈 수도 있을 비난을 내게 떠넘기려는 것이었다고 판단을 내렸다.

내게는 그것이 일으킬 물의와 그 여파를 잠재울 방법이 전혀 없었다. 내가 할 수 있는 일이라고는 쓸데없이 계속되는 모녀의 공공연한 방문을 참아가며 그녀를 상대하지 않는 것뿐이었다. 그래서 나는 부인에게 다음과 같이 짤막한 편지를 썼다.

"루소는 어떤 저자의 방문도 받지 않으므로, 도르무아 부인의 호의에는 감사드립니다만 방문을 받는 영광을 더이상 베풀어주시지 않기를 부탁드립니다."

그녀는 정식으로 예의 바른 답장을, 하지만 그와 유사한 경우 사람들이 내게 보냈던 편지들처럼 우회적인 답장을 보내왔다. 나는 예민한 그녀의 가슴에 잔인하게 비수를 꽂은 것이었다. 편지의 어투를 통해 나는 나에 대한 그 감정이 너무도 강렬하고 진실한 것이어서, 죽을 때까지 그녀가 그 결별을 용인할 수 없으리라는 것을 확신할 수 있었다. 이처럼 만사에 직설적이고 솔직한 것은 이 세상에서 끔찍한 죄악이 된다. 나는 내 동시대인들에게 고약하고 무자비한 자로 보이겠지만, 내 잘못이라면 내가 그들의 눈에 그들처럼 거짓되거나 불성실하게 보이지 않는다는 것밖에 없을 것이다.

나는 이미 여러 번 외출을 했고 튈르리 궁전에도 자주 산책을 나갔는데, 나와 마주치는 몇몇 사람들이 놀라는 모습을 보고 나도 모르는 나에 관한 소문이 또 있구나 하는 생각이 들었다. 그리고 마침내 그것이 바로 내가 그 사고로 죽었다는 소문임을 알게 되었다. 소문은 너무도 신속하고 끈질기게 퍼져나가, 내가 그 소문을 알게 된 지 보름 후에는 국왕 부부까지 그것을 기정사실로 얘기했다고 한다. 세심하게도 사람들이 내게 보내준 편지에 의하면, 아비뇽 통신은 그 흐뭇한 소식을 전하면서, 내가 죽은 후 나를 기리는 자리에서 모욕과 무례가 추도사 형식으로 바쳐지게 되리라 예견했다고 한다.[7]

소문에 곁들여 그보다 훨씬 더 기이한 일도 일어났는데, 나는 그 일을 우연히 알게 되었을 뿐 자세한 내막은 전혀 알 수 없었다. 바로 내 집에서 발견될 원고의 인쇄물에 대한 예약 신청이 동시에 개시된 것이었다. 그 일로 인해, 나는 사람들이 내가 죽은 후 내가 쓴 것처럼 날조할 글 모음집을 준비해놓고 있다는 것을 알게 되었다. 사실 발견될 원고들 중 어느 것

하나라도 충실하게 인쇄되리라고 생각하는 것은 분별 있는 사람이라면 할 수 없는 어리석은 생각이었다. 내 지난 십오 년간의 경험으로 미루어 장담할 수 있었다.

이런 놀라운 일들이 연달아 일어나고 그에 못지않게 놀라운 다른 수많은 일들이 이어지자, 무뎌진 줄 알았던 내 상상력은 다시금 겁을 먹었다. 그리고 내 주위에서 쉬지 않고 강도가 심해져가는 그 음흉한 어둠 속의 일들은 그런 것들이 불러일으키게 마련인 공포를 되살렸다. 나는 그 모든 일에 수많은 해석을 갖다 붙이고 나로서는 도저히 납득할 수 없는 불가해한 일들을 이해하려고 애쓰느라 녹초가 되었다. 그 많은 수수께끼를 풀 변함없이 유일한 해결책은 이전의 결론을 확인하는 것이었다. 내 일신과 명성의 운명은 현재의 모든 세대가 모의하여 정해놓은 것이므로, 내가 아무리 노력해도 그 운명을 피할 수 없다는 결론 말이다. 나의 어떤 위탁물도 그것을 없애고자 혈안이 된 자들의 손아귀를 거치지 않고는 후세에 전달할 길이 없기 때문이다.

그런데 이번에 나는 좀 더 멀리 나아가보았다. 그 많은 우연한 정황들, 내 가장 잔인한 적들이 모두 들고일어나기를 운명이 원하고 있다는 사실, 국가를 다스리는 모든 사람들, 여론을 주도하는 모든 사람들, 높은 지위에 있는 모든 사람들, 신망 있는 모든 사람들, 마치 공동의 음모에 협력하기 위해 나에 대해 은밀한 원한을 가진 사람들 중에서 선발되기라도 한 듯한 이 모든 사람들…… 이런 전체적인 일치는 순전히 우연이라고 하기에는 너무도 놀라운 것이었다. 그 일치를 흐트러뜨리기 위해서는 거기에 가담하기를 거부하는 단 한 사람, 그 일치에 상반되는 단 하나의 사건, 그 일치에 장애가 되는 예기치 않은 단 하나의 정황만 있으면 충분했다. 그러나 모든 의지와 숙명, 우연, 그리고 급변하는 모든 상황은 사람들의 행동을 확고하게 만들었을 뿐이다. 기적에 가깝도록 놀라운 그 일치를 보면서, 나는 그들의 행동이 완전히 성공한다고 불멸의 칙령에 기록되어 있는 것은 아닌가 하고 생각하지 않을 수 없다. 과거에나 현재에나 여러모로 많은 관찰을 해본 결과 그런 생각에 확신을 갖게 되었기에, 지금까지 사람들의 악의의 소산이라고만 여겼던 그 행동을 이제는 인간의 이성이 간파할 수 없는 신의 비밀로 간주할 수밖에 없게 된 것이다.

  이와 같은 생각은 내게 잔인하고 고통스럽기는커녕 위안과 평온을 주며 체념하도록 도와준다. 나는 신의 뜻이라면 천벌을 받더라도 위안을 얻었던 성 아우구스티누스만큼 그렇게 멀리 나아가지는 못한다. 사실 나의 체념은 그렇게까지 무사무욕한 근원에서 비롯된 것은 아니다. 하지만 그에 못지않게 순수하고, 내 나름대로는 내가 경배하는 완전한 존재에 더 어울리는 근원에서 비롯된 것이라고 생각한다. 신은 정의롭다. 신은 내가 참고 견디기를 원하고, 내가 결백하다는 것을 알고 있다. 바로 이것이 내 확신의 근거다. 내 마음과 이성은 그 확신이 나를 배반하지 않을 거라고 내게 소리친다. 그러니 사람들과 운명이 하는 대로 그냥 내버려두자. 군소리 말고 참고 견디는 법을 배우자. 결국에는 틀림없이 모든 것이 질서를 되찾을 것이고, 머지않아 내 차례가 올 것이다.

세 번째 산책

나는 항상 배우면서 늙어간다.

솔론[8]은 늙어서 이 구절을 자주 되풀이했다. 나 역시 늙었기에 할 수 있을 것 같은 그런 의미가 담긴 말이다. 그런데 지난 이십 년 동안의 경험을 통해 내가 얻은 지식은 정말이지 우울한 것이다. 차라리 모르는 편이 더 바람직하다. 물론 역경은 훌륭한 스승이다. 그러나 이 스승은 교훈을 주는 대신 너무 비싼 대가를 요구하므로, 종종 거기서 얻는 이득은 교훈을 얻기 위해 치른 값에 미치지 못한다. 게다가 이렇게 뒤늦게 터득하는 바람에, 그 교훈을 통해 지식을 채 얻기도 전에 그것을 이용할 적절한 순간은 지나가 버린다. 청년 시절은 지혜를 배우는 시기이고, 노년은 그것을 실천하는 시기이다. 경험은 언제나 교훈을 준다는 사실은 인정하는 바이지만, 그것은 앞으로 남아 있는 생의 기간에 한해서만 유익할 뿐이다. 죽어야 하는 순간에 어떻게 살았어야 했는지를 배우는 것이 과연 시기적절할까?

  아! 내 운명에 대해, 그리고 내 운명을 이렇게 만든 타인의 정념에 대해 너무 늦게, 너무 고통스럽게 얻은 지혜가 무슨 소용이란 말인가! 나는 단지 사람들이 내게 겪게 한 비참함을 더 처절하게 느끼기 위해 그들을 잘 아는 법을 배웠을 뿐이다. 하지만 그 지식은 그들의 모든 함정을 내게 파헤쳐 보여주었으나, 그중 그 무엇도 피하게 해주지는 못했다. 어떻게 나는 그토록 오랜 세월 동안 나를 소란스러운 친구들의 희생물이자 노리개로 만든, 다정하지만 어리석은 신뢰감에 빠져 살았던가! 그들의 온갖 음모에 둘러싸여 있으면서도 추호도 의심하지 못한 채 말이다. 사실 나는 그들에게 속은, 그들의 제물이었다. 그런데도 나는 그들에게 사랑받는다고 믿었고, 내 마음은 그들이 내 마음속에 불러일으킨 우정에 기뻐하며 나 자신에게와 똑같이 그들에게 애정을 주었다. 그런데 그 달콤한 환상이 깨져버린 것이다. 시간과 이성을 통해 깨달은 그 슬픈 진실에 나는 불행을 느낌과 동시에, 어찌할 도리가 없으며 체념 말고는 다른 방법이 없음을 깨달았다. 따라서 내 나이에 이르기까지 한 모든 경험은 지금 내 상황에서는 아무 쓸모도 없고, 앞날을 위해서도 득 되는 것이 없다.

  우리는 태어나면서 경기장에 들어가고, 죽어서야 거기서 나온다. 경주가 다 끝나가는 마당에 마차를 잘 모는 법을 배운들 무슨 소용이랴? 그때는 오직 어떻게 그 경기장에서 나올 것인가를 생각해야 하지 않겠는가? 늙은이의 공부는, 아직도 해야 할 공부가 남아 있다면, 오직 죽는 법을 배우는 것뿐이다. 그런데 내 나이의 사람들이 가장 공부하지 않는 것이 바로 그것이다. 그들은 그것만 제외하고 모든 것을 생각한다. 노인들은 아이들보다 더 삶에 집착하고, 젊은 사람들보다 더 마지못해 생을 마감한다. 그들의 모든 노고는 이생을 위한 것이었으므로, 삶의 종착지에서 자신들의 모든 노력이 수포로 돌아갔다고 생각하기 때문이다. 평생 기울인 모든 정성, 평생 모은 전 재산, 밤잠을 설치며 이룩한 모든 결실…… 떠날 때 이 모든 것을 버리고 가야 한다. 그들은 죽을 때 가져갈 수 있는 것을 얻으려는 생각은 살아 있는 동안 전혀 해보지 않았다.

나는 적절한 때에 그 모든 것을 생각했다. 비록 내 성찰의 결과를 잘 이용하지는 못했다 하더라도, 제때에 성찰을 했고 그것을 잘 받아들였다. 어린 나이에 세상의 소용돌이 속에 내던져져, 내가 이곳에 살도록 운명 지어지지 않았고 내 마음이 필요로 하는 상태에는 결코 도달하지 못하리라는 것을 일찍이 경험을 통해 깨달았다. 그리하여 나는 사람들 사이에서 얻을 수 없다고 느꼈던 행복을 추구하기를 그만두었고, 내 강렬한 상상력은 시동이 걸리자마자 내가 정착할 만한 평온한 장소에서 쉬기 위해 낯선 땅으로 떠나듯 내 삶의 공간을 훌쩍 뛰어넘어 날아오르곤 했다.

이런 감정은 어렸을 때부터 교육을 통해 마음속에 형성되어왔고, 내 삶을 가득 채운 기나긴 불행과 되풀이되는 불운 때문에 평생에 걸쳐 확고해졌다. 그래서 언제나 나는 다른 어느 누구에게서도 찾아볼 수 없는 관심과 정성을 가지고 나라는 존재의 본성과 사명을 이해하고자 노력했다. 나는 나보다 훨씬 더 현학적으로 철학을 하는 사람들을 많이 보았다. 그러나 그들의 철학은 그들 자신에게마저, 말하자면 생소한 것이었다. 그들은 다른 사람들보다 더 유식해지고 싶은 마음에 우주가 어떻게 배열되어 있는지를 연구했다. 마치 순전히 호기심에서 눈앞에 보이는 어떤 기계장치를 연구하는 것처럼 말이다. 그들은 자기 자신을 알기 위해서가 아니라 유식한 척 말할 수 있기 위해서 인간의 본성을 연구했다. 또한 자신의 내면을 밝히기 위해서가 아니라 다른 사람들을 가르치기 위해서 공부했다. 그들 중 어떤 이들은 사람들에게 받아들여질 수만 있다면 아무 책이나 쓰고자 했다. 일단 책이 완성되어 출간되고 나면, 그들은 자신의 책이 다른 사람들에게 인정받도록 하거나 세간의 공격에 방어할 때를 제외하고는 그 내용에 더이상 관심도 기울이지 않았다. 그뿐만 아니라 자기 책의 고유한 용도를 위해 애쓰는 법이 없었고, 반박만 받지 않는다면 그 내용의 진위에 대해서는 신경도 쓰지 않았다. 나로 말하자면, 내가 무언가를 배우고 싶었을 때 그것은 나 자신을 알기 위해서였지 가르치기 위해서가 아니었다. 나는 항상 다른 이들을 가르치기 전에 먼저 자기 자신을 위해서 충분히 알아야 한다고 생각했다. 내가 사람들과 어울려 사는 동안 하고자 했던 모든 연구는 무인도에서 여생을 보내게 되더라도 여전히 홀로 그곳에서 계속했을 것들뿐이다. 사람의 행동은 신념에 따라 달라지게 마련이다. 본성의 일차적 욕구와 관계되는 것을 제외하면, 모든 것에 대한 우리의 견해는 곧 우리의 행동 규칙이다. 내 원칙은 언제나 이와 같았는데, 나는 그 원칙 속에서 내 삶을 어떻게 사용할 것인지를 정하기 위해 종종 오랫동안 인생의 진정한 목표를 알고자 노력했다. 그리고 곧 이 세상에서는 그런 목표를 추구할 필요가 없음을 깨달음으로써, 세속의 능란한 처세술이 내게 없는 것에 위안을 받았다.

좋은 품행과 경건함이 지배하는 가정에서 태어나 지혜와 신앙심이 가득한 목사의 집에서 평화롭게 자란 나는, 다른 사람들은 편견이라고 할지도 모르지만 평생 견지한 몇 가지 원칙과 행동 방침을 유년 시절부터 받아들였다. 아직 어려 나 자신에게 빠져 있느라, 호의에 혹해서, 허영에 홀리고 희망에 사로잡혀서, 그리고 필요에 강요당해 가톨릭 신자가 되었으나, 나는 여전히 신교도로 남아 있었다.[9] 그런데 곧 습관에 익숙해진 내 마음은 새로운 종교에 진지한 애착을 갖게 되었다. 바랑 부인Madame de Warens의 가르침과 본보기에 이러한 나의 애착은 더욱 견고해졌다. 꽃다운 청춘을 전원에서 보내면서 고독을 느끼고 양서에 흠뻑 빠져 있었던 덕분에 나는 그녀 곁에서 다감한 천성을 더욱 고양시킬 수 있었고, 거의 페늘롱Fénelon[10]과 같은 독실한 신자가 되었다. 은둔 생활을 하면서 명상에 잠기고 자연을 탐구하고 우주를 관조하다 보면, 은둔자는 만물의 창조자를 향해 끊임없이 도약하고, 온화한 염려 속에서 자신이 바라보는 모든 것의 목적과 자신이 느끼는 모든 것의 원인을 찾으려 애쓰지 않을 수 없다. 운명이 나를 세상의 급류에 내던졌을 때, 나는 거기서 한순간도 내 마음을 즐겁게 하는 것을 발견하지 못했다. 달콤한 여가에 대한 아쉬움은 어디나 나를 따라다녔고, 그로 인해 나는 내게 재산과 명예를 가져다줄 수 있는 것, 내 능력이 미치는 거리에 있는 모든 것에 대해 무관심과 혐오감을 품게 되었다. 내 불안한 욕망에 확신이 없었기 때문에 기대하는 바도 없었고, 당연히 얻는 것도 별로 없었다. 그리고 성공의 서광이 비칠 때조차, 내가 구하고자 했던 것을 모두 얻을지라도, 내 마음이 갈망하는 행복을——비록 그 행복의 대상이 막연하긴 하지만—— 결코 얻지 못하리라고 느꼈다. 그리하여 나를 이 세상에서 완전히 이방인으로 만들어버린 불행을 내가 채 겪기도 전에, 이미 모든 것은 나로 하여금 이 세상에 대한 애정에서 멀어지게 했다. 나는 악한 성향은 없었지만 습관적인 악습은 많이 가지고 있었고, 이성으로 결정한 원칙도 없이 되는대로 살았고, 내 의무들을 아예 무시하진 않았지만 종종 제대로 이해하지 못해 소홀히 한 채 궁핍과 행운, 지혜와 미망 사이를 오락가락하며 마흔 살에 이르렀다.

젊은 시절부터 나는 마흔이라는 나이를 성공을 위한 모든 노력과 모든 분야에서의 야망이 다다를 종착점으로 정해놓았다. 마흔 살이 되면 어떤 상황에 처해 있든 거기서 벗어나고자 더이상 발버둥 치지도 않고, 더이상 미래에 전전긍긍하지도 않으면서 그럭저럭 여생을 보내리라고 굳게 결심했다. 그리고 그 순간이 오자 어렵지 않게 그 계획을 실행했다. 당시 경제적으로는 좀 더 안정되었으면 하는 바람도 있었지만, 나는 미련 없이 기쁘기 그지없는 마음으로 단념했다. 모든 속임수와 헛된 희망에서 벗어나, 언제나 내가 가장 좋아했던 것이자 변함없는 내 성향이었던 정신의 휴식과 무심함에 온전히 탐닉했다. 속세와 그곳의 허식을 떠났고, 모든 장신구를 포기했다. 더이상 검(劍)도 시계도 흰 양말도 금박도 모자도 필요하지 않았고, 아주 소박한 가발 하나와 헐렁한 모직 옷 한 벌이면 충분했다. 그뿐 아니라 내가 버린 모든 것에 가치를 부여하는 탐욕과 욕심을 마음속에서 뿌리째 뽑아버렸다. 내게 전혀 맞지 않았던 당시의 직업도 포기했다.[11] 그리고 페이지당 약간의 돈을 받고 악보 베끼는 일을 시작했다. 그 일은 언제나 내 확실한 취미였다.

나는 외적인 부분을 개혁하는 데 그치지 않았다. 소신을 가지는 일에는, 분명 더 힘들긴 하겠지만 더 절실한 또 하나의 개혁이 요구된다는 것을 깨달았다. 그리하여 한 번에 두 가지 개혁을 하기로 결심하고, 내 내면에 대한 엄격한 검토에 착수했다. 그것은 내가 바라는 모습으로 세상을 떠날 수 있도록 여생 동안 내면을 조절해주는 검토였다.

얼마 전 내 안에서 일어난 대혁신, 내 시야에 드러난 또 다른 정신세계, 내가 그로 말미암아 얼마나 희생을 치를지도 예측하지 못한 채 불합리하다고 느끼기 시작한 사람들의 무분별한 판단, 그 낌새만으로도 내게 혐오감부터 불러일으킨 문학적 허영심과는 판이하게 다른 행복에 대한 끝없이 커져가는 욕구, 마지막 남은 생애 동안 이미 절반 이상 지나온 길보다 더 확실한 길을 그리고 싶다는 욕망…… 그 모든 것에 대해 오래전부터 필요하다고 느껴온 대대적인 검열을 하지 않을 수 없었다. 그리하여 나는 검열에 착수했고, 그것을 성공리에 해내기 위해 내가 할 수 있는 모든 일을 조금도 소홀히 하지 않았다.

내가 세상을 완전히 포기한 것은 바로 그 시기부터였고, 그때부터 나는 언제나 고독에 강한 애착을 가지게 되었다. 내가 착수한 작업은 완전한 은둔 속에서만 가능한 것이었다. 그 작업은 시끌벅적한 사회에서는 불가능한, 평화로운 긴 명상을 필요로 했다. 그 때문에 나는 한동안 다른 삶의 방식을 취해야 했다. 그런데 그것이 너무 마음에 들어서 그때부터는 부득이한 사정이 있을 때만 아주 잠깐 그 방식을 중단했고, 진심으로 원해서 다시 그 방식대로 살기 시작했다. 그리고 그렇게 할 수 있게 되자 곧 그러한 삶의 방식에 쉽사리 만족하게 되었다. 그래서 훗날 사람들 때문에 고독하게 살게 되었을 때, 나는 그들이 나를 비참하게 만들려고 격리시킴으로써 나 자신이 내 행복을 위해 할 수 있는 것보다 더 많은 일을 해주었다고 생각했다.

나는 그 일의 중요성과 내가 느끼는 욕구에 부합하는 열성을 가지고 작업에 몰두했다. 그때 나는 옛 철학자들과 닮은 점이 거의 없는 현대 철학자들과 함께 지내고 있었다. 그런데 그들은 내 의혹을 해소시켜주고 내 우유부단함을 확실하게 붙잡아주기는커녕, 꼭 알아야 할 가장 중요한 문제들에 관한 내 확신을 온통 뒤흔들어놓았다. 무신론의 열렬한 전도사요 오만하기 짝이 없는 독단론자인 그들은 어떤 문제에 대해서든지 사람들이 감히 자신들과 다르게 생각하는 것을 참지 못하고 화를 냈기 때문이다. 나는 논쟁을 싫어하는데다 그것을 견뎌낼 재간도 없어서 종종 아주 약하게 나 자신을 방어했다. 그러나 결단코 그들의 한탄스러운 학설을 받아들인 적은 없었다. 그토록 포용력이 없는데다 나름의 견해를 가지고 있는 사람들에게 그렇게 저항했으니, 그들의 원한을 부채질하는 데 적지 않은 이유가 되었다.

그들은 나를 납득시키지는 못했지만 그래도 불안하게 만들었다. 그들의 논증은 나를 전혀 설득시키지 못했어도 나를 뒤흔들어놓은 것이다. 나는 그 논증에 대한 그럴듯한 반박을 찾지 못했지만, 틀림없이 있을 거라고 생각했다. 나는 나의 오류보다는 무능함을 자책했다. 이성으로는 반박하지 못해도 마음으로는 그들에게 제대로 반박할 수 있었던 것이다.

마침내 나는 이렇게 자문했다. 그들이 주장하는 견해, 그토록 열렬히 다른 사람들로 하여금 받아들이게 하려는 그 견해가 그들 자신의 것임을 확신할 수도 없는 터에, 말 잘하는 이들의 궤변에 언제까지 동요되고 있을 것인가? 그들의 학설을 지배하는 정념과 이런저런 것을 믿게 하려는 그들의 이해관계 때문에 그들 자신이 믿고 있는 것이 무엇인지도 파악할 수가 없다. 당파의 우두머리들에게서 도대체 성실성이라는 것을 찾아볼 수 있는가? 그들의 철학은 다른 사람들을 위한 것이다. 내게는 나를 위한 철학이 필요하리라. 내 여생을 위한 확고한 행동 규칙을 갖기 위해, 아직 시간이 있을 때 혼신의 힘을 다해 그것을 찾도록 하자. 이제 나는 폭넓은 이해력을 지닌 원숙한 나이가 되었다. 이미 인생의 끝자락에 다가서고 있다. 더 기다린다면, 뒤늦은 성찰에 내 모든 힘을 쏟아붓지 못할 것이다. 그때는 이미 내 지적 능력이 활력을 잃을 테고, 오늘 최선을 다해 할 수 있는 일을 잘 못하게 될 것이다. 이 적절한 때를 놓치지 말자. 지금이 바로 나의 외적, 물질적 개혁을 해야 할 시기이고, 또한 지적, 정신적 개혁을 해야 할 시기이다. 이번에는 기필코 내 소신과 원칙을 확고부동하게 하자. 그리고 그것들을 잘 생각해본 후 남은 생애에는 그에 마땅한 인간이 되도록 하자.

나는 그 계획을 천천히, 여러 차례, 최대한의 노력과 주의를 기울여 실행했다. 내 여생의 휴식과 전적인 운명이 거기에 달려 있다는 것이 절실하게 느껴졌다. 처음에는 곤경과 난관과 반대와 왜곡과 암흑의 미로에서 헤맸기에 모든 것을 포기하고 싶은 유혹에 수없이 시달렸다. 그래서 쓸모없는 탐구는 그만두고, 내가 판별할 수 없는 원칙 속에서 더이상 누구에게나 공통으로 적용되는 용의주도함의 규칙을 찾으려 하지 말고 그것을 숙고하는 것으로 만족하려고 했다. 그러나 그 용의주도함 자체가 내게는 너무 낯설었다. 나는 스스로가 용의주도해질 수 있는 사람이 아니라고 생각했으므로, 그것을 내 지침으로 삼는 것은 키도 나침반도 없이, 접근하기도 어렵고 아무런 항구도 비추지 않는 등대를 찾아 비바람이 몰아치는 바다를 건너려는 일이나 다름없었다.

나는 끈질기게 계속했다. 내 생애 처음으로 용기를 냈다. 추호도 의심하지 못했지만 그때부터 나를 덮쳐오기 시작한 저 끔찍한 운명을 견딜 수 있었던 것은 그 계획이 성공한 덕분이었다. 그 누구도 결코 하지 못했을 가장 열성적이고 진지한 탐구를 한 후, 나는 내 평생을 위해 지녀야 할 모든 견해를 결정했다. 설사 내가 결론을 내리는 데 오류를 범했다 할지라도, 적어도 나는 그것이 죄가 될 수는 없다고 확신한다. 오류를 범하지 않기 위해 최선을 다했기 때문이다. 사실 어린 시절부터 가지고 있는 편견과 마음속의 은밀한 소망으로 인해 내게 가장 위안을 주는 쪽으로 치우쳤으리라는 것은 의심하지 않는다. 사람은 자신이 열렬히 원하는 것을 믿지 않을 수 없는 법이다. 저세상의 심판을 인정하느냐 거부하느냐에 따라 희망이나 두려움에 대한 신념이 대부분 결정된다는 사실을 누가 의심할 수 있겠는가? 그러나 이 모든 것이 내 판단을 현혹시킬 수 있었다는 것은 인정하지만, 내 성실성을 변질시키지는 못했다. 나는 무엇에 대해서든 잘못 생각하는 것을 두려워했기 때문이다. 만일 모든 것이 삶에 사용된다면, 아직 시간이 있을 때 최대한의 이익을 끌어내기 위해, 그리고 완전히 속지 않기 위해 모든 것을 알아야만 했다. 그런데 기질적으로 내가 가장 두려워하는 것은, 결코 큰 가치를 두지 않았던 이 세상의 행복을 향유하기 위해 내 영혼의 한결같은 운명을 위태롭게 노출시키는 일이었다.

다시 고백건대, 나는 나를 난관에 빠뜨리고 우리의 철학자들이 내 귀에 못이 박이도록 되풀이했던 그 모든 난제를 언제나 만족스럽게 제거하지는 못했다. 그러나 인간의 지성이 거의 간파할 수 없는 문제들에 대해 결정을 내리기로 결심한바, 도처에서 이해할 수 없는 불가사의와 해결할 수 없는 반박에 부딪칠 때마다 내게 직접적으로 가장 확고하고 믿을 수 있는 것으로 보이는 의견을 택했고, 반박에는 신경 쓰지 않았다. 그런 반박은 내가 해결할 수도 없을뿐더러, 상반된 체계 속에서는 그에 못지않게 강한 또 다른 반박을 받기 때문이다. 그런 문제들에 대해 독단적인 어투를 취하는 것은 사기꾼이나 하는 짓이다. 그러나 자신만의 견해를 가지는 것, 최대한 성숙한 판단력으로 그 견해를 선택하는 것은 중요한 일이다. 그럼에도 불구하고 오류에 빠진다면, 우리는 그 때문에 법정에서 형벌을 받지는 않을 것이다. 죄가 없기 때문이다. 바로 이것이 내 안심의 근거가 되는 확고부동한 원칙이다.

내 힘겨운 탐구의 결과는 그 후 《사부아 보좌신부의 신앙고백 La profession de foi du vicaire savoyard》에 기록한 거의 그대로다. 이 작품은 현 세대에서는 비열하게도 명예가 훼손되고 더럽혀졌지만, 언젠가 양식과 선의가 되살아나면 사람들 사이에 혁신을 가져올 것이다.

그때부터 나는 오랫동안 심사숙고하고 명상한 끝에 내가 채택한 원칙들 속에 조용히 머물면서, 그 원칙들을 행동과 신념의 확고한 규칙으로 삼았다. 그리고 내가 해결할 수 없었던 반론에도, 내가 예견하지 못했거나 때때로 내 머릿속에 새로이 제기되는 반론에도 더이상 불안해하지 않았다. 이따금 그 반론들에 불안해하기도 했지만 결코 동요하지는 않았다. 나는 언제나 이렇게 생각했다. 그 모든 것은 형이상학적인 궤변이요 너절한 이론일 뿐이고, 내 이성이 채택하고 내 마음이 확인했으며 조용한 정념 속에서 내적 동의를 담보하고 있는 근본적 원칙들에 비한다면 아무 가치도 없는 것이라고. 인간의 오성을 뛰어넘는 문제에 있어서, 내가 해결할 수 없는 반론 하나가 그토록 견고하고 단단한 학설 전체를 무너뜨릴 수 있을까? 그 많은 명상 끝에 세심하게 주의를 기울여 형성되었고, 내 이성과 내 마음과 내 전 존재에 아주 잘 맞고, 다른 모든 학설에는 결핍되어 보이는 내적 동의로 보강된 학설을 말이다. 그렇지 않다. 헛된 논증들은 내 불멸의 본성과 이 세상의 구조, 그리고 이 세상을 지배하는 물리적 질서 사이에 보이는 일치를 결코 깨뜨리지 못할 것이다. 나는 물리적 질서에 상응하는 정신적 질서——이 질서 체계는 내 탐구의 성과이다——속에서 내 삶의 불행을 견디는 데 필요한 버팀목을 발견한다. 전혀 다른 체계 안에서라면, 나는 아무 방책도 없이 살 것이고 아무런 희망도 없이 죽을 것이다. 피조물 가운데 가장 불행한 존재가 될 것이다. 그러니 운명이나 사람들에 아랑곳하지 말고, 나를 행복하게 해주기에 충분한 그 체계에 만족하기로 하자.

이러한 명상과 거기서 끌어낸 결론은 마치 나를 기다리고 있던 운명을 대비하고 극복할 수 있도록 하늘이 암시해준 것처럼 보이지 않는가? 만일 가혹한 박해자들을 피할 은신처도 없이, 그들이 이 세상에서 내게 겪게 한 치욕에 대한 보상도 없이, 내게 마땅히 주어져야 할 정의를 얻으리라는 희망도 없이, 이 땅 위에서 어느 누구도 겪은 적 없는 가장 끔찍한 운명에 송두리째 내맡겨져 있었다면, 나를 기다리고 있던 무시무시한 불안 속에서, 남은 평생을 궁지에 빠져 보내야 하는 이 기막힌 상황 속에서 나는 어떻게 되었을 것이며 또 앞으로 어떻게 되겠는가? 내가 결백한 가운데 평온히 지내며 나에 대한 사람들의 존경과 호의만 생각하고 있는 동안, 개방적이고 남을 잘 믿는 성정 때문에 친구나 동료들에게 심중을 털어놓는 동안, 배신자들은 지옥 밑바닥에서 만든 올가미로 조용히 나를 얽어매고 있었다. 나는 자부심 강한 영혼에게는 가장 끔찍하고 가장 예기치 못한 불행에 기습당해 누구에 의해서인지도, 무엇 때문인지도 모르는 채로 진흙탕 속에 끌려 들어가 치욕의 심연에 빠져버렸고, 험악한 것들만 보이는 끔찍한 암흑에 둘러싸여 있다가 최초의 습격에 그만 쓰러지고 말았다. 쓰러졌을 때 다시 일어날 수 있도록 미리 힘을 비축해두지 않았더라면, 그런 예기치 못한 불행에 의해 내동댕이쳐진 낙담의 상태에서 다시 정신을 차리지 못했을 것이다.

나는 여러 해 동안 동요를 겪은 후 마침내 다시 정신을 차리고 나 자신으로 돌아가기 시작하면서 역경을 위해 비축해둔 자산의 가치를 느꼈다. 판단할 필요가 있는 모든 것에 대해 결정을 내린 나는 내 실천 원칙과 상황을 비교해보면서, 사람들의 무분별한 판단과 이 짧은 생의 사소한 사건들에 내가 필요 이상으로 많은 중요성을 부여했음을 알게 되었다. 이 삶이 시련의 단계일 뿐이라고 할 때, 그 시련에서 목표한 결과가 도출되기만 한다면, 그래서 시련이 크고 강하고 많을수록 그것을 극복할 줄 알게 되는 데 유리하다면, 그 시련들이 어떤 종류의 것인가는 중요하지 않왔다. 아무리 극심한 고통도 그에 대한 크고 확실한 보상이 보이는 사람에게는 힘을 잃게 마련이다. 이 보상에 대한 확신은 이전의 명상에서 내가 얻은 주요한 성과였다.

도처에서 나를 짓누르는 숱한 모욕과 극심한 수치 속에서 지내는 와중에 이따금 겪는 불안과 회의의 시간들이 내 희망을 뒤흔들고 내 평정을 교란시키기도 한 것은 사실이다. 운명의 무게에 짓눌려 낙담으로 쓰러지려고 하는 바로 그 순간, 내가 해결할 수 없었던 강한 반론들은 더 큰 힘을 가지고 내 머릿속에 나타나 최후의 일격을 가했다. 종종 새로운 논증을 하고자 해도 머릿속에 떠오르는 생각들은 이미 나를 괴롭혀온 논증들을 뒷받침할 뿐이었다. 그러면 나는 질식할 듯 가슴이 조여들어 스스로 이렇게 말했다. 아! 내가 이토록 무서운 운명에 처해 있는데, 내 이성이 제공해준 위안 속에서 망상밖에 보이지 않는다면 누가 나를 절망으로부터 보호해줄 것인가? 역경을 겪던 중 이성이 내게 마련해준 희망과 신뢰라는 버팀목을 이성 스스로가 그런 식으로 모두 뒤엎어버리고, 자기가 만든 산물을 스스로 파괴한다면? 도대체 나 혼자만 품고 있는 헛된 생각이 무슨 버팀목이 된단 말인가? 나와 동시대를 살고 있는 모든 사람들은 내가 홀로 품고 있는 의견에서 오류와 편견밖에 보지 못한다. 그들은 나와 정반대되는 체계 속에서 진리와 명증성을 찾는다. 심지어 내가 성실하게 체계를 확립한다는 것도 믿지 못하는 듯하다. 그리고 나 자신은 꿋꿋하게 그 체계에 몰두해보지만, 거기서 극복할 수 없는 난제만을 발견할 뿐이다. 나는 그 난제를 해결할 수 없지만, 그렇다고 그 체계에 대한 주장을 굽힐 수도 없다. 그렇다면 모든 사람들 가운데 현명하고 견식 있는 인간은 나뿐이란 말인가? 무언가를 그대로 믿기 위해서는 그것이 내 마음에 든다는 사실만으로도 충분한가? 다른 사람들의 눈에는 조금도 견고해 보이지 않고 내 마음이 내 이성을 뒷받침해주지 않는다면, 나 자신에게도 헛되게 보일 현상에 대해 내가 명백하게 신뢰를 가질 수 있을까? 나를 박해하는 자들의 공격을 물리치기 위해 아무런 행동도 하지 못한 채 그들의 공격에 시달리면서 나 자신의 실천 원칙이라는 망상 속에 머물러 있느니, 차라리 그들의 실천 원칙을 채택해 똑같은 무기로 싸우는 편이 낫지 않았을까? 나는 나 자신을 현명하다고 여기지만 사실 나는 쉽게 속는 사람이고, 헛된 오류의 희생자이자 순교자일 뿐이다.

그와 같은 회의와 불안의 순간에 나는 수없이 절망에 빠져들 뻔했다. 그런 상태에서 꼬박 한 달을 보냈다면 나와 내 인생은 끝장났을 것이다. 하지만 그와 같은 위기의 순간들은 예전엔 자주 있었지만 언제나 짧았다. 그리고 지금도 나는 아직 완전히 그 위기들로부터 자유롭지는 못하지만, 그런 순간이 매우 드물게 찾아오고 빨리 지나가 버리는 까닭에 내 휴식이 뒤흔들릴 정도는 아니다. 그것은 강물에 떨어지는 깃털 하나가 물의 흐름을 바꾸지 못하는 것과 마찬가지로, 내 영혼에 영향을 미치지 못하는 경미한 불안일 뿐이다. 나는 이전에 결정 내린 문제를 다시 숙고하는 것은, 내게 새로운 지혜와 좀 더 성숙한 판단력이 있으며 탐구할 당시보다 진리에 대해 더 깊은 열성이 있음을 전제로 하는 것이라고 생각했다. 그런데 나는 그 어떤 경우에도 해당되지 않고 그럴 수도 없다. 그러므로 혈기왕성한 나이에 평온한 생활을 하면서 진리를 탐구하는 것 말고는 다른 관심이 없던 시절에 아주 오래 숙고한 후 충분한 분별력을 가지고 채택한 의견을 제쳐두고, 절망의 구렁텅이에서 나를 시련에 빠지게 하여 더욱 불행하게 만들 뿐인 견해들을 어떤 이유로도 더 좋아할 수는 없는 일이었다. 마음은 비탄으로 찌들고, 영혼은 권태로 의기소침해지고, 상상력은 위축되고, 나를 둘러싼 끔찍하고 불가해한 수많은 일들로 머리는 흐려진 오늘날, 노쇠와 불안으로 약해진 내 모든 능력이 생기를 잃어버린 오늘날, 비축해둔 모든 자원을 기꺼이 버릴 것인가? 충만하고 활기 찼던 이성을 신뢰하여 부당하게 겪고 있는 불행을 보상받지 않고, 쇠퇴해가는 이성을 더 신뢰하여 억울하게 그대로 불행해지고 말 것인가? 아니다. 나는 그 거창한 문제들에 대한 결정을 내렸을 때보다 더 현명하지도 더 유식하지도 더 성실하지도 않다. 당시 나는 오늘날 나를 혼란스럽게 하는 난제들을 모르지 않았다. 하지만 그 난제들은 나를 막지 못했다. 아직까지 발견하지 못한 새로운 난제가 등장한다면, 그것은 교묘한 형이상학적 궤변일 뿐이다. 그런 궤변들은 고금의 현자들이 인정하고 모든 민족이 받아들이고 지워지지 않는 글자로 인류의 마음속에 새겨진 영원한 진리를 뒤흔들지 못할 것이다. 나는 깊은 성찰 중에 이런 문제들이 감각에 의해 제한된 인간 오성으로는 완전히 파악할 수 없는 것임을 깨달았다. 따라서 내 능력이 미치는 한도 내에서 만족하기로 하고, 거기서 벗어나는 것에는 뛰어들지 않았다. 그 해결책은 과연 합리적이었다. 나는 예전에 그와 같은 해결책을 택했고, 내 마음과 이성의 동의를 얻어 그것을 충실히 이행했다. 설득력 있는 수많은 동기들을 생각해볼 때 당연히 그 해결책을 고수해야 하는데, 오늘날 내가 무슨 근거로 그것을 포기하겠는가? 그 해결책을 따를 경우 무슨 위험이라도 있는가? 그것을 포기할 경우 내게 어떤 이득이 있는가? 나를 박해하는 자들의 학설을 받아들인다면 그들의 도덕도 받아들일 것인가? 사람의 마음이나 이성은 파고들지도 못하면서, 책으로 또는 무대 위의 눈부신 행동으로 거창하게 늘어놓는 근거도 성과도 없는 그 도덕을? 혹은 은밀하고 잔인한 또 다른 도덕, 즉 모든 추종자들이 전자의 도덕은 가면으로만 이용하고 유일한 행동 교칙으로 따르면서 나에 대해 아주 교묘하게 실천했던 내적 교리를? 공격적이기만 한 그 도덕은 방어에는 아무 소용이 없으며 공격에만 쓰일 뿐이다. 그들에 의해 궁지에 몰린 내게 그 도덕이 무슨 소용이 있겠는가? 오로지 나의 결백만이 불행 속에서 나를 지탱해주고 있는데, 그 유일하고 강한 자원을 버리고 그것을 악의로 대체한다면 나는 또 얼마나 더 불행해지겠는가? 해를 끼치는 기술에서 내가 그들을 따라잡을 수 있을까? 설령 성공한다 해도, 내가 그들에게 가할 수 있는 고통이 내게서 어떤 고통을 덜어준단 말인가? 나는 나 자신의 평판만 잃고 아무것도 얻지 못할 것이다.

이와 같이 혼자 추론해봄으로써 궤변과도 같은 논증, 해결할 수 없는 반박, 내 능력을 벗어나는데다 어쩌면 인간의 정신적 능력마저 벗어나는 것인지도 모르는 난제들로 인해 내 원칙은 더이상 동요하지 않게 되었다. 내 정신은 내가 제공할 수 있었던 가장 견고한 토대 위에 자리를 잡고 내 양심conscience의 보호를 받으며 쉬는 데 아주 익숙해져서, 낡은 것이든 새로운 것이든 그 어떤 낯선 학설도 더이상 내 정신을 뒤흔들 수 없으며, 단 한 순간이라도 내 휴식을 방해할 수 없다. 정신이 무기력해지고 둔해진 나는 내 신념과 실천 원칙의 토대가 되었던 추론마저 망각했다. 하지만 양심과 이성의 동의하에 내가 도출해낸 결론은 결코 잊지 않을 것이며, 이제부터는 그 결론을 고수하고자 한다. 철학자들 모두가 트집을 잡으라고 하라. 그래봤자 시간과 노력만 낭비하게 될 것이다. 나는 현명한 선택을 할 능력이 있었을 때 내가 정해놓은 해결책을 남은 평생 무슨 일이 있어도 고수할 것이다.

이렇게 정리하자 마음이 평온해진 나는 자신에게 만족하며, 내 상황에서 필요로 하는 희망과 위안을 찾는다. 그토록 완전하고 지속적이고 우울한 고독, 모든 동시대인들에게서 끊임없이 느껴지는 깊은 원한, 그 원한으로 인해 끊임없이 내게 퍼부어지는 모욕은 때때로 나를 낙담에 빠뜨린다. 흔들리는 희망과 용기를 잃게 하는 회의도 여전히 이따금 찾아와 내 영혼을 교란시키고 우울로 가득 채운다. 바로 그럴 때, 나는 자신을 안심시키는 데 필요한 정신 활동을 할 수가 없어져 지난날의 결심을 떠올려야만 한다. 그러면 그 결심을 할 때 기울였던 노력과 주의와 진실한 마음이 기억 속에 되살아나 나의 신뢰를 고스란히 돌려준다. 이런 식으로 나는 해로운 오류와 마찬가지로 새로운 생각들을 거부한다. 그런 것들은 허울뿐인 것으로, 내 휴식을 방해하기만 한다.

이처럼 나는 내 오래된 지식의 좁은 영역에 갇힌 채, 솔론처럼 늙어가면서 날마다 배우는 행복을 누리지 못한다. 심지어 이제부터는 제대로 알 수도 없는 것을 배우고 싶어하는 위험한 오만으로부터 나 자신을 보호해야 한다. 하지만 유용한 지식 중에는 얻고 싶은 것이 없을지라도, 내가 처한 상황에 필요한 덕 중에는 습득해야 할 중요한 것들이 남아 있다. 바야흐로, 내 영혼이 자신을 혼란스럽고 무분별하게 만드는 육체로부터 해방되어, 명징한 진리를 바라보면서 우리의 위선적인 학자들이 그토록 자랑하는 그 모든 지식의 무가치함을 깨닫게 될 그날에 영혼이 함께 지혜를 가져갈 수 있도록 지혜로 영혼을 살찌우고 장식해야 할 때다. 그런 무가치한 지식들을 얻고자 한다면 영혼은 이 생에서 허비한 시간을 한탄하게 될 것이다. 하지만 인내, 온유함, 체념, 청렴, 공평무사한 정의 같은 것들은 자기 자신과 함께 가져갈 수 있는 자산으로서, 죽으면 가치가 사라지지 않을까 하는 두려움 없이 계속 쌓아나갈 수 있는 것이다. 나는 바로 이 훌륭하고 유익한 연구에 내 남은 노년을 바치고자 한다. 나 자신의 진보progrès를 통해, 최상의 모습은 아니더라도(그건 불가능한 일이니까) 생에 발을 들여놓던 시절보다 더 덕성스러운 모습으로 생을 마감하는 법을 배운다면 더없이 행복하리라!

네 번째 산책

아직도 이따금 읽는 몇 안 되는 책들 중에서 플루타르코스는 가장 애착이 가며 내게 유익한 저자이다. 그는 유년 시절 내가 처음으로 읽었던 저자이며 내 노년기에 읽을 마지막 저자이기도 하다. 또한 읽을 때마다 소중한 무언가를 얻게 하는 거의 유일한 저자이다. 그저께도 그의 《윤리논집》[12]에 실린 〈적에게서 어떻게 유익한 것을 끌어낼 수 있는가?〉라는 글을 읽었다. 그런데 바로 그날 나는 몇몇 저자들이 보내준 소책자들을 정리하다가 로지에 신부[13]의 잡지 하나를 우연히 발견했다. 그는 그 잡지의 표제에 "진리를 위해 일생을 바치는 사람에게, 로지에"[14]라는 말을 덧붙여 놓았다. 그런 신사 분들의 표현법을 너무 잘 알기에 거기에 속아 넘어가지 않는 나는, 그가 그렇듯 공손한 태도 이면에서 내게 잔인한 역설을 말하려 했음을 눈치챘다. 하지만 그 근거가 무엇인가? 왜 그런 야유를? 그 야유에 내가 어떤 원인을 제공할 수 있었던가? 훌륭한 플루타르코스의 교훈을 유용하게 이용하기 위해, 나는 다음 날 산책을 하는 동안 거짓말과 관련해 나 자신을 검토해보기로 결심했다. 그리고 이전부터 알고 있었던 사실이긴 했지만, 델포이 신전에 새겨진 '너 자신을 알라'라는 말이 내가 《고백》에서 생각했던 것만큼 그리 따르기 쉬운 격언이 아님을 재차 확인하게 되었다.

다음 날 나는 결심한 바를 실행하기 위해 산책을 했다. 명상을 하기 시작하면서 제일 먼저 떠오른 생각은 젊은 시절 내가 한 어떤 끔찍한 거짓말15에 관한 것이었다. 그 기억은 평생 나를 괴롭혔고, 노년에 이른 지금까지도 이미 다른 수많은 일들로 상심한 내 마음을 몹시 슬프게 한다. 그 거짓말은 그 자체로도 큰 죄악이었지만, 그것이 초래한 결과 때문에 죄질이 훨씬 더 나빠지고 말았다. 나는 그 결과가 어땠는지는 줄곧 모르고 있었지만, 이렇게 양심의 가책이 드는 것으로 미루어 아주 잔인했을 것이다. 그렇지만 거짓말을 했을 당시의 내 심정만 고려해본다면 그것은 그릇된 수치심에서 비롯되었을 뿐, 그 거짓말에 희생된 여인에게 해를 끼치려는 의도는 절대 없었다. 어찌할 수 없는 수치심 때문에 거짓말을 한 그 순간에도 그것이 초래할 결과를 오직 내게 돌릴 수만 있었다면 기꺼이 내 목숨이라도 바쳤을 거라고 하늘에 맹세할 수 있다. 느껴지는 대로만 말한다면, 그것은 그 순간 내 소심한 천성이 내 마음속의 모든 맹세를 억눌러버렸다고밖에 설명할 길 없는 정신착란과도 같은 일이었다.

그 유감스러운 행위에 대한 기억과 그로 인한 치유할 수 없는 회한 때문에 나는 거짓말에 대해 공포심을 가지게 되었고, 그 후 평생 거짓말이라는 악덕으로부터 내 마음을 보호할 수 있었다. 내 좌우명을 정했을 때 나는 나 자신이 그에 합당한 사람이라고 느꼈다. 그리고 내가 그에 걸맞은 사람임을 추호도 의심하지 않는 상태에서 로지에 신부의 글을 보게 되었고, 진지하게 나 자신을 검토하기에 이른 것이다.

그리하여 보다 세심하게 샅샅이 스스로를 검토한 결과 나는 깜짝 놀랐다. 진실에 대한 내 사랑에 자부심을 느끼고, 그 누구와도 비교될 수 없는 공평함을 가지고 내 안전과 이해관계와 일신을 진실에 희생시킨 바로 그 시절에 내가 진실했다고 기억하고 있지만 실은 내가 수많은 속임수를 저질렀음을 발견한 것이다.

가장 놀라운 것은 그런 거짓된 일들을 떠올리는 중에도 전혀 참된 뉘우침이 느껴지지 않았다는 사실이다. 나는 거짓에 대한 혐오가 마음속에 확고한 사람인데, 거짓말을 해야 피할 수 있는 형벌이라면 차라리 달게 감수했을 사람인데, 어떻게 그런 내가 어떤 괴상한 자가당착에 빠져 필요도 이득도 없는 거짓말을 자진해서 했을까? 거짓말 하나 때문에 오십 년 동안이나 줄곧 괴로워했던 내가 어떤 상상도 못 한 모순으로 인해 한 치의 뉘우침도 느끼지 않은 걸까? 나는 내 잘못에 결코 무감각해지지 않았다. 도덕적 본능은 언제나 나를 바른 길로 인도해주었고, 설사 이해관계에 굴복하여 변질되었다 할지라도 내 양심은 처음의 깨끗함을 잃지 않았다. 정념에 제압된 인간이 최소한 자신의 나약함이라도 변명할 수 있는 상황에서도 한 치의 공정함을 잃지 않는 양심이, 유독 악덕에 대한 핑곗거리조차 찾을 수 없는 하찮은 사안에 대해서는 왜 공정함을 잃는 걸까? 나는 이 문제를 해결해야만 그 점에 있어서 나 자신에 대해 정확한 판단을 내릴 수 있다고 생각했다. 그래서 잘 검토해본 후, 다음과 같이 그 문제를 이해하기에 이르렀다.

거짓말이란 드러내야 할 진실을 감추는 것이라는 말을 어느 철학서에서 읽은 기억이 난다. 이 정의를 따르자면 말할 의무가 없는 진실에 대해 침묵하는 것은 거짓말이 아니라는 결론이 나온다. 그런데 이와 같은 경우에 진실을 말하지 않는 데 그치지 않고 정반대로 말하는 사람은 거짓말을 하는 것인가, 하지 않는 것인가? 그 정의에 의하면 거짓말을 하는 것이라고 말할 수 없을 것이다. 빚진 것이 없는 상대에게 위조지폐를 준다면, 그 사람을 속이는 것이긴 하지만 도둑질을 하는 것은 아니기 때문이다.

여기서 검토해야 할 매우 중요한 두 가지 문제가 제기된다. 첫째 문제는 언제 어떻게 타인에게 진실을 빚지느냐는 것이다. 항상 그러는 것은 아니기 때문이다. 그리고 둘째 문제는, 악의 없이 속이는 경우가 가능하냐는 것이다. 이 둘째 문제에 대해서는 이미 결론이 내려져 있다는 것을 나는 잘 알고 있다. 아무리 준엄한 도덕에도 고통 받지 않는 저자의 책에 의하면 그런 경우가 없다고 하고, 책 속의 도덕이 실천 불가능한 객설로 간주되는 사회에서는 그런 경우가 있다고 한다. 그러니 서로 상반되는 권위자들은 제쳐두고, 나 자신의 원칙에 따라 나 자신을 위해 이 문제들을 해결해보자.

보편적이고 추상적인 진실은 모든 선(善) 가운데 가장 값진 것이다. 그것이 없으면 인간은 장님이다. 그것은 이성의 눈과도 같다. 그 진실을 통해 인간은 행동하는 법, 인간으로서 마땅히 되어야 할 존재가 되는 법, 해야 할 일을 하는 법, 진정한 목적을 지향하는 법을 배운다. 개별적이고 개인적인 진실은 늘 선하기만 하지는 않다. 그것은 때때로 악하기도 하며, 하찮은 것일 때가 많다. 인간이 알아야 할 것들, 인간이 행복해지기 위해 꼭 알 필요가 있는 것들은 어쩌면 그리 많지 않을지도 모른다. 그러나 그 수가 많건 적건 그것은 인간에게 속한 자산이며, 어디서 그 자산을 발견하든 인간에게는 그것을 당당히 요구할 권리가 있다. 또한 그것은 가장 부당한 방식으로 도둑질하지 않고는 빼앗아갈 수도 없는 것이다. 그것은 모두에게 공통된 자산으로, 다른 사람에게 전달한다고 해서 빼앗기는 것이 아니기 때문이다.

지식에도 실천을 하는 데도 전혀 쓸모없는 진실이라면, 어떻게 그것을 정당한 자산이라고 할 수 있겠는가? 그건 자산도 아니다. 소유propriété는 오로지 유용성에 근거를 두고 있으므로, 무용한 곳에는 소유가 있을 수 없기 때문이다. 아무리 척박하더라도 사람들이 요구할 수 있는 대지라면 적어도 그 땅에서 거주라도 할 수 있기 때문이다. 그런데 어떤 면에서도 흥미롭지 않고 그 누구에게도 중요하지 않은 무익한 사실이라면, 그것의 진위에는 아무도 관심이 없을 것이다. 물질적인 분야에서와 마찬가지로 정신적인 분야에서도 무용한 것은 없다. 그 무엇에도 무용하다면 아무것도 빚지지 않은 것이나 다름없다. 뭔가를 빚진 것이 되려면, 유용하거나 유용할 가능성이라도 있어야 한다. 그러므로 빚지고 있는 진실은 정의와 관계된다. 모든 사람에게 있으나 마나 한, 알아봐야 아무짝에도 쓸모없는 하찮은 것들에 진실이라는 이름을 갖다 붙인다면, 그것은 그 성스러운 이름을 모독하는 것이다. 따라서 가능성에 불과한 것일지라도 유용성이 전혀 없는 진실은 빚진 것이 될 수 없고, 그러므로 그런 진실에 대해 침묵하거나 그것을 감추는 것은 거짓말을 하는 것이 아니다.

그런데 모든 점에서 무용할 만큼 철저하게 무가치한 진실이라는 것이 과연 존재할까? 이것은 논의가 필요한 또 다른 사항이므로, 나중에 다시 거론하겠다. 지금은 둘째 문제로 넘어가도록 하자.

진실을 말하지 않는 것과 거짓을 말하는 것은 아주 다른 문제이지만, 그럼에도 불구하고 똑같은 효과를 초래할 수 있다. 만약 효과가 전혀 없다면 그것은 매번 틀림없이 동일한 결과에 이르기 때문이다. 진실이 관심을 끌지 못하는 곳에서는 정반대의 잘못된 생각 역시 관심을 끌지 못한다. 결과적으로 그런 경우에는 진실과 정반대되는 것을 말함으로써 속이는 사람이, 진실을 밝히지 않음으로써 속이는 사람보다 더 부당하다고 할 수 없다. 무익한 진실에 관한 한, 잘못이 무지보다 더 나쁜 것이 전혀 아니기 때문이다. 해저의 모래가 희다고 믿든 붉다고 믿든, 그것은 그 색깔을 모르는 것과 마찬가지로 중요하지 않다. 부당함이란 오직 타인에게 끼친 피해가 있을 때만 성립되는 것인데, 아무에게도 해를 끼치지 않으면서 어떻게 부당할 수 있겠는가?

그런데 위의 두 문제에 대해 이런 식으로 간략히 답해보긴 했지만, 가능한 모든 경우에 정확하게 적용하는 데 필요한 충분한 설명이 선결되지 않는다면 여전히 실제 행동에 확실히 적용할 수가 없다. 진실을 말할 의무가 오직 진실의 유용성에만 근거를 두고 있다면, 그 유용성은 어떻게 판단할 것인가? 어떤 한 사람의 이익이 다른 사람에게는 손해가 되는 일이 허다하고, 개인의 이해관계는 거의 언제나 공공의 이해관계와 대립된다. 그런 경우 어떻게 행동해야 하는가? 지금 나와 이야기하는 상대방의 유용성을 위해 그 자리에 없는 사람의 유용성을 희생시켜야 하는가? 한 사람에게는 이익이 되지만 다른 사람에게는 해가 되는 진실을 말해야 하는가, 아니면 말하지 말아야 하는가? 말해야 하는 모든 것의 무게를 오로지 공공의 선(善)이라는 저울에 달아야 하는가, 아니면 배분적 정의(正義)16라는 저울에 달아야 하는가? 내가 이용하는 지식을 오직 공정한 규칙에 따라 분배할 만큼 자신이 모든 사실관계를 충분히 알고 있다고 확신하는가? 게다가 다른 사람들에 대한 의무를 검토하면서, 정작 나는 나 자신에 대한 의무, 그리고 오직 진실 그 자체에 대한 의무를 충분히 검토해보았는가? 타인을 속였지만 그에게 전혀 해를 끼치지 않는다고 해서 나 자신에게도 무해한 결과가 되는가? 늘 결백하기 위해서는 부당하지 않은 것으로 충분한가?

 스스로 다음과 같이 말한다면 난처한 논쟁에서 쉽게 빠져나올 수 있을 것이다. 무슨 일이 일어나더라도 항상 진실하자. 정의 그 자체는 사실에 관한 진실 안에 존재한다. 마땅히 해야 하거나 믿어야 할 것에 대한 규칙에 부적합한 것을 제공할 때, 거짓은 언제나 죄가 되고 잘못은 언제나 기만이 된다. 그리고 진실에서 초래되는 결과가 무엇이든, 진실을 말하면 언제나 죄가 되지 않는다. 왜냐하면 사견이 조금도 섞이지 않았기 때문이다.

 그러나 그렇게 생각하는 것은 문제를 해결하지 않은 채 종결짓는 것이나 마찬가지다. 문제의 핵심은 언제나 진실을 말하는 것이 옳은지 아닌지를 결정하는 것이 아니라, 언제나 똑같이 그래야 하는지를 결정하는 것이다. 그리고 내가 검토해본 정의(定義)에 비추어 언제나 똑같이 진실을 말할 필요는 없다고 가정한다면, 진실에 대해 엄격하게 의무를 다해야 하는 경우와, 부당하지 않은 선에서 침묵하거나 거짓 없이 진실을 감출 수 있는 경우를 구분하는 것이 중요하다. 그런 경우들이 실제로 존재하는 것을 보았기 때문이다. 그러므로 문제는 그런 경우를 알고 제대로 규정하기 위해 확실한 규칙을 찾는 것이다.

하지만 그 규칙과, 그 규칙이 잘못을 범하지 않는다는 증거를 어디에서 끌어온단 말인가? 이 같은 온갖 난해한 윤리 문제에 관해서 나는 언제나 이성의 빛보다는 양심의 소리로 해결하는 편이 옳다고 생각했다. 도덕적 본능은 결코 나를 속인 적이 없다. 그것은 지금껏 내가 충분히 신뢰할 정도로 내 마음속에서 순수성을 간직해왔다. 때때로 도덕적 본능은 내가 행동할 때는 정념 앞에서 침묵을 지키기도 하지만, 내 기억 속에서만큼은 정념에 대한 지배력을 되찾는다. 내가 이 생을 마친 뒤 최고 심판관에게 심판을 받을 때와 똑같은 엄격함으로 나 자신을 심판하는 것은 바로 그런 이유에서이다.

사람들의 말을 그것이 초래하는 결과에 의해 판단하면 종종 판단을 그르치게 된다. 그 결과라는 것이 항상 뚜렷하고 파악하기 쉬운 것은 아닐뿐더러, 말해진 상황에 따라 무한히 변하기 때문이다. 사람들의 말을 평가하고 그 말의 악의나 선의의 정도를 결정하는 것은 오로지 그 말을 하는 사람의 의도다. 거짓을 말하더라도 속이려는 의도가 있어야 거짓말을 하는 것이 되며, 속이려는 의도도 항상 해를 끼치려는 의도와 결부되어 있지는 않으므로 때로는 정반대의 목적을 갖기도 한다. 그러나 거짓말이 결백한 것이 되기 위해서는 해를 끼치려는 의도가 명백하지 않은 것만으로는 충분치 않다. 이야기를 듣는 상대방을 오류에 빠트리더라도, 그 오류가 그들 자신을 비롯해 어느 누구에게도 어떤 식으로든 해를 끼칠 수 없다는 확신이 있어야 한다. 이런 확신을 갖기란 드물고 어려운 일이다.

따라서 어떤 거짓말이 완전히 결백하기란 어렵고 드문 일이다. 자신의 이익을 위해 거짓말을 하는 것은 사기이고, 타인의 이익을 위해 거짓말을 하는 것은 기만이다. 해를 끼치기 위해 거짓말을 하는 것은 중상인데, 이것이야말로 거짓말 중에서도 가장 나쁜 거짓말이다. 자기 자신이나 타인에게 이익도 피해도 주지 않는 거짓말은 거짓말이 아니다. 그것은 거짓말이 아니라 허구이다.

도덕적 목적을 가진 허구는 교훈담이나 우화라고 불린다. 그것의 목적은 감성적이고 유쾌한 형식으로 유익한 진실을 포장하는 것일 뿐이고 또 그래야 하므로, 그 경우 사람들은 진실의 의복에 불과한 사실상의 거짓말을 숨기려고 애쓰지 않는다. 오로지 우화를 위해 우화를 이야기하는 사람은 결코 거짓말을 하는 것이 아니다.

순전히 무익한 허구, 이를테면 대부분의 콩트나 소설이 그러한데, 이런 허구는 참다운 교훈을 내포하고 있는 것이 아니라 오로지 재미만을 목적으로 한다. 도덕적 유용성이 전혀 없는 이런 허구들은 그것을 창작하는 사람의 의도에 의해서만 평가될 수 있다. 그래서 그가 허구를 정말로 진실인 것처럼 단언하며 말해도 사람들은 그것이 진짜 거짓말임을 부정할 수 없다. 하지만 일찍이 누가 그런 거짓말에 양심의 가책을 느꼈던가? 그리고 누가 그런 거짓말을 한 사람에게 심한 비난을 퍼부었던가? 예를 들어 《그니드 신전 Le temple de Gnide》[17]에 어떤 도덕적 목적이 있다 해도, 그 목적은 향락적인 세부 묘사와 선정적인 이미지로 숨겨지고 손상되어 있다. 저자는 이 작품에 정숙함의 옷을 입히기 위해 어떻게 했던가? 그는 자신의 작품이 그리스어로 된 어떤 원고를 번역한 것인 양 가장했고, 가장 적절한 방법으로 그 이야기의 진실성을 독자에게 납득시키기 위해 그 원고를 어떻게 발견하게 되었는지에 대해 이야기했다. 이것이 확실한 거짓말이 아니라면 도대체 무엇이 거짓말이란 말인가? 그러나 누가 그 거짓말에 대해 저자를 크게 책망하고, 그를 사기꾼으로 치부할 생각을 했던가?

 그것은 단지 농담일 뿐이다, 저자는 주장은 했지만 누구를 설득하려고 한 것이 아니다, 그는 실제로 아무도 설득하지 못했다, 자신이 번역했다고 주장한 그 그리스어 작품의 저자가 바로 그 사람 자신이라는 것을 독자들은 한순간도 의심하지 않았다, 라고 사람들이 말한들 아무 소용 없을 것이다. 그러면 나는 이렇게 대답할 것이다. 아무 목적도 없는 그런 농담은 정말이지 어리석고 유치한 짓일 뿐이다, 설사 아무도 설득하지 못하더라도 그가 그런 주장을 할 때는 결국 거짓말을 하는 것이다, 학식 있는 사람들과 단순하고 믿기 잘하는 대다수의 독자들을 분리해서 생각해야 한다, 근엄한 저자가 자못 성실한 태도로 서술한 원고 이야기는 실제로 그런 독자들을 속였다, 그들은 현대적인 잔에 담겨 나왔다면 적어도 경계라도 했을 독약을 고대 양식의 잔에 담긴 탓에 아무 두려움 없이 마셔버린 것이다, 라고.

 책에 쓰여 있든 아니든, 이러한 구별은 자신에게 성실하고 양심에 거리낄 가능성이 조금이라도 있는 것이라면 스스로에게 절대 허용하지 않으려는 사람들 모두의 마음속에서는 저절로 생겨나는 법이다. 자신의 이익을 위해 거짓을 말하는 것은, 설사 그것이 그리 큰 죄가 되지 않는다 할지라도 타인에게 피해를 주려고 거짓을 말하는 것과 마찬가지이기 때문이다. 이익을 취해서는 안 될 사람에게 이익을 주는 것은 정의의 질서를 어지럽히는 일이다. 그리고 칭찬이나 비난을 불러일으키거나, 혐의나 무혐의를 받을 수 있는 행위를 사실과 다르게 자기 자신이나 타인이 한 것처럼 말하는 것은 정의롭지 못한 일이다. 어떤 식으로든 진실에 반하여 정의를 해치는 것은 모두 거짓말이다. 이것이 바로 정확한 경계이다. 그러나 진실에 어긋나지만 정의와 전혀 관계가 없는 것은 모두 허구에 불과하다. 순수한 허구를 거짓이라고 자책하는 사람이 있다면, 나는 그가 나보다 더 고결한 양심을 가진 사람이라고 인정하는 바이다.

선의의 거짓말이라 불리는 것은 진짜 거짓말이다. 타인을 위해서든 자기 자신을 위해서든 유리하게끔 속이는 것은 불리하게끔 속이는 것과 마찬가지로 부정하기 때문이다. 누구든 진실에 반(反)해서 칭찬하거나 비난할 때 그것이 실제 인물을 문제 삼고 있다면 거짓말을 하는 것이다. 상상의 존재를 문제 삼고 있을 때는 무슨 말을 해도 거짓말이 되지 않는데, 단 자신이 만들어낸 사실의 도덕성에 대해 판단하거나 그것에 대해 그릇된 판단을 내리지 않아야 한다. 그런 경우에는 사실에 대해서 거짓말을 하는 것이 아니라 해도, 사실의 진실보다 훨씬 더 존중해야 할 도덕적 진실에 대해서 거짓말을 하는 것이기 때문이다.

나는 세상 사람들에게 진실하다는 말을 듣는 그런 사람들을 보았다. 그들의 진실성은 쓸데없는 대화에서 장소나 시간이나 인물을 정확하게 인용하고, 어떠한 허구도 스스로에게 허용하지 않고, 어떤 정황도 윤색하지 않고, 아무것도 과장하지 않으려고 온갖 애를 다 쓰는 데 사용된다. 무슨 일이든 자신들의 이해(利害)와 관련되지 않는 한, 그들은 서술할 때 극도의 정확성을 잃지 않는다. 그러나 그들 자신과 관계되는 문제를 다루거나 그들 자신과 밀접한 관련이 있는 사실을 이야기할 때는 자신들에게 가장 이익이 되는 관점으로 제시하기 위해 온갖 문체적 색채를 동원한다. 그리고 자신들에게 유용하기만 하다면, 스스로 거짓말하는 것은 삼가더라도 교묘히 거짓말을 부추기고, 자신에게 비난이 돌아오지 않게 하면서 사람들이 거짓말을 받아들이게 만든다. 용의주도함이 바라는 것은 바로 이와 같은 것이다. 진실성이여, 안녕.

내가 진실하다고 말하는 사람은 이와 정반대로 행동한다. 완전히 무의미한 것들과 관계될 때, 다른 사람들이 그토록 존중하는 진실은 그에게는 별로 흥미를 주지 못한다. 그는 산 사람이든 죽은 사람이든 어느 누구에게도 이익이나 피해를 주지 않는 판단, 즉 전혀 부당하지 않은 판단을 초래하는 거짓 사실들로 좌중을 즐겁게 하는 일에 대해서는 조금도 거리낌이 없을 것이다. 그러나 정의와 진실에 반해 누군가에게 이익이나 손해, 존경이나 경멸, 칭찬이나 비난을 가져다주는 모든 말은 그의 마음이나 입이나 펜에 결코 다가가지 못할 거짓말이다. 그는 자신의 이해관계에 반할 때조차 변함없이 진실하다. 하지만 쓸데없는 대화 속에서 자신이 그런 사람이라는 것을 뽐내지 않는다. 그는 어느 누구도 속이려고 하지 않는다는 점에서, 자신을 비난하는 진실과 자신을 명예롭게 하는 진실에 똑같이 충실하다는 점에서, 그리고 자신의 이익을 위해서도 적을 해치기 위해서도 결코 속이지 않는다는 점에서 진실한 사람이다. 그러므로 내가 말하는 진실한 사람과 세상 사람들이 말하는 진실한 사람 사이에는 차이가 있다. 즉 세상 사람들이 말하는 진실한 사람은 자신에게 전혀 손해가 되지 않는 모든 진실에는 매우 엄격하게 충실하지만 그 이상에 대해서는 그렇지 못한 반면, 내가 말하는 진실한 사람은 진실을 위해 자신을 희생해야 할 때 비로소 아주 충실하게 진실을 섬긴다.

그러나 사람들은 이렇게 말할지도 모른다. 내가 그 사람의 진실에 대한 열렬한 사랑을 칭송하고 있지만, 그 진실에 대한 사랑과 그에 대한 해이한 태도를 어떻게 조화시켜야 하는가? 그처럼 많은 불순물이 섞여 있으니 그 사랑은 거짓이 아닌가? 하지만 그렇지 않다. 그 사랑은 순수하고 진실하다. 그것은 오직 정의에 대한 사랑의 발로일 뿐이므로, 종종 우화적일지는 몰라도 결코 거짓되고자 하지 않는다. 그 사람의 정신 속에서 정의와 진실은 구별 없이 혼용되는 두 개의 동의어이다. 그의 마음이 숭배하는 신성한 진실은 무의미한 사실과 쓸모없는 이름으로 이루어져 있지 않다. 그것은 진짜 자기 일에서나, 좋은 일이든 나쁜 일이든 책임을 떠맡아야 하는 일에서나, 명예나 비난 또는 칭찬이나 반대를 대가로 받는 일에서나 각자에게 정당한 몫을 정확히 돌려주는 데 있다. 그는 타인을 해치려고 거짓을 말하지 않는다. 그의 공정함이 그것을 막아줄뿐더러, 그가 어느 누구에게도 부당하게 해를 끼치기 원하지 않는 사람이기 때문이다. 또한 그는 자기 자신을 위해서도 거짓을 말하지 않는다. 그의 양심이 그것을 막아줄 뿐 아니라 그는 자기 것이 아닌 것을 가로챌 줄 모르는 사람이기 때문이다. 그가 특히 소중히 여기는 것은 스스로 품위를 지키는 것이다. 그는 그 자산 없이는 살 수 없으므로, 그것을 희생시켜 다른 사람들의 존경을 얻더라도 실로 상실감을 느끼게 될 것이다. 따라서 그는 이따금 무의미한 일에 대해서는 별생각 없이 거리끼지 않고 거짓말을 하겠지만, 타인이나 자기 자신의 이해(利害)를 위해서는 결코 거짓말을 하지 않을 것이다. 역사적 진실에 관계되는 모든 것, 인간의 행동과 정의와 사교성과 유익한 지식과 관계있는 모든 일에 대해서 그는 자기 자신과 타인을 최대한 오류로부터 보호할 것이다. 그 이외의 모든 거짓말은 그에 따르면 거짓말이 아니다. 만일 《그니드 신전》이 유익한 작품이라면, 그리스어 원고 이야기는 그야말로 죄 없는 허구에 불과하다. 그러나 그 작품이 위험하다면, 그 이야기는 엄격히 처벌되어야 할 거짓말이다.

거짓말과 진실에 관한 내 양심의 규칙은 이와 같은 것이었다. 내 이성이 그 규칙을 채택하기 전에 이미 내 마음은 기계적으로 그것을 따르고 있었다. 오직 도덕적 본능으로 그 규칙을 적용한 것이다. 가엾은 마리옹을 희생자로 만든 죄 많은 거짓말은 내게 씻을 수 없는 양심의 가책을 남겼고, 그 가책은 그 후 평생 동안 그런 종류의 거짓말뿐 아니라 어떤 식으로든 타인의 이해관계와 명성에 관계될 수 있는 모든 거짓말로부터 나를 지켜주었다. 그렇게 통째로 거짓말을 배제함으로써, 나는 이익과 피해의 무게를 정확하게 가늠하거나 해를 끼치는 거짓말과 선의의 거짓말 사이에 분명한 경계를 지을 필요가 없어졌다. 나는 두 가지 다 죄 있는 것으로 간주하여 나 자신에게 모두 금지한 것이다.

다른 모든 경우와 마찬가지로 이 경우에도 나의 기질은 내 실천 원칙, 아니 습관에 많은 영향을 미쳤다. 나는 규칙에 따라 행동하는 사람이 아니었기 때문이다. 아니, 모든 일에서 내 천성의 충동 말고 다른 규칙은 거의 따르는 사람이 아니었기 때문이다. 나는 미리 계획해 거짓말을 하는 것은 생각조차 해본 적이 없고, 내 이해관계를 위해서는 결코 거짓말을 하지 않았다. 하지만 종종 수치심 때문에, 대단치 않은 일이나 기껏해야 나 한 사람에게만 관련된 일에 관해서는 궁지에서 벗어나기 위해 거짓말을 했다. 대화를 계속 이어가야 하는데 생각이 잘 안 나거나, 내 이야기가 재미없어서 뭔가를 말하기 위해 허구에 도움을 청할 수밖에 없을 때가 그런 경우였다. 불가피하게 말을 해야만 할 때, 그리고 재미있는 사실이 머릿속에 즉각 떠오르지 않을 때 나는 말없이 가만히 있지 않으려고 이야기를 지어낸다. 그러나 그런 이야기를 지어낼 때도 그것이 거짓말이 되지 않도록, 즉 정의나 당연히 지켜야 할 진실을 손상시키지 않도록, 또한 나 자신과 모든 사람에게 아무 상관 없는 허구에 지나지 않도록 최대한 노력한다. 적어도 사실에 관한 진실을 도덕적 진실로 대체하려는 내 욕망은 나쁜 것이 아닐 것이다. 다시 말해 인간의 마음에 깃든 천부적인 애정을 잘 표현하고 언제나 거기서 유익한 교훈을 끌어내려는 욕망, 한마디로 도덕적 콩트와 교훈담을 만들려는 내 욕망 말이다. 그러나 수다스러운 대화를 교훈으로 유익하게 활용할 수 있으려면, 나보다 더 많은 재치와 말주변이 필요할 것이다. 말의 진행 속도가 사고의 진행 속도보다 더 빠른 탓에 나는 거의 언제나 생각에 앞서 말부터 나오고, 그런 까닭에 종종 어리석고 얼빠진 말을 하기도 했다. 그런 말들이 입에서 빠져나가면 내 이성은 그것을 비난하고 마음도 그것을 부인하지만, 나 자신의 판단을 앞지른 것이기 때문에 검열을 통해 바로잡을 수도 없었다.

또한 종종 이 저항할 수 없는 최초의 기질적 충동에 의해 예기치 않은 급한 순간에 수치심과 소심함으로 말미암아 거짓말을 하게 될 때도 있다. 그러나 그 거짓말은 의지와는 관계가 없으며, 어떻게 보면 순간적으로 대답해야 하는 피치 못할 사정 때문에 의지를 앞서는 것일 뿐이다. 가엾은 마리옹의 기억이 남긴 깊은 회한 덕분에 나는 다른 사람에게 해를 끼칠 수 있는 거짓말을 언제나 억누를 수 있지만, 그 기억이 나하고만 관련된 일에서 궁지에서 벗어나는 데 사용되는 거짓말까지 막아주지는 못한다. 물론 그것이 타인의 운명에 영향을 미칠 수 있는 거짓말보다 내 양심과 원칙에 덜 위배된다고 볼 수는 없다.

만일 나를 변호하는 거짓말을 한 그 즉시 그것을 취소할 수 있다면, 그리고 앞서 한 말을 취소함으로써 새로운 수치를 당하는 일 없이 내게 과해진 진실을 말할 수 있다면, 나는 진심으로 그렇게 하겠다고 하늘에 맹세한다. 하지만 그와 같이 스스로 잘못을 저질렀음을 드러내는 것에 대한 수치심 때문에 여전히 저어하게 되므로, 진정으로 잘못을 뉘우치지만 감히 속죄하지는 못한다. 다음의 예는 내가 말하려는 바를 잘 설명해줄 것이다. 그리고 내가 이해관계나 이기심 때문에 거짓말을 하는 것이 아니고, 시기심이나 악의로 거짓말을 하는 것은 더욱더 아니며, 때때로 그 거짓말이 이미 다 알려진 것이라 내게 아무 소용도 없음을 잘 알면서도 오로지 당혹감과 그릇된 수치심 때문에 거짓말을 한다는 사실을 보여줄 것이다.

얼마 전, 내 평소 습관과는 어긋나는 일이지만, 풀키에 씨가 자기 친구 브누아 씨와 내 아내와 함께 소풍 삼아 바카생 부인의 식당으로 점심을 먹으러 가자고 했다. 식사 자리에는 바카생 부인과 그녀의 두 딸도 함께 했다. 그런데 식사를 하는 도중, 최근에 결혼해 임신한 큰딸이 갑자기 나를 빤히 바라보며 아이가 있느냐고 물었다. 나는 귀까지 빨개져서 그런 행운을 갖지 못했다고 대답했다. 그러자 그녀는 일동을 바라보며 심술궂은 미소를 지었다. 그 의미는 심지어 나에게조차 분명한 것이었다.

우선 명백한 사실은, 설사 내게 속이고 싶은 의도가 있었다 할지라도 그 말은 내가 하고자 했던 대답이 아니었다는 것이다. 질문을 한 큰딸의 의도를 알았으므로, 내가 부정해봐야 그 점에 대한 그녀의 의견을 전혀 바꾸어놓지 못하리라고 확신했기 때문이다. 사람들은 부정의 답변을 기대하고 있었고, 심지어 내게 거짓말을 하게 하고 즐기기 위해 부정의 답변을 부추기기까지 했다. 나는 그 정도도 느끼지 못할 만큼 미련하지 않았다. 잠시 후, 내가 했어야 할 대답이 저절로 떠올랐다. 젊은 부인이 총각으로 늙은 남자에게 하기에는 좀 조심성 없는 질문이군요. 그런 식으로 말했더라면, 거짓말도 안 하고 고백을 하여 얼굴을 붉히는 일도 없이 오히려 상대방을 웃음거리로 만들었을 것이다. 그리고 그녀에게는 작은 교훈을 주어 내게 그런 질문을 하는 무례를 삼가게 만들었을 것이 틀림없다. 하지만 나는 그 모든 것 중 아무것도 하지 못했다. 해야 할 말을 하지 않고, 내게 아무 소용도 없는, 오히려 하지 말았어야 할 말을 한 것이다. 그러므로 내 대답은 판단이나 의지에서 나온 것이 아니라 당혹감에 기계적으로 나온 결과였음이 확실하다. 예전에는 그런 당혹감을 느껴본 적이 없었고, 내 잘못에 대해 수치심을 느끼기보다 솔직하게 고백하곤 했었다. 내 잘못을 만회시켜주는 것, 내가 마음속에 느끼고 있는 바를 사람들도 알아주리라는 것을 믿어 의심치 않았기 때문이다. 그러나 악의에 찬 시선은 나를 몹시 아프게 하고 당황스럽게 한다. 나는 예전보다 불행해지면서 더 소심해지기까지 했고, 오직 그 소심함 때문에 거짓말을 한 것이다.

《고백》을 쓸 때만큼 내가 거짓말에 대한 나 자신의 천성적인 혐오를 여실히 느낀 적은 없었다. 그런 글에서는, 내게 조금이라도 거짓말 쪽으로 기우는 성향이 있었다면 거짓말에의 유혹을 자주, 강하게 느꼈을 것이기 때문이다. 그러나 나는 마음에 무거운 짐이 되는 것에 대해 침묵하거나 그것을 감추기는커녕, 거짓말을 할 경우 자신을 너무 관대하게 용서하기보다는 오히려 너무 엄격하게 책망하는 경향이 내게 있음을 느꼈다. 나로서도 설명하기 어렵지만, 모든 위조 행위에 대한 반감에서 비롯되는 정신 작용이 그 이유인 듯하다. 그러므로 내 양심은 내가 나 자신을 심판한 것보다 나중에 더 엄격하게 심판받는 일은 없을 거라고 확신하는 바이다. 그렇다, 나는 자부심 강하고 고결한 영혼으로써 그렇게 말하고 그렇게 느낀다. 나는 그 글에 그 누구와 비교해도 모자라지 않은, 아니 적어도 나로서는 그 이상이라고 자부하는 성실성과 진실성과 솔직함을 담았다. 나는 선이 악을 이기리라고 느끼면서 모든 것을 말하고자 했고, 또 그렇게 했다.

나는 할 말을 덜 하지 않았고, 사실이 아니라 정황들에 관해서는 때때로 더 많이 말했다. 그런 종류의 거짓말은 의지가 담긴 행위라기보다는 과도한 상상력의 결과였다. 사실 그런 것을 거짓말이라고 부르는 것조차 잘못이다. 덧붙여진 말 중 어떤 것도 거짓이 아니었기 때문이다. 나는 이미 늙은 나이에 그때까지 맛보아온 인생의 모든 헛된 쾌락에 혐오를 느꼈고, 그 공허함을 뼛속 깊이 느끼던 시절에 《고백》을 썼다. 나는 그 책을 오로지 기억에만 의지해 썼다. 그런데 종종 기억이 안 나거나 불완전하게만 떠올라, 그 기억을 보충하여 내가 상상한 세부 사항으로 그 공백을 메워야 했다. 하지만 그렇다고 해서 그것이 결코 기억한 사실과 상반되는 것은 아니었다. 그저 내 생애 행복했던 순간들에 대해 상세하게 말하고 싶다 보니 때때로 달콤한 회한이 제공해준 장식품으로 아름답게 꾸미기도 한 것이었다. 잊어버린 것들에 대해서는 틀림없이 그랬으리라고 생각되는 모습으로, 어쩌면 실제로 그랬을지도 모르는 모습으로 이야기했다. 하지만 내가 기억하는 바와 반대로 말하지는 않았다. 또 때로는 진실에 그것과 관계없는 매력적인 요소를 덧붙이기도 했는데, 내 부덕을 얼버무리거나 내 것이 아닌 미덕을 가로채기 위해서 진실 대신 거짓을 말한 적은 결단코 없었다.

설령 내가 내 모습을 묘사하면서 생각지도 못한 채 무의식적으로 흉한 측면을 감추었다 하더라도, 그러한 행동은 종종 내가 악행보다 선행을 더 주의 깊게 말하지 않은, 보다 기이한 또 다른 은폐로 충분히 상쇄될 수 있다. 그것은 내 천성이 가지고 있는 기이한 특성으로, 사람들이 믿지 않는다 해도 어쩔 수 없는 일이지만, 아무리 믿기지 않더라도 분명히 실재

한다. 나는 악행에 대해서는 종종 그 비열한 면을 모두 이야기했지만, 선행에 대해서는 그 관대한 면을 거의 이야기하지 않았고 종종 아예 침묵했다. 그것이 나를 너무나 명예롭게 하는 일이었고, 고백의 글을 쓰면서 자칫 자화자찬하는 것처럼 보일 듯해서였다. 나는 내 젊은 시절을 묘사하면서도 내 마음에 천부적으로 주어진 훌륭한 자질을 자랑하지 않았고, 그런 것들을 지나치게 명백히 드러내는 사실들은 생략하기까지 했다. 지금 그중 유년 시절에 있었던 두 가지 일이 생각난다. 둘 다 《고백》을 쓰던 당시에도 생각이 났지만 오로지 방금 말한 이유 때문에 물리쳤던 일화들이다.

나는 거의 매주 일요일 파키에 있는 파지 씨 댁에서 하루를 보냈다. 내 고모들 중 한 명과 결혼한 그는 그곳에서 옥양목 공장을 하고 있었다. 어느 날 천을 압착해 윤기를 내는 기계가 있는 방 안의 천을 넣어 말리는 장소에서 기계의 주철 롤러들을 바라보고 있을 때의 일이었다. 롤러의 광택이 어찌나 보기가 좋은지 손으로 직접 만져보고 싶다는 생각이 들었고, 나는 즐거운 마음으로 롤러의 잉앗대를 어루만졌다. 그런데 그때 바퀴 안쪽에 있던 파지 씨의 아들이 바퀴를 8분의 1바퀴쯤 살짝 돌렸고, 그 바람에 내 가운데 두 손가락 끝이 물리고 말았다. 하지만 그 정도로도 손가락 끝이 으스러지고 두 손톱이 롤러에 끼기에 충분했다. 내가 날카로운 비명을 지르자 아들 파지는 곧바로 바퀴를 반대로 돌렸다. 하지만 손톱은 여전히 롤러 사이에 끼어 있었고, 내 손가락에서는 피가 철철 흘렀다. 깜짝 놀란 파지는 소리를 지르면서 바퀴에서 나와 나를 껴안고는 비명을 지르지 말아달라고 간청하며 자기가 정신 나간 짓을 했다고 덧붙였다. 나는 끔찍이 아팠지만 그가 고통스러워하는 것에 감동해 비명을 그쳤다. 우리는 함께 잉어 연못으로 갔고, 파지는 나를 도와 내 손가락을 씻어주고 이끼로 지혈을 해주기도 했다. 그는 자기가 그랬다고 말하지 말아달라고 눈물을 흘리며 간청했고, 나는 그러겠다고 약속했다. 그리고 그 약속을 굳게 지킴으로써 이십 년이 지난 후에도 내 두 손가락의 흉터가 무슨 일로 생겼는지 아는 사람은 아무도 없었다. 지금도 그 손가락들에는 여전히 흉터가 남아 있다. 나는 삼 주 이상을 침대에 누워 있었고 두 달 넘게 손을 제대로 쓸 수 없었는데, 커다란 돌이 떨어져서 손가락이 으스러졌다고 둘러대곤 했다.

관대한 거짓말이여! 더 아름다운 진실일지라도
어떤 진실을 너보다 더 좋아할 수 있으랴?[18]

그런데 그 사건은 당시 정황으로 인해 내게 무척 예민하게 다가왔다. 그 무렵은 시민들을 훈련시키는 기간이었는데, 나도 내 또래의 세 소년과 열을 지어 제복을 입고 우리 지역의 중대와 함께 훈련을 받아야 했기 때문이다. 침대에 누워 있는 동안, 나는 내 세 친구와 함께 내 방 창문 밑을 지나가는 중대의 북 소리를 들으며 고통스러워했다.
이와 아주 비슷한 또 다른 일화도 하나 있는데, 좀 더 나이를 먹었을 때의 일화다.
플랭팔레[19]에서 플랭스라는 친구와 함께 펠멜 놀이[20]를 했을 때의 일이다. 놀다가 싸움이 벌어져 우리는 서로 치고받게 되었다. 싸우는 도중 플랭스가 모자도 쓰지 않은 내 머리를 나무망치로 때렸는데, 어찌나 제대로 맞았는지 조금만 더 세게 맞았더라면 두개골이 깨졌을 것이다. 그 순간 나는 쓰러졌고, 내 머리카락 사이로 철철 흐르는 피를 본 그 가엾은 소년은 불안에 빠졌는데, 누군가 그토록 불안해하는 모습은 내 평생 본 적이 없다. 그 애는 내가 죽은 줄 알고 내게 달려들어 꽉 끌어안더니 눈물을 흘리며 날카로운 비명을 질러댔다. 어떤 감미로움이 깃든 막연한 감동이 느껴져 나 역시 똑같이 그 애를 힘껏 끌어안고 울었다. 마침내 그 아이는 계속 흐르는 피를 지혈하기 시작했다. 그러나 우리가 가진 두 장의 손수건으로는 어림도 없다는 것을 깨닫고 작은 정원이 딸린 근처 자기 집으로 나를 데려갔다. 그 애의 엄마인 선량한 부인은 내 모습을 보고 하마터면 기절할 뻔했지만 곧 정신을 차리고 나를 치료해주었다. 그녀는 내 상처를 잘 씻은 다음, 브랜디에 담근 백합꽃을 붙여주었다. 우리 고장에서 상처에 굉장히 좋은 약으로 흔히 사용하는 것이었다. 모자의 눈물은 내 마음 깊숙이 파고들었고, 나는 두 사람을 더이상 못 만나고 차츰 잊어버릴 때까지 오래도록 그녀를 내 어머니처럼, 그 아이를 내 형제처럼 여겼다.

나는 이 사건에 대해서도 앞의 사건과 마찬가지로 비밀을 지켰다. 내 평생 그런 사건은 수없이 많았지만,《고백》에서 이야기할 생각은 조금도 없었다. 그만큼 나는 내 성격에서 느껴지는 선함을 강조할 방법을 찾고자 거의 애쓰지 않았다. 그렇다, 내가 알고 있는 진실과 어긋나는 말을 했을 때는 대수롭지 않은 것에 대해서였을 뿐이고, 나 자신의 이해관계 혹은 타인의 이익이나 피해를 위해서가 아니라, 이야기할 때의 당혹스러움이나 글 쓸 때의 즐거움 때문이었다. 그러므로 만약 누구든《고백》을 공정한 마음으로 읽는 사람이 있다면, 그는 내가 지금 하고 있는 고백이 더 커다란, 그러나 말하기에는 덜 수치스러운 악행을 고백하는 것보다 더 힘들고 창피스러운 것임을 알 것이다. 물론 나는 그런 악행을 저지르지 않았기 때문에 말할 필요도 없었지만.

이러한 모든 성찰을 통해 결론을 내려보건대, 내가 스스로 내세운 진실성은 사실이 정확히 그러했느냐보다는 올바름과 공정함이라는 감정에 더 근거를 두고 있으며, 실제로 생활할 때 나는 진실과 거짓이라는 추상적 개념보다 양심의 도덕적 지시를 따랐다. 나는 종종 많은 이야기를 지어냈지만 거짓말을 한 적은 거의 없다. 그런 원칙을 따르다 보니 다른 사람들에게 흠 잡힐 거리도 적잖이 제공했지만, 어느 누구에게도 잘못을 저지르지는 않았다. 그리고 마땅히 취해야 할 이득보다 더 많은 이득을 누리지도 않았다. 진실이 하나의 미덕이 될 수 있는 것은 오로지 그런 이유에서인 듯하다. 완전히 다른 관점에서 본다면, 우리에게 진실이란 선도 악도 초래하지 않는 형이상학적인 존재에 불과하다.

그렇지만 나는 나 자신을 완전히 나무랄 데 없는 사람이라고 믿을 만큼 그런 구별에 대해 만족스럽지는 않다. 다른 사람들에 대한 내 의무는 그토록 세심하게 숙고하면서도, 과연 나 자신에 대한 의무는 충분히 검토해보았는가? 타인에 대해 정당해야 한다면, 자기 자신에 대해서도 진실해야 한다. 그것은 정직한 사람이 자기 자신의 품위에 바쳐야 하는 경의이다. 내 대화가 빈곤하다고 어쩔 수 없이 악의 없는 허구로 보충한 것은 잘못이었다. 타인을 즐겁게 해주기 위해 자신의 품위를 떨어뜨려서는 안 되기 때문이다. 그리고 글 쓰는 재미에 이끌려 실제 사실에 인위적인 장식을 덧붙인 것은 더욱 큰 잘못이었다. 꾸며낸 이야기로 진실을 장식하는 것은 결국 진실을 왜곡하는 것이기 때문이다.

그러나 나 자신이 더욱 용서되지 않는 것은 내가 선택한 좌우명 때문이다. 그 좌우명을 지키기 위해 나는 어느 누구보다 엄격하게 진실만을 천명해야 했다. 그리하여 어디서나 내 이해관계와 성향을 진실에 희생시키는 것만으로는 불충분했고, 내 나약함과 타고난 소심함까지 희생시켜야 했다. 어떤 경우든 진실하기 위해서는 용기와 힘이 필요했다. 특히 진실에 몸 바친 사람이라면 입과 펜에서 허구나 우화가 나와서는 안 되었다. 그 고결한 좌우명을 택하면서 내가 해야 했던 생각, 그리고 감히 그 좌우명을 지니고 있는 한 끊임없이 곱씹어야 했던 생각은 바로 그런 것이었다. 나는 위선을 떨기 위해 거짓말을 한 적이 결코 없다. 내 거짓말은 모두 나약함에서 나온 것이다. 하지만 그것으로는 조금도 용서가 되지 않는다. 나약한 영혼으로는 기껏해야 악덕으로부터 자신을 보호할 수 있을 뿐이고, 감히 위대한 미덕을 공언하는 것은 건방지고 경솔한 짓이다.

이상이 로지에 신부가 암시해주지 않았더라면 결코 내 머릿속에 떠오르지 않았을 성찰들이다. 물론 그 성찰을 활용하기에는 너무 늦었다. 그러나 적어도 실수를 바로잡고 의지를 다시 규칙 속으로 되돌려놓기에는 그리 늦지 않았다. 이제부터 모든 것은 나 자신에게 달려 있는 것이다. 그러므로 이런 경우를 비롯해 이와 유사한 모든 경우에 있어서 솔론의 격언은 모든 연령에 적용될 수 있다. 심지어 적에게서조차 지혜롭고 진실하고 겸손하며 자신을 과대평가하지 않는 법을 배우기에는 절대로 늦지 않았다.

다섯 번째 산책

　내가 살았던 거주지(그중에는 멋진 곳도 있었다) 중에서 비엔 호수[21] 한가운데 있는 생피에르 섬만큼 내게 진정한 행복을 주고 달콤한 그리움을 남긴 곳은 없다. 뇌샤텔[22]에서는 라 모트 섬이라고 부르는 그 작은 섬은 심지어 스위스에도 거의 알려져 있지 않다. 내가 아는 바로는 그 섬에 대해 언급한 여행객도 없다. 그러나 그 섬은 아주 쾌적하고, 특히 칩거하기 좋아하는 사람이 만족할 만한 곳이다. 이렇게 말하는 이유는, 비록 내가 운명에 휘둘려 칩거하게 된 유일한 사람이긴 하겠지만, 자연에 대한 애착을 가진 사람이 나뿐이라고 할 수는 없기 때문이다. 하지만 나는 아직까지 그런 취향을 가진 사람을 한 명도 발견하지 못했다.
　비엔 호숫가는 제네바 호숫가보다 야생적이고 낭만적이다. 바위와 숲이 물가에 인접해 있기 때문인데, 그럼에도 제네바 호숫가 못지않게 아름답다. 경작지와 포도밭이나 마을과 집들은 더 적지만 자연의 녹음과 초원과 작은 숲의 그늘이 드리워진 은거지가 더 많고, 대조적인 풍광도 더 자주 눈에 띄고 땅의 기복도 심하지 않다. 근사한 호숫가에는 마차가 다닐 만한 편리한 대로가 없어 여행자들이 거의 찾지 않는다. 그러나 한가로이 자연의 매력에 취하고 싶고, 독수리 울음소리와 띄엄띄엄 들려오는 몇몇 새들의 지저귐과 산에서 흘러 내려오는 급류 소리 외에는 아무 소리도 들리지 않는 정적 속에서 명상하고 싶은 고독한 명상가들에게는 흥미로운 곳이다. 거의 원형인 이 아름다운 호수의 한복판에는 작은 섬 두 개가 있다. 둘레가 2킬로미터쯤 되는 한 섬에는 사람이 살면서 경작을 하고 있고, 더 작은 다른 섬은 황량한 무인도이다. 큰 섬이 파도와 폭풍우 때문에 입는 피해를 복구하기 위해 작은 섬에서 끊임없이 흙을 파내 운반하고 있는 까닭에, 그 섬은 결국 사라지고 말 것이다. 이처럼 약자의 물질은 언제나 강자의 이익을 위해 이용되는 법이다.

  섬에는 집이 딱 한 채 있는데, 크고 쾌적하고 편리한 그 집은 섬과 마찬가지로 베른 병원의 소유이다. 그 집에는 한 징세관이 가족 및 하인들과 함께 살고 있다. 그는 많은 가축우리와 양계장과 양어장을 가지고 있다. 섬의 크기는 작지만, 지형과 모습이 아주 다양해서 온갖 풍경이 펼쳐져 있고 무엇이든 경작이 가능하다. 섬에는 밭, 포도밭, 숲, 과수원, 기름진 목장이 있는데, 목장은 작은 숲 덕분에 그늘이 지고 온갖 종류의 관목으로 둘러싸여 있는데다 물가에 위치해 늘 상쾌하다. 그리고 나무가 두 줄로 심긴 높은 둔덕이 섬을 따라 길게 이어지는데, 그 둔덕 한가운데에는 아름다운 정자가 있어 포도 수확기의 일요일이면 근처 호숫가의 주민들이 그곳에 모여 춤을 춘다.

  모티에[23]의 투석 사건이 있은 후 내가 피신한 곳이 바로 그 섬이다. 나는 그곳에서 지내는 것이 아주 멋지다고 생각했고, 그 섬에서의 생활이 내 기질에 잘 맞아 거기서 여생을 마치기로 결심했다. 다만 한 가지 걱정이 있었다. 그곳에서 지내게 되면 나를 영국으로 데려가려는 계획이 어긋날 텐데, 그러도록 사람들이 나를 가만 내버려두지 않을 거라는 걱정이었다. 나는 이미 그 계획의 낌새를 채고 있었다. 나는 불안한 예감 속에서 사람들이 그 은신처를 내 영원한 감옥으로 만들어주기를, 평생 거기에 나를 가두어주기를, 그리고 거기서 빠져나갈 힘도 희망도 내게서 다 빼앗아가 육지와의 모든 연락을 금지시켜주기를, 그리하여 세상에서 일어나는 일은 아무것도 모른 채 나도 세상의 존재를 잊어버리고 사람들 또한 내 존재를 잊어버리기를 바랐다.

그런데 그들은 나를 섬에서 두 달밖에 지내지 못하게 했다.[24] 하지만 나는 그곳에서 단 한 순간도 지루해하지 않고 이 년, 아니 이 세기, 아니 영원히라도 지낼 수 있었을 것이다. 아내와 나는 징세관 부부와 그의 하인들 말고는 교제하는 이들이 없었다. 그들은 모두 정말 선량한 사람들, 오직 선량하기만 한 사람들이었다. 하지만 그것이야말로 내게 필요한 것이었다. 나는 그 두 달을 평생 가장 행복했던 시기로 꼽는데, 너무 행복해서 단 한 순간도 다른 상황에 대한 욕망이 일지 않았고 그곳에 있는 동안 내내 만족했다.

도대체 그 행복은 어떤 것이었을까? 그 즐거움은 어디에서 비롯된 것이었을까? 내가 거기서 지낸 생활을 묘사할 테니, 그 묘사에 비추어 현세대의 모든 사람들은 내 질문에 대한 답을 추측해보기 바란다. 소중한 무위안일(無爲安逸)이야말로 내가 그 모든 감미로움을 빠짐없이 맛보고 싶었던 최상의 즐거움이자 가장 주된 즐거움이었다. 실제로 그곳에 머무는 동안 내가 한 일은 한가로움을 탐닉하는 사람에게나 필요한 감미로운 소일거리뿐이었다.

나 스스로 걸어 들어간 격리된 거주지, 누군가의 도움을 받거나 남의 눈에 띄지 않고는 빠져나갈 수 없고 주위 사람들의 도움 없이는 연락도 서신 왕래도 할 수 없는 그 격리된 거주지에 나를 내버려두는 것 말고는 사람들이 더 바랄 게 없으리라는 기대에, 나는 그 어느 때보다 평온하게 여생을 보낼 수 있으리라는 희망을 품었다. 그리하여 나는 천천히 정리할 시간이 있으리라는 생각에 아무것도 정리하지 않은 채 체류를 시작했다. 갑자기 혼자서 맨손으로 떠나온 터라 뒤이어 아내를 불러들이면서 책과 옷가지도 가져오게 했다. 나는 그 짐들을 풀지 않는 것이 즐거워 상자와 트렁크들을 도착한 그대로 내버려두고, 여생을 보내기로 마음먹은 거주지에서 마치 다음 날 떠나야 하는 여관에 머무는 듯이 지내고 있었다. 모든 것이 그대로도 아주 순조로워, 더 정리하기를 바라는 것은 뭔가를 망가뜨리는 것 같을 정도였다. 가장 큰 즐거움 중 하나는 책들을 상자에서 풀지 않은 채로 내버려두고 필기도구를 갖고 있지 않다는 것이었다. 유감스러운 편지들에 답장하느라 어쩔 수 없이 펜을 들어야 할 때는 투덜거리면서 징세관에게서 필기도구를 빌렸다. 그리고 다시는 빌릴 일이 없기를 헛되이 바라며 얼른 그것을 돌려주었다. 나는 한심하고 쓸데없는 서류 뭉치나 헌책들 대신 꽃과 건초로 방 안을 가득 채웠다. 당시는 내가 처음으로 식물학에 열중했던 시기로, 디베르누아 박사가 내게 불러 일으킨 식물학에 대한 취미는 곧 열정으로 변했다. 더이상 힘든 일을 하고 싶지 않았기 때문에 게으름뱅이라도 기꺼이 할 정도의 수고만 들이고도 즐길 수 있는 일이 필요했다. 나는《생피에르 섬 식물지》를 만들기로 작정하고, 여생을 바쳐야 할 만큼 상세하게 섬의 모든 식물을 하나도 빼놓지 않고 묘사하기로 마음먹었다. 어떤 독일인은 레몬 껍질에 대해 책 한 권을 썼다는데, 나는 초원의 잔디 하나하나에 대해, 숲의 이끼 하나하나에 대해, 바위를 뒤덮은 지의류 하나하나에 대해 책 한 권을 쓸 수 있을지도 몰랐다. 요컨대 풀의 솜털 하나도 놓치고 싶지 않았고, 아무리 작은 식물도 상세하게 묘사하고 싶었다. 이 멋진 계획에 따라, 나는 아침마다 모두가 함께 하는 식사를 마친 뒤 손에는 확대경을 들고 겨드랑이에는《자연의 체계》[25]를 낀 채 섬의 한 구역을 조사하러 나갔다. 이를 위해 나는 계절마다 한 구역씩 차례로 돌아다닐 생각으로 섬을 몇 개의 작은 구역으로 나누어놓은 터였다. 식물의 구조와 조직, 그리고 당시 내게는 그 체계가 아주 신기하게 보였던 생식기관의 암수 활동에 대한 관찰을 할 때마다 느꼈던 도취와 황홀감은 더없이 독특한 경험이었다. 예전에는 전혀 알지 못했던 속(屬)의 특성을 구분하는 법을 알게 됨에 따라, 나는 더 진귀한 무언가를 얻게 되리라는 기대를 품고 동일한 종(種)에서 그 특성을 확인해보며 매료되었다. 꿀풀의 기다란 두 갈래 수술, 쐐기풀이나 쐐기풀속 풀의 수술이 가진 탄력성, 봉선화 열매와 회양목 꼬투리의 파열 등등, 처음으로 관찰한 생식기관의 수많은 작은 활동에 나는 기쁨으로 가득 찼다. 그리하여 라 퐁텐La Fontaine[26]이 사람들에게 하박국서[27]를 읽어보았느냐고 물었듯이, 나는 꿀풀의 뿔을 본 적이 있느냐고 묻고 다녔다. 두세 시간 만에 나는 많은 수확물을 가지고 돌아왔다. 비가 올 경우 집에서 보내야 하는 오후를 즐겁게 하기 위한 비축물들이었다. 나머지 오전 시간에는 징세관 부부와 테레즈와 함께 일꾼들이 수확하는 것을 보러 갔는데, 대개의 경우 그들을 도와 함께 일을 했다. 나를 만나러 온 베른 사람들은 커다란 나무 위에 올라간 내가 허리에 찬 자루에 과일을 가득 담아 그것을 밧줄로 묶어 땅으로 내려보내는 모습을 종종 목격하기도 했다. 아침나절에 한 운동과 그로 인한 상쾌한 기분 덕분에 점심 식사 시간의 휴식은 매우 즐거웠다. 그러나 식사 시간이 너무 길어지고 화창한 날씨가 나를 유혹할 때면 오래 기다릴 수가 없었다. 그래서 사람들이 아직 식탁 앞에 앉아 있는 동안, 나는 슬그머니 빠져나와 홀로 배에 몸을 싣고 수면이 잔잔할 때면 호수 한가운데로 배를 저어 나아갔다. 그리고 배 안에 길게 누워 하늘을 바라보며 물결이 흐르는 대로 천천히 떠다니면서, 때로는 몇 시간이고 막연하지만 달콤한 온갖 몽상에 잠겼다. 일정하고 뚜렷한 대상도 없는 몽상이었지만, 소위 인생의 즐거움이라는 것 중 가장 달콤하다고 생각했던 그 무엇보다도 훨씬 더 내 마음에 들었다. 종종 해가 저무는 것을 보고야 돌아갈 시간이 되었음을 알게 될 때면, 섬에서 너무 멀리 와 있음을 깨닫고 어둠이 내리기 전에 돌아가기 위해 전력을 다해 노를 저어야 했다. 또 어떤 때는 멀리 호수 한가운데로 나아가는 대신 녹음이 우거진 섬 기슭을 따라가기를 즐겼는데, 그 맑은 물과 시원한 그늘의 유혹에 이끌려 멱을 감을 때도 있었다. 그러나 배를 타고 가장 자주 간 곳은 작은 섬이었다. 나는 거기서 내려 때로는 호랑버들과 갈매나무와 여뀌속 풀과 온갖 종류의 관목들 사이를 헤치며 좁은 공간을 산책하기도 하고, 때로는 모래언덕 꼭대기까지 오르기도 하면서 오후 시간을 보냈다. 모래언덕은 잔디와 백리향과 꽃들로 뒤덮여 있고, 심지어 옛날에 누군가 씨를 뿌려놓았음직한 잠두와 토끼풀까지 있어서 토끼들이 살기에 안성맞춤이었다. 그곳에서라면 토끼들이 아무것도 두려워하지 않고 아무것에도 해를 끼치지 않으면서 평화롭게 번식할 수 있을 듯했다. 내가 그런 생각을 징세관에게 말했더니, 그는 뇌샤텔에서 암수 토끼 몇 마리를 가져오게 했다. 그리고 우리, 즉 그의 아내와 누이, 테레즈와 나는 요란스러운 행차로 작은 섬으로 가서 토끼들을 풀어놓았다. 토끼들은 내가 섬을 떠나기 전에 번식하기 시작했으니 겨울 추위를 이겨낼 수만 있었다면 아마 그 수가 번창했을 것이다. 그 조그만 식민지를 건설하는 일은 하나의 축제였다. 아르고 호[28]의 선장도 큰 섬에서 작은 섬으로 일행과 토끼들을 의기양양하게 데리고 가는 나보다 더 뿌듯하지는 않았을 것이다. 게다가 물을 극도로 무서워하여 언제나 뱃멀미를 하는 징세관 부인이 내 안내하에 안심하고 배를 탔으며, 가는 동안 전혀 두려움을 보이지 않았다는 점을 자랑스럽게 지적해두고 싶다.

호수의 물결이 거세 배를 탈 수 없을 때면, 나는 여기저기서 식물 채집을 하면서 섬을 돌아다니며 오후를 보냈다. 때로는 마음대로 몽상에 잠기기 위해 가장 아름답고 외진 구석에 앉아 있기도 했고, 때로는 언덕이나 둔덕에 올라 호수와 호숫가의 멋지고 황홀한 경치를 굽어보기도 했다. 호숫가의 한쪽은 잇닿은 산들로 둘러싸여 있고 다른 한쪽에는 풍요롭고 비옥한 평야가 넓게 펼쳐져 있었는데, 저 멀리 푸른 산들이 가로막고 있는 곳까지 전망이 트여 있었다.

저녁이 다가오면, 나는 섬의 고지에서 내려와 호숫가 모래톱 위의 어느 은밀한 은신처에 가서 앉아 있곤 했다. 거기서 물결 소리와 흔들리는 수면에 감각을 집중시키고 내 영혼으로부터 다른 모든 동요를 몰아내어 달콤한 몽상에 잠겼다. 종종 밤이 오는 줄도 모르고 그대로 몽상에 잠겨 있기도 했다. 호수의 밀물과 썰물, 이따금 커지기도 하면서 끊임없이 내 눈과 귀를 두드리는 그 물소리는 몽상이 내 마음속에서 잠재운 내면의 움직임을 대신해주었고, 생각하려 애쓰지 않아도 즐거이 내 존재를 느끼게 하기에 충분했다. 수면에 비친 모습을 보고 때때로 이 세상 만물의 무상함에 대한 짧고 어렴풋한 성찰을 떠올리기도 했다. 그러나 그런 사소한 인상들도 어느덧 나를 조용히 흔드는 끊임없는 물결의 균일한 운동 속에서 사라져버렸다. 그 균일한 운동은 내 영혼이 적극적으로 협력하지 않는데도 나를 완전히 사로잡아, 돌아갈 시간이 되거나 나를 부르는 신호가 보여도 애쓰지 않고는 거기서 빠져나올 수 없을 정도였다.

저녁 식사 후 아름다운 밤이면, 우리는 모두 함께 둔덕으로 산책을 나가 호수의 대기와 신선함을 들이마셨다. 우리는 정자에서 쉬면서 웃고 이야기를 나누거나 요즘의 비꼬는 말투에 비길 만한 옛 노래를 부르기도 했다. 그리고 마침내 내일도 오늘만 같기를 바라면서 각자의 하루에 만족한 채 자러 갔다.

예기치 않은 이들의 귀찮은 방문들을 제외하면, 섬에 머무는 동안 그렇게 시간을 보냈다. 십오 년이 지난 지금도 그 소중한 곳을 생각할 때마다 욕망의 비약에 의해 그곳으로 다시 실려 가는 기분이 들 정도니, 이토록 강렬하고 부드럽고 지속적인 그리움을 불러일으킬 만큼 매력적인 것이 또 있을까? 그런 것이 있다면 무엇인지 지금이라도 내게 말해달라.

나는 긴 생애의 변천 속에서 가장 달콤한 즐거움과 가장 강렬한 쾌락의 시기가 가장 매력적이고 감동적인 시기로 기억되는 것은 아님을 깨달았다. 흥분과 열정의 짧은 순간은 아무리 강렬해도 너무 빨리 지나가 버려, 인생이라는 길 위에서 보면 드문드문 흩어져 있는 점에 불과하다. 그런 순간들은 너무 드물고 빨리 지나가 버리므로 하나의 상태를 구성할 수 없다. 내 마음이 아쉬워하는 행복은 덧없는 순간들로 이루어지는 것이 아니라 단순하고 영구적인 어떤 상태이다. 그 자체에는 강렬함이 전혀 없지만, 그 상태가 지속되면 매력이 증가하여 마침내 거기서 지고의 행복을 발견하게 되는 것이다.

이 땅의 모든 것은 끊임없는 흐름 속에 존재한다. 그 흐름 속에서는 아무것도 일정하고 정지된 형태를 유지하지 않으며, 외부의 사물에 결부되는 우리의 애정도 사물과 마찬가지로 필연적으로 사라지고 변화한다. 우리의 애정은 항상 우리보다 앞서거나 뒤처지므로, 이미 지나간 과거를 상기시키거나 종종 일어날 수 없는 미래를 예측하기도 한다. 거기에는 지속적으로 마음을 둘 만한 견고한 것이 아무것도 없다. 따라서 사람들은 일시적인 쾌락밖에 얻지 못한다. 나는 이 세상에 지속적인 행복이 있다고 생각하지 않는다. 가장 강렬한 즐거움 속에도 마음이 우리에게 '이 순간이 언제까지나 지속되면 좋겠다'라고 진정으로 말할 수 있는 한 순간만이 있을 뿐이다. 우리의 마음을 여전히 불안하고 공허하게 만드는 덧없는 상태, 과거의 어떤 것을 그리워하게 하거나 미래의 어떤 것을 바라게 하는 그 상태를 어찌 행복이라고 부를 수 있는가?

그러나 영혼이 아주 견고한 자리를 발견하고 거기서 완전히 휴식을 취하면서 과거를 회상하거나 미래를 기웃거릴 필요도 없이 전 존재를 집중할 수 있는 상태, 영혼에게 시간이라는 것이 아무 의미도 없는 상태, 영원히 현재만이 계속되지만 그 지속을 강조하지도 않고 연속의 흔적도 전혀 남기지 않고 상실이나 즐거움, 쾌락이나 고통, 욕망이나 두려움에 대한 감정도 전혀 없이 오로지 우리 존재에 대한 감정만이 존재하는 상태, 그리하여 그 감정만으로 온 영혼을 채울 수 있는 상태, 그런 상태가 있다면 그것이 지속되는 한 거기에 있는 사람은 행복하다고 할 수 있으리라. 그것은 인생의 쾌락에서 찾을 수 있는 불완전하고 빈곤하고 상대적인 행복이 아니라, 영혼에 공허한 부분을 남기지 않아 영혼으로 하여금 채울 필요를 느끼게 하지 않는 그런 만족스럽고 완전하고 충만한 행복이다. 나는 생피에르 섬에서 종종 그런 상태로 지냈다. 물이 흐르는 대로 떠내려가는 배 안에 누워, 또는 물결치는 호수가에 앉아, 또는 아름다운 냇가나 자갈 위를 졸졸 흐르는 개울 가에 앉아 고독한 몽상에 잠길 때가 그런 때였다.

그런 상황에서 사람들은 무엇을 즐길까? 자신의 외부에 있는 것은 결코 아니다. 오직 자기 자신과 자신의 존재를 즐길 따름이다. 그런 상태가 지속되는 한, 사람은 신처럼 자기 자신만으로도 부족함을 느끼지 않는다. 다른 모든 애착을 버린 존재가 느끼는 감정은 그 자체가 만족과 평화라는 귀중한 감정이다. 따라서 끊임없이 우리를 방해하고 그런 감정의 달콤함을 깨뜨리려는 관능적이고 세속적인 이 세상의 온갖 인상을 물리칠 수 있는 사람이라면, 그 감정만으로도 충분히 그 존재를 소중하고 감미롭게 만들 수 있을 것이다. 그러나 정념으로 끊임없이 괴로워하는 대부분의 사람들은 그런 상태를 거의 경험하지 못하고 아주 짧은 순간 동안 불완전하게만 맛보기 때문에, 그 상태에 대해 막연하고 모호한 생각만 갖게 되어 매력을 느끼지 못한다. 물론 사람들이 그 감미로운 황홀함을 갈망한 나머지 끊임없는 욕망이 의무로 부과하는 활동적인 삶을 혐오하게 된다면, 현 세상에서는 좋은 일이라고 할 수 없을 것이다. 그러나 인간 사회로부터 격리당해 이 세상에서는 타인이나 자기 자신을 위해 더이상 유익하고 좋은 일을 할 수 없는 불행한 사람이라면, 그런 상태에서 모든 인간적인 행복에 대한 보상을 찾아낼 수 있다. 운명과 사람들도 그에게서 그 보상을 빼앗아갈 수 없으리라.

그러나 모든 상황에서 모든 영혼이 그러한 보상을 느낄 수는 없는 것이 사실이다. 그러기 위해서는 마음이 평화로워야 하고, 어떤 정념에 의해서도 그 평온이 흔들리지 않아야 한다. 보상을 느끼는 사람 쪽에서도 준비가 필요하고, 주위 대상들의 협력을 얻기 위해서도 조치가 필요하다. 그와 같은 보상을 위해서는 절대적인 휴식이나 과다한 동요가 아니라, 흔들림도 중단도 없는, 적당하고 한결같은 움직임이 필요하다. 움직임이 없는 삶은 가사 상태에 지나지 않는다. 움직임이 불규칙적이거나 너무 강하면 우리를 깨어나게 만든다. 그러면 우리는 주위의 대상으로 되돌아오게 되어 몽상의 매력은 사라지고, 우리는 내면으로부터 끌려 나와 순식간에 다시 운명과 사람들의 지배를 받고 다시 불행을 느끼게 된다. 또한 절대적인 고요는 우울로 이끌고 죽음의 이미지를 보여준다. 그러므로 즐거운 상상력의 도움이 필요한데, 그런 상상력을 타고난 사람에게는 그런 도움이 아주 자연스럽게 찾아온다. 그때 외부에서 오는 것이 아닌 움직임이 우리 내부에서 일어나는 것이다. 사실 휴식이란 별것이 아니다. 그러나 가볍고 달콤한 생각들이 영혼의 밑바닥을 동요시키지 않고 그 표면만 스쳐 지나갈 때, 휴식은 훨씬 더 기분 좋은 것이 된다. 자신의 불행을 모두 잊고 자기 자신을 돌이켜보기 위해서는 충분한 휴식만 있으면 된다. 그런 종류의 몽상은 조용한 장소만 있으면 어디서나 맛볼 수 있다. 그런 까닭에 나는 바스티유 감옥이나 아무것도 보이지 않는 지하 감옥 안에서라도 기분 좋게 몽상에 잠길 수 있을 거라고 종종 생각했다.

    그러나 풍요롭고 적막하며, 자연히 세상으로부터 단절되고 격리된 섬에 있었기 때문에 더 쾌적하고 기분 좋게 몽상에 빠질 수 있었다는 것은 인정하지 않을 수 없다. 그 섬은 즐거운 것들만 보이고 슬픈 추억을 상기시키는 것이라고는 없는 곳, 내 마음을 끊임없이 사로잡을 만큼 흥미롭진 않아도 상냥하고 다정하게 주민들과 교유할 수 있는 곳, 아무 방해도 걱정도 없이 종일 내가 좋아하는 일이나 가장 느긋한 한가로움에 몰두할 수 있는 곳이었다. 가장 불쾌한 대상들과 함께 있어도 기분 좋은 공상을 펼칠 줄 알고, 실제로 자신의 감각을 자극하는 모든 것을 그 공상에 협력시킴으로써 공상을 만끽할 수 있는 몽상가에게는 확실히 멋진 기회였다. 길고 달콤한 몽상에서 깨어나 푸른 초목과 꽃과 새들에 둘러싸인 자신을 발견한 나는, 맑고 깨끗하고 넓은 수면을 에워싸고 있는 그림 같은 기슭으로 멀리 시선을 던지면서 그 모든 사랑스러운 대상을 내 상상에 동화시켰다. 그리고 마침내 차츰 나 자신과 나를 둘러싸고 있는 것으로 돌아오고 나서도 상상과 현실의 경계를 분간할 수 없었다. 그처럼 모든 것들은 내가 그 멋진 곳에 머물면서 누렸던 명상적이고 고독한 생활이 내게 소중한 것이 되도록 똑같이 협력했다. 그 생활로 다시 돌아갈 수는 없을까? 그 사랑스러운 섬으로 가서 다시는 거기서 나오지 않고, 사람들이 오래전부터 즐겨 내게 퍼부었던 온갖 종류의 불행에 대한 기억을 상기시키는 육지의 인간들을 누구도 다시 만나지 않은 채 여생을 마칠 수는 없을까! 그러면 곧 그들을 영원히 잊어버릴 것이다. 나와 달리 그들은 나를 잊지 않을지도 모른다. 하지만 그들이 내 휴식을 방해하러 섬에 오지만 않는다면 무슨 상관이랴? 내 영혼은 혼란스러운 사회생활에서 비롯되는 모든 세속적인 정념으로부터 해방되어, 자주 대기 위로 날아올라 천상의 영(靈)들과 미리 교제하리라. 머지않아 그 영들의 수를 늘리러 가게 될 테니까. 그토록 평온한 은신처에 나를 내버려두려 하지 않았던 사람들이 내게 그곳을 돌려주지 않으리라는 것을 나는 잘 알고 있다. 그러나 그들은 내가 날마다 상상의 날개를 타고 그곳으로 날아가, 그곳에서 살던 때와 똑같은 기쁨을 몇 시간이고 맛보는 것만은 막지 못하리라. 내가 거기서 할 수 있는 가장 즐거운 일은 마음껏 몽상에 잠기는 일일 것이다. 거기에 있다는 몽상에 잠김으로써 나는 똑같은 일을 하고 있는 것이 아닐까? 아니, 그 이상의 일을 하고 있다. 나는 추상적이고 단조로운 몽상의 매력에 매혹적인 영상을 덧붙여 몽상에 생기를 불어넣는다. 예전에 나는 황홀경에 빠지면 곧잘 그 영상의 대상들을 느끼지 못했는데, 지금은 몽상이 깊어질수록 몽상이 더욱 생생하게 그 대상들을 그려 보여준다. 나는 종종 실제로 그곳에 있었을 때보다 훨씬 더 즐거운 기분으로 그 대상들 한가운데에 있다. 하지만 불행히도 상상력이 쇠퇴해감에 따라 그런 상태에 이르기가 더 힘들고, 그런 상태가 그리 오래 지속되지도 않는다. 아아, 슬픈 일이로다! 사람은 육신의 껍데기를 버리려 할 때 그것에 가장 가로막히고 마는구나!

여섯 번째 산책

　우리가 방법만 잘 안다면 마음속에서 원인을 찾아내지 못할 무의식적인 움직임은 없다. 어제는 비에브르 계곡을 따라 장티 쪽으로 식물 채집을 하러 가려고 새로 난 대로를 지나가다가, 거대한 울타리 가까이에 이르러 오른쪽으로 우회했다. 그리고 들판으로 나가 퐁텐블로 도로를 통해 작은 강가에 위치한 언덕에 이르렀다. 노정은 그 자체로는 별것이 아니었지만, 여러 번 기계적으로 똑같이 우회했다는 생각이 들어 내 마음속에서 원인을 찾아보았다. 그리고 마침내 그 원인을 알게 되었을 때, 웃지 않을 수 없었다.
　거대한 울타리를 지나면 대로 한 모퉁이에, 여름이면 날마다 과일과 탕약과 작은 빵을 파는 한 여자가 있었다. 그 여자에게는 아주 착하지만 다리를 저는 어린 아들이 있었고, 그 아이는 목발을 짚고 절름거리면서 붙임성 있게 행인들에게 구걸을 했다. 나는 어쩌다가 그 꼬마와 아는 사이가 되었는데, 아이는 내가 지나갈 때마다 어김없이 다가와 인사를 했고 나도 늘 동냥을 주었다. 처음에는 나는 아이를 만나는 것이 즐거웠고, 마음에서 우러나 동냥을 주었으며, 한동안은 변함없이 즐거운 마음으로 계속 그렇게 했다. 그뿐만 아니라 아이에게 재미있는 말을 시키고 그걸 듣는 즐거움도 있었다. 그런데 점차 습관이 된 이 즐거움은 어찌 된 일인지 일종의 의무로 변했고, 나는 곧 그 의무감이 부담스럽게 느껴졌다. 특히 서두의 장황한 이야기를 들어줘야 하는 것이 난감했다. 그럴 때면 아이는 나를 잘 알고 있다는 것을 보여주기 위해 종종 나를 루소 씨라고 부르는 것을 잊지 않았다. 그런데 오히려 그 때문에 나는 그 애가 자신에게 나에 관해 알려준 사람들과 마찬가지로 나를 모른다는 것을 깨닫게 되었다. 그때부터 나는 그곳으로 잘 다니지 않게 되었고, 마침내 그 장애물 가까이에 이르면 대개는 무의식적으로 우회하는 습관이 생긴 것이다.

  이것은 내가 곰곰이 생각해보고야 알아낸 것이다. 그때까지는 그런 것을 분명하게 머릿속으로 생각해본 적이 없었다. 그 관찰을 계기로 다른 많은 것들도 계속 상기하게 되었는데, 내가 하는 대부분의 행동에서 최초의 참된 동기는 내가 오랫동안 상상했던 것처럼 그렇게 나 자신에게 명확한 것이 아님을 확인할 수 있었다. 선을 행하는 것은 인간의 마음이 느낄 수 있는 가장 진정한 행복이라는 것을 나는 알고 있고, 또 느끼고 있다. 그러나 그런 행복은 이미 오래전에 내 손이 닿지 않는 곳으로 가버렸다. 나처럼 비참한 운명에 처한 상태에서는 진실로 선한 행동을 선택해 보람 있게 행하기를 바랄 수 없는 일이다. 내 운명을 조종하는 사람들이 가장 신경 쓴 일은 내 모든 행동을 오직 거짓된 속임수로 만드는 것이었으므로, 선한 동기도 결국 나를 함정에 빠뜨리고자 유인하기 위해 내미는 미끼에 지나지 않는다. 나는 그 사실을 알고 있다. 그러므로 이제부터 내가 할 수 있는 유일한 선행은, 원하지 않음에도 나도 모르게 잘못 행동하지나 않을까 염려하여 행동을 삼가는 것임을 알고 있다.

  그러나 내 마음의 움직임에 따라 내가 때로는 다른 사람의 마음을 흡족하게 해줄 수 있었던 더 행복한 시절도 있었다. 그러므로 내게는 그 즐거움을 맛볼 때마다 그것을 다른 어떤 즐거움보다 더 달콤하게 여겼다는 명예로운 증언을 할 의무가 있다. 그와 같은 내 성향은 강하고 진실하고 순수한 것이어서, 나의 가장 은밀한 내면에 있는 그 무엇도 결코 그것에 위배되지 않았다. 그렇지만 선행의 뒤에 이어지는 의무의 사슬 때문에 자주 나 자신의 선행에 대해 중압감이 느껴졌다. 그러면 즐거움이 사라졌다. 그리고 처음에는 더없이 즐겁게만 느껴졌던 똑같은 배려를 계속해나가는 것이 거의 참을 수 없이 거북하게만 여겨졌다. 내가 잠시 행운을 누리는 동안 많은 사람이 내게 도움을 청했는데, 나는 내가 도와줄 수 있는 일이라면 누구에게도 거절한 적이 없었다. 그런데 진심에서 우러나 처음에 행했던 몇 번의 선행으로부터 전혀 예상치 못한 의무의 사슬이 연속적으로 생겨났고, 나는 더이상 그 굴레에서 벗어날 수가 없게 되었다. 처음에 내가 도와줬던 사람들에게 내 선행은 당연히 이어질 도움을 담보하는 것일 뿐이었다. 그리하여 어떤 불행한 사람이 자기가 받은 선행으로 나를 구속하게 되면, 모든 것은 곧 결정되어버렸다. 처음의 자발적이고 자유로운 선행은 그 뒤에 이어져야 할 모든 선행에 대한 무한한 권리가 되어버려, 심지어 도와줄 능력이 없어도 나는 거기서 벗어날 수가 없었다. 이렇게 해서 더없이 달콤한 즐거움이 그 후에는 부담스러운 속박으로 변했다.

 그렇지만 그 사슬도 내가 세상 사람들에게 알려지지 않고 초야에 묻혀 살 때는 그리 짐스럽게 느껴지지 않았다. 그런데 일단 글을 통해 나라는 사람이 알려지자 ── 그것은 확실히 나의 큰 실수였는데, 나는 불행해짐으로써 그에 대한 극심한 죗값을 치렀다 ── 그때부터 나는 고통 받거나 고통 받는다고 자처하는 모든 사람, 쉽게 속아 넘어가는 사람들을 찾아다니는 온갖 협잡꾼, 나를 굳게 믿는 척하며 갖은 방법으로 내 마음을 사로잡으려고 하는 모든 사람의 신상 상담소가 되어버렸다. 그때 나는 자선을 포함해 본성의 모든 성향을 사회에서 신중하지 못하게 무차별적으로 표명하거나 따르게 되면, 그것은 본래의 성질이 변하여 처음에 유익했던 만큼 종종 해로워지기도 한다는 것을 깨닫게 되었다. 수많은 가혹한 경험들은 내 원래 기질을 조금씩 변화시켰다. 아니, 오히려 내 기질을 마침내 진정한 한계 안에 가두어놓음으로써, 타인의 악의를 조장하는 데만 이용될 경우에는 선을 행하는 내 기질을 맹목적으로 따르지 말 것을 가르쳐주었다.

그러나 나는 그런 경험을 후회하지는 않는다. 그 경험들에 대한 성찰을 통해, 나 자신의 인식에 대해 그리고 내가 그토록 자주 착각했던 수많은 정황에서 취한 행동의 진정한 동기에 대해 새로운 지혜를 얻게 되었기 때문이다. 나는 기쁜 마음으로 선을 행하려면 아무 구속 없이 자유롭게 행동할 수 있어야 하고, 그것이 의무로 변하면 선행의 모든 달콤함이 달아나버리기에 충분하다는 것을 알게 되었다. 그때부터는 의무의 중압감으로 가장 달콤한 즐거움이 무거운 짐이 된다.《에밀Emile》에서 내가 말했던 것으로 아는데,[29] 나는 남편의 의무를 완수해야 한다는 여론이 지배하는 시대의 터키에 살았더라면 나쁜 남편이 되었을 것이다.

바로 이것이 나 자신의 덕에 대해 오랫동안 가져왔던 내 의견을 크게 변화시켰다. 개인의 성향을 따른다든가 성향에 이끌려 선을 행함으로써 즐거움을 맛보는 것은 덕이 아니기 때문이다. 덕이란 의무가 명할 때 성향을 극복하고 우리에게 지시된 것을 수행하는 데 있는데, 그것이야말로 내가 이 세상 어느 누구보다 잘하지 못한 것이다. 다정다감하고 착한 천성을 지녔으며 나약할 정도로 동정심이 많고 관대함에 관계되는 일이라면 무엇에든 영혼의 흥분을 느끼는 나는, 마음만 움직이면 취향에 의해서든 심지어 정념에 의해서든 인간적이고 자비로우며 남을 잘 도와주는 사람이었다. 만약 내가 최고 권력자였다면 누구보다도 선하고 관대했을 것이다. 복수할 수 있는 힘이 있다는 것만으로도 내 안의 모든 복수욕을 날려버리기에 충분했을 것이다. 나 자신의 이해관계에 반할지라도 정당하게 행동하는 것은 쉬운 일이었을 것이다. 그러나 내게 소중한 사람들의 이해관계에 반하는 일이라면 나는 정당하게 행동하기로 결심하지 못했을 것이다. 내 의무와 마음이 대립하게 되면 의무가 승리하는 일은 드물었다. 나는 고작해야 아무것도 안 하고 가만있기나 할 뿐이었다. 그러므로 나는 대개의 경우 강했지만, 내가 내 성향에 반해 행동하는 것은 절대로 불가능했다. 명령하는 것이 사람이든 의무든 필연이든, 마음이 침묵하면 의지가 귀머거리가 되어 나는 복종할 수가 없다. 나를 위협하는 불행이 보일 때, 나는 그것을 막기 위해 분주히 움직이기보다는 그것이 다가오도록 내버려둔다. 나는 어떤 일을 시작할 때 때로는 노력을 하기도 한다. 그러나 그 노력 때문에 피곤해지고 이내 지쳐버려 계속할 수가 없다. 나는 무슨 일이든 즐거운 마음으로 하지 않는 일은 이내 할 수 없게 된다.

그뿐만이 아니다. 내 욕망이 속박과 일치되면 그것만으로도 욕망은 사라지고, 조금이라도 속박이 지나치게 작용하면 욕망은 반감으로, 심지어 혐오감으로 변한다. 사람들이 선행을 요구하지 않을 때는 나 스스로 선행을 하지만 사람들이 선행을 요구할 때는 선행이 내게 고통스럽게 느껴지는 것은 바로 그 때문이다. 순수하게 무상으로 베푸는 자선은 분명 내가 좋아하는 일이다. 그러나 그걸 받은 사람이 당연한 권리인 양 자선을 계속 요구하고 내가 그것을 들어주지 않을 경우 원망하면, 또 처음에 내가 기꺼이 그의 은인이 되었다 하여 영원히 은인이 될 것을 강요하면, 그때부터 마음이 불편해지기 시작하고 즐거움은 사라진다. 그 요구에 굴복하여 행하는 일은 나약함과 그릇된 수치심에서 하는 것으로, 거기에 더 이상 선의는 없다. 그리하여 나는 스스로 흡족해하기는커녕, 마지못해 한 선행에 대해 내 양심을 책망하게 된다.

은혜를 베푼 사람과 은혜를 입은 사람 사이에는 일종의 계약, 그것도

고독한 산책자의 몽상 **89**

가장 신성한 계약이 존재한다는 것을 나는 알고 있다. 그들이 함께 이루는 교류는 일반적으로 사람들을 결합하는 교류보다 더 긴밀하다. 만일 은혜를 입은 사람이 암묵적으로 감사해야 할 의무를 진다면, 마찬가지로 은혜를 베푼 사람도 상대방이 자격을 잃지 않는 한 이전에 보였던 선의를 유지하고, 할 수 있을 때마다 그리고 필요할 때마다 선행을 되풀이해야 할 의무를 지는 것이다. 그것은 명시된 조건은 아니지만, 그들 사이에 확립된 관계의 자연스러운 결과이다. 자신에게 요구된 무상의 도움을 애초에 거절하는 사람은 거절당한 사람에게 불평할 권리를 주지 않는다. 그러나 유사한 경우에, 동일한 사람에게 이전에 베풀었던 똑같은 은혜를 거절하는 사람은 자신이 상대방에게 품게 한 희망을 빼앗는 것이 된다. 즉 그는 자신이 만들어준 기대를 속이고 부인하는 것이다. 이 거절은 처음부터 거절한 경우보다 어딘가 더 부당하고 가혹하게 느껴진다. 그러나 그럼에도 그것은 개인의 자율성에서 비롯되는 결과로, 마음은 자율성을 좋아해서 그것을 쉽게 포기하지 못한다. 내가 빚을 갚을 때는 의무를 이행하는 것이고, 선물을 할 때는 나 자신에게 즐거움을 주는 것이다. 그런데 의무를 이행하는 즐거움은 덕의 습관만이 가져다주는 즐거움이다. 본성에서 직접 우리에게 이르는 즐거움은 그 즐거움만큼 고상한 것이 되지 못한다.

그토록 많은 슬픈 경험을 한 후에, 나는 마음의 첫 움직임을 따를 때의 결과를 사전에 예측할 수 있게 되었다. 그래서 무분별하게 선행을 하다가는 나중에 나를 얽어맬 속박이 두려워서, 하고 싶은 마음도 있고 여건이 허락하는데도 종종 선행을 삼갔다. 내가 항상 그런 두려움을 느꼈던 것은 아니다. 오히려 젊었을 때는 선행에 몰두했다. 그래서 내게 은혜를 입은 사람들이 이해관계에 의해서라기보다는 감사하는 마음으로 나에게 애착을 갖는 것을 종종 느끼기도 했다. 그러나 내 불행이 시작되자마자 다른 모든 면에서와 마찬가지로 그 점에서도 사정이 달라졌다. 그때부터 나는 전과 전혀 다른 새로운 세대 속에서 살게 되었다. 그리고 다른 이들의 감정이 변했듯, 그들에 대한 나 자신의 감정도 변했다. 나는 동일한 사람들을 전혀 다른 그 두 세대에서 연달아 만났는데, 그들은 말하자면 상이한 두 세대에 차례로 동화된 것이었다. 〔그렇게 해서 나의 그토록 애정 어린 존경심의 대상이자 나를 진지하게 사랑했던 인물인 샤르메트 백작은 슈아죌 공작의 술책을 꾸민 장본인 중 한 사람이 됨으로써 자신의 친척들을 주교로 만들었고,30 또 그렇게 해서 지난날 내게 은혜를 입은 사람이자 내 용감한 친구이며 젊은 시절 정직한 청년이었던 선량한 팔레 사제는 나를 배반하고 속임으로써 프랑스에서 안정된 지위를 얻었다. 그렇게 해서 베네치아에서 내 서기로 지냈고 내 행동이 마땅히 불러일으켰을 애정과 존경을 언제나 내게 보여주었던 비니스 사제는 자신의 이익을 위해 시기적절하게 말과 태도를 바꿈으로써 양심과 진실을 희생시켜 상당한 이익을 얻을 수 있었다. 물투 역시 극에서 극으로 바뀌었다.〕31 처음에는 진실하고 솔직했던 그들이 지금과 같은 사람이 되어 다른 모든 사람들과 똑같이 행동했다. 단지 시대가 변했기 때문에 사람들도 시대와 마찬가지로 변한 것이다. 아! 이전과 완전히 다르게 느껴지는 사람들에게 내가 어떻게 똑같은 감정을 유지할 수 있겠는가? 나는 미워할 줄 모르기 때문에 그들을 미워하지 않는다. 그러나 그들이 받아 마땅한 경멸을 품지 않을 수 없고, 또 그 경멸을 그들에게 드러내는 것을 삼가지 못하겠다.

어쩌면 나 자신도 부지불식간에 필요 이상으로 변했을지도 모른다. 내가 처한 상황에서 어떤 천성이 변질되지 않고 견뎌낼 수 있겠는가? 자연이 내 마음속에 심어준 좋은 기질이 내 운명에 의해, 그리고 그 운명을 좌지우지하는 사람들에 의해 나 자신이나 타인의 피해로 돌아가고 만다는 것을 나는 지난 이십 년간의 경험을 통해 확인했고, 이제 사람들이 내게 선행을 할 것을 제안하면 그것이 나를 겨냥한 함정이며 그 이면에 어떤 악이 숨겨져 있다고밖에 여기지 않을 수 없다. 선행의 결과가 어떻든, 그래도 좋은 의도의 가치가 내게 남으리라는 것을 나는 안다. 그렇다, 물론 그 가치는 언제나 존재하지만 내면의 매력은 더이상 존재하지 않는다. 그리고 그런 자극이 사라지면, 나는 곧 마음속에서 무관심과 냉담밖에 느끼지 못한다. 그리하여 나는 진정으로 유익한 행동이 아닌 함정에 속아서 하는 행동밖에 할 수 없다고 확신하고, 내 천성대로라면 열의와 열성으로 가득 찼을 만한 경우에도 이성의 비난과 이기심의 격분으로 혐오감과 반감만을 느끼게 되는 것이다.

영혼을 고양하고 단련하는 역경도 있지만, 영혼을 쓰러뜨리고 파멸시키는 역경도 있다. 나를 집어삼킨 역경이 바로 그런 것이다. 내 영혼 속에 나쁜 효모가 조금이라도 있었다면, 역경은 그 효모를 극도로 발효시켜 나를 광란에 빠뜨렸을 것이다. 그러나 역경은 나를 존재하지 않는 것이나 다름없는 사람으로 만들었을 뿐이다. 나 자신을 위해서도 타인을 위해서도 선을 행하지 못하게 된 나는 행동 자체를 삼간다. 그 상태는 강제된 것이라 죄가 되지 않으므로, 나로 하여금 아무 비난도 받지 않고 타고난 내 성향에 완전히 몰입해 일종의 즐거움을 발견하게 한다. 확실히 나는 좀 심하다. 해야 할 선행이 뻔히 보일 때도 피하기 때문이다. 그러나 나는 사람들이 내가 사실 있는 그대로 보게 내버려두지 않는다고 확신하므로, 그들이 그 사실에 부여하는 외양에 입각해 판단하는 것을 삼간다. 그리고 그들이 어떤 속임수로 행동의 동기를 숨기더라도, 내가 그 동기를 알 수 있게 내 버려두는 한 그것이 기만임을 충분히 확신할 수 있다.

내 운명은 이미 내가 어렸을 때부터 첫 함정을 파놓아, 나는 오랫동안 다른 온갖 함정에 너무 쉽게 빠지게 된 듯하다. 나는 누구보다도 남을 쉽게 믿는 사람으로 태어났는데, 그 믿음은 사십 년 동안 한 번도 배신당한 적이 없었다. 그런데 갑자기 다른 질서의 세계 속에 던져진 나는 수많은 함정에 빠지는 와중에도 함정임을 전혀 깨닫지 못하다가, 이십 년의 경험을 통해 겨우 내 운명을 깨우치게 된 것이다. 사람들이 내게 아낌없이 드러내는 짐짓 과장된 감정 표현이 거짓과 허위일 뿐임을 한 번 확신하게 되자, 나는 반대의 극단으로 치달았다. 일단 천성에서 벗어나면 더이상 우리를 제지하는 한계가 없어지게 마련이다. 그때부터 나는 사람들이 지긋지긋해졌고, 그 점에서 내 의지는 그들의 의지와 일치를 이루어, 그들이 온갖 간계를 부려 행한 것보다 훨씬 더 나를 그들로부터 멀리 떼어 놓는다.

그들은 이제 무슨 짓을 해도 소용이 없다. 그들에 대한 반감은 결코 혐오로까지 발전하지는 못한다. 나를 속박하려고 하다가 오히려 내게 속박된 그들을 생각하면 정말이지 불쌍하다는 생각이 든다. 내가 불행하지 않으면 그들 자신이 불행해지는 것이다. 나는 나 자신을 돌아볼 때마다 그들이 측은해진다. 어쩌면 그런 판단에는 오만이 섞여 있을지도 모른다. 그러나 내가 그들보다 훨씬 월등하다고 느끼므로 그들을 미워하지는 않는다. 그들은 기껏해야 경멸이나 불러일으킬 뿐 증오심까지 품게 하지는 못한다. 요컨대 나는 나 자신을 너무 사랑하므로 어느 누구도 미워할 수 없다. 미워하는 것은 내 존재를 옭아매고 억압하는 일인데, 나는 오히려 내 존재를 전 우주로 확장하고 싶다.

나는 그들을 미워하기보다는 피하고 싶다. 그들을 보면 내 감각은 소스라치고, 그 감각을 통해 내 마음은 수많은 잔인한 시선이 나를 괴롭히는 듯한 인상을 받는다. 그러나 그런 불쾌감도 그것을 야기하는 대상이 사라지면 곧 그친다. 나는 그들이 눈앞에 있으면 본의 아니게 신경을 쓰게 되지만, 일부러 그들을 기억하며 신경 쓰지는 않는다. 그들이 내 눈에 보이지 않으면 내게는 그들이 존재하지 않은 것이나 다름없다.

그들은 나와 관계되는 일에서만 내 관심에서 멀어진다. 그들끼리의 관계에 대해서라면 내게 그들은 여전히 흥미롭고, 마치 한 편의 드라마에 등장하는 인물들처럼 감동적일 수 있다. 내가 정의에 무관심해지려면 내 도덕적 존재가 전멸해야 할 것이다. 부정과 사악함의 광경은 아직도 내

피를 분노로 끓게 한다. 허풍이나 과시가 보이지 않는 덕행은 언제나 나를 기쁨으로 전율시키고 흐뭇한 눈물을 흘리게 한다. 그런데 그러기 위해서는 내가 직접 그것을 보고 평가해야 한다. 나 자신이 파란만장한 일을 겪고 나니, 정신이 나가지 않고야 무슨 일에 대해서든 사람들의 판단을 그대로 받아들이거나 남들이 믿는 대로 믿을 수 없게 되었기 때문이다.

만일 내 얼굴과 생김새가 내 성격이나 천성처럼 사람들에게 전혀 알려지지 않았다면, 나는 여전히 사람들 속에서 별 어려움 없이 살아가고 있을 것이다. 내가 그들에게 완전히 낯선 사람인만큼 심지어 그들의 사회를 마음에 들어 할 수도 있을 것이다. 그들이 내게 아무 상관 하지 않는다면, 나는 타고난 내 성향에 거리낌 없이 몰두해서 그들을 사랑할 것이다. 그들에게 티끌만큼의 사심도 없는 친절을 널리 베풀 것이다. 하지만 결코 개인적인 애착은 품지 않고 어떤 의무의 멍에도 짊어지지 않은 채, 나스스로 자유롭게 그들에게 행할 것이다. 그들은 자신들의 온갖 법률에 구속을 받고 이기심에 이끌리는 탓에 하기 힘들어하는 그 모든 일들을.

만일 천성대로 여전히 자유롭고 세상에 알려지지 않은 채 홀로 떨어져 지냈다면, 나는 좋은 일만 했을 것이다. 내 마음속에는 해로운 정념의 씨앗이라고는 한 톨도 없기 때문이다. 또 신처럼 눈에 보이지 않고 전능했다면, 나는 신과 마찬가지로 자비롭고 선했을 것이다. 훌륭한 인간을 만드는 것은 힘과 자유이다. 나약함과 구속은 악인만을 만들 뿐이다. 만일 내게 기게스의 반지[32]가 있었다면, 그것은 나를 사람들의 속박에서 꺼내주고 그들을 내게 속박시켰을 것이다. 종종 공상에 잠겨 나라면 그 반지를 어떻게 사용했을까 생각해보기도 했다. 권력 가까이에는 남용의 유혹이 있게 마련이다. 욕망을 마음대로 충족시킬 수 있고 누구에게도 속지 않으면서 무엇이든 할 수 있을 때, 나라면 무엇을 일관되게 바랐을까? 그것은 단 한 가지, 즉 모두의 마음이 만족스러워지는 것을 보는 일이었을 것이다. 세상 사람들의 행복한 모습만이 오래 지속되는 감정으로 내 마음을 감동시킬 수 있었을 것이고, 거기에 협력하고 싶은 열렬한 욕망은 나의 가장 변함없는 정념이었을 것이다. 나는 언제나 한쪽으로 치우침 없이 정의롭고 나약하지 않고 선량한 사람이라 맹목적 불신과 냉혹한 증오도 피할 수 있었을 것이다. 나는 사람들을 있는 그대로 보고 그들의 마음속을 쉽사리 읽을 수 있어서 내 모든 애정을 받을 만큼 사랑스러운 사람도 또 내 모든 증오를 받아 마땅할 만큼 추악한 사람도 거의 만나지 못했을 것이고, 남에게 해를 입히려다가 도리어 자신이 해를 입게 된다는 사실을 확실히 알고 있어서 그들의 사악함조차 나로 하여금 그들을 불쌍히 여기게 했을 것이기 때문이다. 어쩌면 나는 기분이 좋을 때면 이따금 기적을 행하는 유치함을 보였을지도 모른다. 그러나 나 자신에 대한 사리사욕이 조금도 없고 내 천성만을 법으로 삼고 있는 까닭에, 준엄한 정의의 행동은 몇 가지에 그치는 데 비해 관대하고 공정한 행동은 무수히 했을 것이다. 신의 대리자요 내 권력에 따라 신의 율법을 분배하는 자로서, 나는 성인전(聖人典)이나 성 메다르 무덤[33]의 기적보다 더 현명하고 유익한 기적을 행했을 것이다.

그런데 단 한 가지 문제가 있으니, 눈에 보이지 않고 어디든지 들어갈 수 있는 능력이 나를 저항하기 어려운 유혹으로 이끌었을 수도 있다는 것이다. 일단 그 미망의 길에 들어서면 유혹에 이끌려 어딘들 못 가겠는가? 내가 그런 수단의 유혹에 넘어가지 않았을 거라든가, 이성이 그런 치명적 비탈길에서 나를 멈춰 세웠을 거라고 우쭐대는 것은 인간의 본성과 나 자신을 모르는 처사이리라. 나는 다른 모든 사항에 대해서는 나 자신을 굳게 믿었지만 그 점에서만은 무너졌다. 인간의 한계를 넘어서는 권력을 지닌 사람은 인간의 나약함을 초월해야 한다. 그렇지 않으면 그 과다한 힘은 그를 다른 사람들보다 못한 사람으로 만들거나, 설령 다른 사람들과 동등하다 하더라도 진정한 자기 자신보다 못한 인간으로 만드는 데만 사용될 것이다.

모든 것을 생각해보니, 그 마법의 반지가 나를 부추겨 뭔가 어리석은 짓을 하게 만들기 전에 그것을 버리는 편이 더 나을 것 같다. 만일 사람들이 끝끝내 나를 원래의 나와 다르게 보려고 한다면, 그리고 내 모습이 그들의 불의를 부추긴다면, 나는 그들 속에서 모습을 감추고 있을 것이 아니라 그들의 눈에 띄지 않게 피해야 한다. 그런데 내 앞에서 모습을 감추고, 자신들의 술책을 숨기고, 빛을 피해 두더지처럼 땅속으로 파고드는 사람들은 바로 그들이다. 그들이 그럴 수 있다면 나를 보라고 하라. 차라리 잘된 일이다. 그러나 그들이 나를 보는 것은 불가능하다. 그들은 내가 아니라 그들 스스로 만들어낸 장 자크를, 마음대로 미워하기 위해 그들이 원하는 대로 조작한 장 자크를 볼 뿐이다. 그러므로 그들이 나를 보는 방식에 슬퍼하는 것은 잘못이리라. 나는 거기에 조금의 관심도 가지지 말아야 한다. 그들이 그런 식으로 보는 그 사람은 내가 아니기 때문이다.

이 모든 성찰에서 끌어낼 수 있는 결론은, 모든 것이 제약과 책임과 의무가 되는 시민 사회에 나는 결코 적합한 사람이 아니었다는 것, 그리고 구속을 싫어하는 내 천성 때문에 사람들과 어울려 살고자 할 때 요구되는 속박을 내가 견딜 수 없었다는 것이다. 자유롭게 행동하는 한 나는 선한 존재이며 좋은 행동만 한다. 그러나 필연에 의해서든 사람들에 의해서든 속박을 느끼면, 나는 곧 반항적이 된다, 아니 고집불통이 된다. 그래서 아무 쓸모 없는 인간이 되고 만다. 내 의지에 반하는 일을 해야 할 때 나는 무슨 일이 있어도 하지 않는다. 그렇다고 내 의지대로 하는 것도 아니다. 나약하기 때문이다. 나는 행동하는 것을 삼간다. 내가 행동하는 것에 대해서 전적으로 나약하고, 나의 모든 힘이 소극적이기 때문이다. 그러므로 내 모든 죄는 태만에서 비롯되지, 위법행위에서 기인하는 것은 거의 없다. 나는 인간의 자유란 원하는 것을 하는 데 있는 것이 아니라, 원하지 않는 것을 절대로 하지 않는 데 있다고 생각했다. 그것이 내가 항상 요구했고 또 종종 지켜내기도 한 자유이다. 그리고 바로 그 때문에 나는 동시대인들로부터 가장 큰 빈축을 샀다. 활동적이고 야단스럽고 야심에 찬 그들은 타인들의 자유를 싫어하고, 때때로 자신의 의지대로 할 수만 있다면, 아니 타인의 의지를 지배할 수만 있다면 자기 자신의 자유조차 원하지 않으므로, 내키지 않는 일을 하느라 평생 스스로를 괴롭히고 명령을 내리기 위해서라면 그 어떤 비열한 짓도 마다 않기 때문이다. 따라서 그들의 잘못은 나를 쓸모없는 인물로 간주하여 도시에서 격리하는 데 있는 것이 아니라, 나를 해로운 인물로 간주하여 추방하는 데 있었다. 고백하건대 나는 좋은 일을 거의 하지 않았지만, 그것은 평생 나쁜 일에 대한 의지를 가져본 적도 없기 때문이다. 실제로 나보다 더 악한 일을 하지 않은 사람이 이 세상에 있을까 의심스럽다.

일곱 번째 산책

　내 긴 몽상의 모음집은 이제 막 시작되었을 뿐인데, 벌써 끝이 다가오는 느낌이다. 새로운 재밋거리가 그것을 대신해 나를 사로잡는 바람에 몽상할 시간마저 빼앗기고 있다. 나는 비정상적일 정도로 그 재미에 몰두하고 있고, 그것을 생각하면 절로 웃음이 나온다. 하지만 그래도 역시 나는 거기에 몰두한다. 내가 처한 상황에서는 만사에 거리낌 없이 나 자신의 성향을 따르는 것 말고는 다른 행동 규칙이 없기 때문이다. 나는 내 운명에 대해 아무것도 할 수가 없다. 오로지 결백한 성향만 가지고 있을 뿐이다. 이제 사람들의 모든 판단은 내게 무가치하므로, 지혜조차 내가 세상 사람들 앞에 있든 홀로 있든 내 능력이 미치는 한 오직 내 멋대로의 생각을 규칙으로 삼고 내게 남은 얼마 안 되는 힘만을 수단으로 삼아 스스로 즐겁게 살기를 바라고 있다. 그래서 나는 이렇게 건초를 내 모든 양식으로 삼고, 식물학을 내 모든 소일거리로 삼고 있다. 나는 이미 다 늙은 나이에 스위스에서 디베르누아 박사에게 기초적인 것들을 배웠는데, 다행히도 그후 여행을 하며 꽤 많은 식물을 채집해서 식물계에 대해 상당한 지식을 얻었다. 그러나 예순이 넘어 파리에 정착하고는 대단위의 식물채집을 할 기력도 없어지기 시작하고 악보 베끼는 일에 빠져 다른 일도 필요치 않게 된 터라, 더이상 필요가 없어진 그 재밋거리에서 손을 떼게 되었다. 그래서 빌린 식물도감을 돌려주고 책들도 팔아버리고는 산책 중에 파리 근교에서 보곤 했던 식물들을 이따금 다시 보는 것으로 만족하고 있었다. 그러는 동안 내가 알고 있던 약간의 지식은 습득하는 데 걸린 시간보다 훨씬 더 빠르게 내 기억에서 거의 완전히 지워졌다.
　그런데 갑자기 예순다섯도 더 지난 나이에, 그나마 남아 있던 기억력과 들판을 돌아다닐 힘도 없어졌을 뿐 아니라 안내자도 책도 정원도 식물도감도 다 없어진 마당에, 처음 몰두했을 때보다 더 열광적으로 그 광기에 다시 사로잡힌 것이다. 그리하여 지금 나는 무라위Murray의 《식물계》를 통째로 외우고 지구상에 알려진 모든 식물을 알아보려는 장대한 계획에 진지하게 골몰하고 있다. 식물학 책은 다시 살 수가 없어서 빌린 것을 베껴 쓰기 시작했다. 그리고 첫 번째 것보다 더 풍부한 식물표본을 다시 만들기로 결심하고, 바다 식물과 고산 식물 및 인도의 나무들까지 거기에 포함시키기를 기대하면서 우선 아쉬운 대로 별꽃, 파슬리류, 서양지치, 개쑥갓부터 채집하기 시작했다. 그러고는 학자답게 새장 위의 식물도 채집하면서, 새로운 풀을 발견할 때마다 "이제 식물이 또 하나 늘었구나" 하고 만족스럽게 혼잣말을 하는 것이다.
　갑작스럽게 그런 생각을 따르기로 결심한 것을 애써 정당화하지는 않겠다. 나는 그것이 매우 합당한 일이라고 생각한다. 나와 같은 처지에서 스스로를 즐겁게 하는 재밋거리에 몰두하는 것은 대단한 지혜이고 큰 미덕이라고까지 확신하기 때문이다. 그것은 내 마음에 어떤 복수나 증오의 씨앗도 싹트게 하지 않는 방법이다. 그리고 내 운명에서 아직도 재미있는 무언가에 대한 취미를 발견하기 위해서는 확실히 모든 조급한 정념으로부터 정화된 성정을 지녀야 한다. 또한 그것은 나를 박해하는 사람들에게 내 방식대로 복수하는 것이기도 하다. 그들의 뜻에 반하여 내가 행복해지는 것이야말로 그들을 벌하는 가장 잔인한 방법일 것이다.

  그렇다, 이성은 나를 이끄는 성향, 내가 걷잡을 수 없이 이끌리는 그 모든 성향에 몰두할 것을 내게 허락하고 심지어 명령하기까지 한다. 하지만 내가 그 성향에 이끌리는 이유에 대해서는 가르쳐주지 않는다. 이익도 진보도 없는 그런 쓸데없는 연구, 늙고 횡설수설하며 이미 노쇠하여 몸도 둔하고 능력도 기억력도 쇠퇴한 나를 젊은 시절의 운동과 학생 시절의 수업으로 되돌아가게 하는 그 연구에서 내가 어떤 매력을 발견할 수 있는지에 대해서 말이다. 나 자신도 그 이유를 알고 싶은, 참으로 기묘한 일이다. 그것이 밝혀지면 내 만년의 여가를 바쳐 얻고자 하는 자기 인식에 어떤 새로운 빛이 비쳐 들 것 같다.

  이따금 나는 꽤 깊이 생각에 잠기곤 했다. 그러나 즐거운 마음인 적은 드물었고, 거의 언제나 마지못해 강요당하듯이 생각에 잠겼다. 몽상에 빠지면 피로가 풀리고 즐거워지는 반면, 깊은 생각에 잠기면 피곤하고 우울해진다. 생각을 하는 것은 언제나 내게 힘들고 매력 없는 일이었다. 때때로 몽상이 명상으로 끝나는 일도 있지만, 대개의 경우 내 명상은 몽상으로 끝이 난다. 그리고 그렇게 몽상에 빠져 있는 동안 내 영혼은 상상의 날개를 달고 우주로 날아올라, 다른 모든 향락을 능가하는 황홀감 속을 떠다닌다.

  지고의 순수한 상태로 그런 향락을 맛보는 동안에는 다른 모든 일들이 따분했다. 그런데 내가 이상한 충동에 사로잡혀 글 쓰는 직업에 뛰어든 이후 정신노동의 피로와 불운한 명성의 귀찮음을 느끼게 되자, 동시에 내 달콤한 명상도 활기를 잃고 시들해지는 것이 느껴졌다. 그리고 나는 곧 본의 아니게 우울한 상황에 놓이게 되어 그 소중한 황홀감을 거의 다시 맛볼 수 없게 되었다. 오십 년 동안 내게 행운과 영광을 대신해주었고,

오직 시간만 투자하면 한가한 나를 가장 행복한 사람으로 만들어주었던 그 황홀감을.

몽상을 하면서도 나는 내 상상력이 불행에 겁먹어 결국 그쪽으로 활동 방향을 돌리지나 않을까, 그리고 멈추지 않고 점점 더 내 가슴을 옥죄어 오는 고통의 감정이 마침내 그 무게로 나를 짓누르지나 않을까 걱정해야 했다. 그런 상태에서 내 타고난 본능은 모든 우울한 생각을 몰아내 상상력을 침묵시켰고, 나로 하여금 내 주변에 관심을 기울이게 함으로써 그때까지 전체적인 집단으로만 관조했던 자연의 풍광을 처음으로 세밀하게 관찰하게 했다.

나무와 관목과 식물은 대지의 장신구이며 옷이다. 눈앞에 돌과 진흙과 모래만 펼쳐져 있는 헐벗고 황량한 들판의 모습처럼 음울한 것은 없다. 그러나 자연에 의해 활기를 띠고, 흐르는 물과 새들의 지저귐 속에서 혼례복을 입은 대지는 3계(三界)의 조화 속에서 생명과 흥미와 매력이 넘치는 광경을 인간에게 제공한다. 그것은 이 세상에서 인간의 눈과 마음이 결코 싫증 내지 않는 유일한 광경이다.

관조자가 감수성 강한 영혼을 가졌을수록 그는 그 조화가 내면에 불러일으키는 황홀감에 더욱더 빠져든다. 그때 달콤하고 그윽한 몽상이 그의 감각을 사로잡고, 그는 감미로운 도취와 함께 아름다운 체계의 광대함 속에 빠져들어 그 체계와 동화되는 것을 느낀다. 그러면 개별적인 모든 대상들이 그에게서 벗어나 그는 전체 안에서만 보고 느끼는 것이다. 그가 포착하려는 그 세계를 부분적으로 관찰할 수 있으려면, 어떤 특별한 정황이 그의 사고를 억제하고 상상력을 제한해야 한다.

점점 낙담에 빠져 사그라지고 꺼져버리려 하는 남은 열기를 보존하기 위해 고뇌에 억눌린 내 마음이 모든 움직임을 주위로 끌어모아 거기에 몰두했을 때, 바로 그런 일이 내게 자연스레 일어났다. 나는 내 고뇌를 부채질하게 될까 봐 감히 생각을 할 엄두도 못 낸 채 숲과 산속을 무기력하게 헤매고 다녔다. 괴로움의 대상을 거부하는 내 상상력은 주위 사물들의 경쾌하고 달콤한 인상에 감각을 내맡겼다. 내 시선은 이리저리 끊임없이 사물들을 옮겨 다녔는데, 그토록 무한한 다양성 속에서는 어떤 대상을 더 골똘히 응시하거나 어떤 대상에 더 오래 시선을 멈출 수 없는 일이었다.

나는 불행한 가운데 정신에 휴식과 즐거움과 위로를 줄 뿐 아니라 고통의 감정을 멎게 해주는 그 눈[目]의 오락을 좋아했다. 사물들의 본성은 그와 같은 기분 전환에 많은 도움을 주고, 기분 전환을 더 매력적인 것으로 만들어준다. 감미로운 향기, 강렬한 색채, 더없이 우아한 형태들은 앞다투어 우리의 주의를 끌 권리를 쟁취하려는 듯하다. 그토록 감미로운 느낌에 몰두하기 위해서는 그저 즐거움을 좋아하기만 하면 된다. 그런 대상에 강한 인상을 받아도 모든 사람에게 그 효과가 나타나지 않는다면, 그것은 어떤 사람들에게는 자연에 대한 감수성이 부족하기 때문이기도 하지만 대부분의 경우 다른 생각에 너무 사로잡혀 있어 정신이 감각을 두드리는 대상에 드러내놓고 몰입하지 못하기 때문이다.

고상한 취미를 가진 사람들의 주의를 식물계로부터 멀어지게 하는 것이 또 하나 있다. 바로 식물에서 약제와 치료제만을 찾는 습관이다. 테오프라스토스[34]라는 철학자는 유달리 식물에 관심을 가졌는데, 우리에게 거의 알려져 있지 않지만 그는 고대의 유일한 식물학자로 간주될 수 있는 사람이다. 그러나 디오스코리데스[35]라는 위대한 조제법 편찬자와 그의 주석자들 덕분에 의학이 식물을 독점하여 약초로 변모시켜버리는 바람에, 사람들은 식물에서 보이지 않는 것, 즉 누구나 즐겨 식물에 부여하고자 하는 소위 효능이라는 것밖에 보지 못하게 되었다. 사람들은 식물의 조직 자체가 주의를 끌 만한 가치가 있다는 것을 이해하지 못한다. 박식하게 조개껍질을 분류하며 일생을 보내는 사람들은 그들이 말하는 이른바 특성에 대한 연구가 덧붙여지지 않는다면 식물학은 무용한 연구라고 무시한다. 즉 전혀 거짓을 말하지는 않지만 그러한 특성에 대해서는 아무것도 말해주지 않는 자연 관찰을 포기하고, 자신들의 말대로 믿으라는 주장을 일삼는 거짓말쟁이들의 권위에만 몰두하라는 것이다. 그런데 대개의 경우 그들이 하는 말도 타인의 권위에 근거한 것에 불과하다. 꽃이 만발한 초원에서 걸음을 멈추고 거기서 빛나는 꽃들을 하나하나 관찰해보라. 사람들은 그런 당신을 보고 외과의사의 조수쯤으로 여겨 아이들의 옴과 어른들의 습진 또는 말의 탄저병을 치료하는 풀이 어떤 것이냐고 물을 것이다. 이 불쾌한 편견은 다른 나라, 특히 영국에서는 어느 정도 타파되었는데, 식물학을 약학 분야에서 다소 분리시켜 박물학과 경제적 용도로 되살린 린네 덕분이다. 그러나 그런 연구가 세상 사람들에게 별로 알려지지 못한 프랑스에서는 그 분야가 너무도 미개한 상태여서, 파리의 한 재사(才士)가 런던에 가서 진귀한 것을 수집하는 사람의 정원에 희귀한 나무와 식물이 가득한 것을 보고 "정말 멋진 약제사 정원이군요"라는 찬사를 보냈을 정도이다. 그렇게 생각한다면 최초의 약제사는 아담이었다. 에덴동산보다 더 완벽하게 식물들이 갖추어진 정원을 상상하기란 쉽지 않기 때문이다.

약용에 관한 이러한 생각들은 확실히 식물학 연구를 유쾌한 것으로 만들기에 적합하지 않다. 그런 생각들은 초원의 색깔과 꽃의 광택을 퇴색시키고, 아담한 숲의 싱그러움을 메마르게 하고, 녹음을 따분하고 역겨운 것으로 만든다. 모든 것을 약연(藥硯)에 넣고 빻으려고만 하는 사람은 매력적이고 우아한 그 모든 구조를 별로 흥미롭게 여기지 않는다. 양치기 처녀를 위해 만들 꽃 장식을 관장용(灌腸用) 풀에서 찾을 사람은 없을 것이다.

그러나 이런 모든 약학도 내가 전원에 대해 품고 있는 이미지를 훼손시키지 못했다. 탕약과 고약만큼 그 이미지와 거리가 먼 것도 없었다. 나는 종종 들판과 과수원과 숲과 그곳에 서식하는 많은 것들을 가까이서

들여다보며, 식물계란 자연이 인간과 동물에게 준 양식 창고가 아닌가라는 생각을 하기도 했다. 그러나 거기서 약품이나 치료제를 찾을 생각은 결코 해본 적이 없다. 내게는 자연의 다양한 산물 속에서 그런 용도를 알려주는 것이 하나도 보이지 않는다. 만약 자연이 그런 용도를 처방했다면, 식용에 대해서 그랬듯 그 선택 방법을 우리에게 알려주었을 것이다. 아담한 숲을 거닐면서 열병이나 결석이나 통풍이나 간질병을 생각하면 인간의 병약함에 대한 의식 때문에 그 즐거움이 오염될 것 같은 느낌마저 든다. 어쨌든 식물에 부여된 훌륭한 효능에 대해 왈가왈부할 생각은 없다. 다만 실질적인 효능이 있다고 가정하더라도, 그것은 순전히 계속 아픈 채로 남아 있으라고 병자들을 놀리는 것이라는 말만 해두겠다. 인간이 걸리는 수많은 질병 중에서 스무 종 정도의 약초로 근본적인 치료가 가능한 병은 하나도 없기 때문이다.

나는 언제나 모든 것을 물질적 이해관계에 결부시켜 어디서나 이익이나 치료약을 찾고, 건강할 때는 모든 자연을 무심하게 바라보는 그런 성향의 사람이 결코 아니다. 그 점에 대해 나는 다른 사람들과 완전히 반대로 느낀다. 즉 내 욕구의 감정과 관련된 모든 것은 내 마음을 우울하게 만들고 망가뜨린다. 나는 육체의 이익을 완전히 잊어버려야 정신적 즐거움에서 진정한 매력을 발견할 수 있다. 그러므로 내가 의학을 믿는다 하더라도, 또 치료약이 마음에 든다 하더라도, 거기에 마음을 빼앗긴다면 순수하고 사심 없는 관조가 주는 그 환희를 결코 발견하지 못할 것이다. 그리고 내 영혼이 육체에 속박되어 있다고 느끼는 한 자연에 열광하거나 자연에 대한 공상에 빠지지 못할 것이다. 하기야 나는 의학을 크게 신뢰한 적은 없었지만, 내가 존경하고 사랑하는 의사들을 매우 신뢰하여 그들에게 전적인 권한을 주고 내 몸을 보살피도록 맡긴 적은 있었다. 그런데 십오 년의 경험은 많은 희생을 치르게 하면서 나를 깨우쳐주었다. 이제 나는 오직 자연의 법칙만을 따르는 생활로 되돌아와 자연을 통해 본래의 건강을 되찾았다. 의사들이 내게 별다른 불만을 가지고 있지 않으면서도 나를 증오한다 해도 놀랄 게 없으리라. 나는 그들의 기술이 공허하고 그들의 치료가 소용없다는 것을 보여주는 산 증거니까.

일신상의 어떤 것도, 내 육체의 이해관계와 관련되는 어떤 것도 진정으로 내 영혼을 차지할 수 없다. 나는 자신을 잊을 때보다 더 감미롭게 명상이나 몽상에 젖어본 적이 없다. 이를테면 나는 만물의 체계 속에 녹아들어 자연과 완전히 동화될 때 이루 형언할 수 없는 황홀과 도취를 느낀다. 사람들을 동료로 여겼던 시절 나는 지상에서의 행복에 대한 계획을 세웠다. 그 계획은 항상 모두와 관련된 것이었으므로, 나는 세상 사람들이 행복해야 행복할 수 있었다. 개인적인 행복에 대한 생각은 결코 내 마음을 움직인 적이 없었는데, 그때 나는 내 동료들이 오직 내 불행에서만 자신들의 행복을 찾는 것을 보게 되었다. 그래서 그들을 증오하지 않기 위해 그들을 피해야만 했다. 그리하여 나는 만인의 어머니에게로 피신해 그 품 안에서 그 자녀들의 공격을 피하고자 했다. 나는 고독한 사람이 되었다. 아니, 그들의 말을 따르면 비사회적인 염세가가 된 것이다. 가장 비사교적인 고독조차 배신과 증오만 품고 사는 악인들의 사회보다 바람직하게 여겨졌기 때문이었다.

나는 본의 아니게 내 불행을 떠올릴까 봐 생각하는 것을 삼가야 했다. 그리고 이미 활기를 잃었음에도 여전히 즐거운, 결국은 극심한 불안으로 위축될 수도 있을 상상력의 잔재를 억눌러야 했다. 또한 치욕과 모욕으로 나를 괴롭히는 사람들에 대한 분노 때문에 감정이 격해질까 봐 그들을 잊으려 노력해야 했다. 그러나 나는 자신에게 온전히 집중할 수가 없다. 외향적인 내 영혼이 내 의지와는 달리 다른 존재들을 향해 감정과 존재를 확장하려고 하기 때문이다. 그런데 나는 더이상 예전처럼 머리를 숙이고 자연의 광활한 대양으로 뛰어들 수가 없다. 나의 능력이 약해지고 태만해져 내 손이 미치는 범위에서 강한 애착을 가질 만큼 확고하고 고정된 대상을 발견할 수 없고, 예전에 느꼈던 도취의 혼돈 속에서 헤엄칠 기력이 더이상 내게 남아 있지 않기 때문이다. 이제 내 생각들은 거의 느낌에 불과하다. 내 오성의 영역은 직접적으로 나를 둘러싸고 있는 사물들을 뛰어넘지 못한다.

사람들을 피해 고독을 추구하고 더이상 상상도 하지 않고 생각은 더더욱 하지 않지만, 나는 활기 없고 우울한 무기력과는 거리가 먼 강한 기질을 타고난 사람이라 주변 모든 것에 관심을 가지기 시작했다. 그리고 아주 자연스러운 본능에 이끌려 가장 유쾌한 대상을 선택했다. 광물계는 그 자체로는 사랑스럽고 매력적인 구석이 전무하다. 땅속 깊숙이 갇힌 그 보고(寶庫)는 인간의 탐욕을 부추기지 않기 위해 사람들의 시선에서 멀어진 듯하다. 언젠가 인간에게 더 가까이 있는 참된 부(富)의 대체물로 사용되기 위해 저장되어 있는 셈이다. 인간은 타락해감에 따라 그런 참된 부에 대한 취향을 잃어버리게 마련이기 때문이다. 그때가 오면 인간은 자신의 빈곤을 구제하기 위해 산업이나 고역이나 노동에 호소해야 한다. 그리하여 땅속을 파헤치고, 생명의 위협을 무릅쓰고 건강을 해쳐가며, 즐기는 방법만 알면 대지가 알아서 제공해주던 실제의 재산 대신 가공의 재산을 찾으러 땅속으로 가는 것이다. 인간은 태양과 빛을 피한다. 그들은 더이상 그것을 볼 자격이 없다. 한낮의 빛을 받으며 살아갈 자격이 없어졌으니 산 채로 땅속에 파묻혀 재산을 모으는 것이다. 거기서는 채석장, 깊은 구렁, 제철소, 용광로, 모루, 망치, 연기, 열기구 들이 전원에서 일하는 즐거운 장면들을 대신한다. 광산의 고약한 공기로 괴로워하는 불행한 사람들의 창백한 얼굴, 시커먼 대장장이들, 보기 흉한 외눈박이들…… 광산의 도구들은 초목과 꽃과 푸른 하늘과 사랑스러운 목동과 건강한 일꾼 같은 땅 위의 풍경을 대지의 내부에서 이렇게 바꾸어놓는다.

고백하건대, 모래와 돌을 주워 주머니와 작업실을 가득 채워놓고 그것으로 자연주의자인 척하는 것은 쉬운 일이다. 그러나 그런 식의 수집으로 만족하고 거기에 애착을 갖는 사람들은, 대개 진열의 즐거움만을 추구하는 돈 많은 무식자들이다. 광물 연구에서 진보를 이루려면 화학자나 물리학자가 되어야 한다. 힘들고 비용이 많이 드는 실험을 해야 하고, 실험실에서 작업을 해야 하고, 석탄과 도가니와 화덕과 증류기 사이에서 숨 막히는 연기와 증기에 휩싸여 생명의 위협을 무릅쓰고 건강을 희생시켜가며 많은 돈과 시간을 소비해야 하는 것이다. 이 모든 우울하고 피곤한 작업에서는 대개 지식보다는 교만함을 얻기 쉽다. 그러니 아주 하찮은 화학자라 하더라도 별것 아닌 화합물이라도 발견하게 되면 마치 자연의 위대한 작용을 간파한 것처럼 믿지 않겠는가? 그 발견도 어쩌면 우연히 이루어진 것일 테지만.

동물계는 우리와 더 가까이 있고, 분명 훨씬 더 연구할 만한 가치가 있다. 그러나 결국은 그 연구에도 어려움과 장애와 불쾌감과 고생이 따르지 않겠는가? 특히 유희에 대해서나 일에 대해서나 어느 누구에게도 도움을 기대할 수 없는 고독한 사람에게는 더욱더 그렇다. 하늘의 새와 물속의 물고기, 그리고 바람보다 더 가볍고 사람보다 더 강한 네발짐승들을 어떻게 관찰하고 해부하고 연구하고 알아낼 수 있겠는가? 그런 동물들이 내 연구에 스스로 몸을 바치러 찾아오지는 않을 테니, 내가 그것들을 쫓아가 힘으로 굴복시켜야 할 텐데 말이다. 따라서 나는 달팽이나 벌레나 파리를 자원으로 삼게 될 것이다. 그리고 숨이 차도록 나비를 쫓아 뛰어다니고, 불쌍한 곤충들에게 핀을 꽂고, 내 능력으로 잡을 수 있는 생쥐나 우연히 발견한 죽은 짐승의 썩은 시체를 해부하면서 일생을 보내게 될 것이다. 동물 연구는 해부를 하지 않으면 아무 의미가 없다. 동물을 분류하고 종과 속을 구별하는 법을 배우는 것은 바로 해부를 통해서이다. 동물의 습성과 성질을 연구하려면 새 사육장과 양어지와 가축우리가 필요할 것이다. 그리고 어떤 식으로든 동물들을 내 주위에 모아두기 위해 구속하지 않으면 안 될 것이다. 나는 동물을 가둬두는 취미도 수단도 없을 뿐 아니라, 동물들이 자유로이 있을 때 그들의 걸음을 따라잡는 데 필요한 민첩성도 없다. 그러므로 결국 죽은 동물들을 연구하고, 그것들의 배를 가르고, 뼈를 발라내고, 꿈틀거리는 내장을 천천히 파헤쳐야 할 것이다! 악취 나는 시체들, 진물 흐르는 납빛의 살, 피, 불쾌감을 주는 내장, 무시무시한 해골, 구역질을 일으키는 증기…… 해부실이란 얼마나 끔찍한 곳인가! 맹세컨대 장 자크가 즐거움을 구하러 갈 곳은 결코 그곳이 아니다.

빛나는 꽃이여, 꽃이 만발한 초원이여, 시원한 그늘이여, 시냇물이여, 작은 숲이여, 초목이여, 온갖 흉측한 것들로 더럽혀진 내 상상력을 정화해주러 오라. 온갖 커다란 움직임에도 반응이 없는 내 영혼은 이제 감성적인 대상에 의해서만 감동을 느낀다. 이제 내게는 감각밖에 없다. 이 세상에서 고통이나 즐거움이 내게 다가오는 것은 오직 그 감각을 통해서일 뿐이다. 나는 주변의 즐거운 대상들에 이끌려 그것들을 관찰하고 응시하고 비교한다. 그리고 마침내 그것들을 분류하는 법을 배운다. 그렇게 해서 갑자기 식물학자가 된 것이다. 자연을 사랑할 새로운 이유를 끊임없이 발견하는 것만이 연구의 유일한 목적인 사람은 식물학자가 될 수밖에 없다.

나는 배우려고 애쓰지 않는다. 그러기에는 너무 늦었다. 게다가 그토록 많은 학문이 인생의 행복에 기여했다고 생각해본 적도 결코 없다. 하지만 손쉽게 맛볼 수 있는, 내 불행을 달래줄 달콤하고 소박한 즐거움을 찾고자 애쓴다. 나는 비용도 힘도 들이지 않으면서 이 풀에서 저 풀로, 이 식물에서 저 식물로 무사태평하게 옮겨 다니며 관찰하고, 그 다양한 특징을 비교하고, 유사점과 차이점을 기록한다. 그리고 나중에는 식물 조직을 관찰함으로써 살아 있는 기관들의 움직임과 작용을 추적하고, 때때로 그것들의 일반적인 법칙이나 다양한 구조의 이치와 목적을 성공적으로 탐구하기도 하며 또 그 모든 것을 즐기게 해주는 보이지 않는 손에 대한 감사와 함께 감탄의 매력에 빠진다.

그토록 많은 식물들이 마치 하늘에 흩뿌려진 별들처럼 이 땅 위에 뿌려진 것은 즐거움과 호기심에 이끌려 자연을 연구하도록 인간을 초대하기 위해서가 아닐까. 하지만 별은 우리와 멀리 떨어진 곳에 있다. 별에 이르기 위해서는, 별을 우리의 손이 미치는 곳으로 가깝게 가져오기 위해서는 예비지식과 도구와 기계와 아주 긴 사다리가 필요하다. 반면에 식물은 저절로 우리의 손이 미치는 곳에 있다. 식물은 우리의 발밑에서, 말하자면 우리의 손안에서 돋아난다. 때로는 식물의 주요 부분이 아주 미세해서 육안으로 볼 수 없지만, 그것을 관찰할 수 있게 해주는 도구들은 천문학 도구들보다 사용하기가 훨씬 쉽다. 식물학은 한가하고 게으르고 고독한 사람의 연구이다. 식물을 관찰하기 위해 그에게 필요한 도구는 핀 하나와 돋보기 하나가 전부이다. 그는 산책을 하고 이 식물에서 저 식물로 자유롭게 돌아다니면서, 흥미와 호기심을 가지고 꽃을 하나하나 관찰한다. 그리하여 그 구조의 법칙을 파악하기 시작하면, 큰 수고를 들여 얻은 것 못지않게 강렬한 즐거움을 식물을 관찰하는 데서 쉽사리 맛볼 수 있는 것이다. 그 한가로운 작업에는 정념이 완전히 고요해졌을 때만 느낄 수 있는 매력이 있다. 그때는 그 매력만으로도 인생이 행복하고 감미로워지기에 충분하다. 그런데 직무를 수행하기 위해서든 책을 쓰기 위해서든 이해관계나 허영이라는 동기가 섞이게 되면, 가르치기 위해 배우려고 하거나 저자나 교수가 되기 위해 식물채집을 하게 되면 그 모든 달콤한 매력은 곧 사라지고 만다. 그러면 우리는 식물에서 정념의 수단밖에 보지 못하고, 연구를 하면서도 더이상 참된 즐거움을 발견하지 못하게 되는 것이다. 또한 더이상 알고자 하지 않으면서 이미 알고 있는 것을 보여주려고만 하게 된다. 그리하여 숲 속에 있으면서도 세상의 무대 위에 있는 것과 다를 바가 없으므로, 사람들의 감탄을 사는 일에만 신경을 쓰는 것이다. 그렇지 않으면 기껏해야 작업실과 정원의 식물학에 만족해

자연 속에서 식물을 관찰하는 대신 체계와 방법에만 골몰하게 된다. 하지만 그런 것은 끝없는 논쟁거리에 지나지 않아, 한 포기의 식물도 더 알게 해주지 않고 박물학과 식물계에 진정한 빛을 던져주지도 못한다. 그리고 명성에 대한 경쟁으로 인해 다른 학자들의 경우와 마찬가지로, 혹은 그보다 더 심하게 식물학 저자들 사이에 증오와 질투가 팽배하게 된다. 그들은 이 사랑스러운 연구를 탈자연화해 도시와 아카데미 한복판으로 옮겨 심는다. 그리고 거기서 이 연구는 진귀한 것에 대한 취미를 가진 사람의 정원에 옮겨 심긴 이국 식물과 마찬가지로 변질되어버린다.

  그와 전혀 다른 태도로 임한 덕분에 나는 식물학 연구에 일종의 열정을 가지게 되었고, 내게 더이상 남아 있지 않던 모든 열정의 공백이 메워졌다. 나는 가능한 한 사람들에 대한 기억과 악인들의 공격으로부터 벗어나기 위해 바위와 산을 오르고 계곡과 숲 속 깊숙이 들어간다. 숲 그늘 아래 있으면 마치 내게 더이상 적이 없는 것처럼, 사람들에게 잊혀서 자유롭고 평화로워지는 것처럼 느껴진다. 혹은 나뭇잎들이 그들을 내 기억에서 몰아내고 그들의 공격으로부터 나를 지켜주는 것 같기도 하다. 그리하여 어리석게도 나는 내가 그들을 생각하지 않으면 그들도 나를 생각하지 않을 거라고 상상하는 것이다. 그 환상 속의 즐거움은 너무나도 커서, 만약 내 처지나 나약함과 욕구가 허락한다면 나는 그 즐거움에 완전히 빠져버릴지도 모른다. 내 고독이 깊으면 깊을수록 어떤 대상이 그 고독의 공허를 채워주어야 한다. 그리고 내 상상이 거부하거나 내 기억이 물리치는 것들은, 사람의 발길이 닿은 적 없는 대지가 사방에서 내 눈앞에 보여주는 자연의 산물들이 대신해준다. 인적 없는 곳으로 새로운 식물을 찾으러 가는 즐거움에는 나를 박해하는 사람들로부터 벗어난다는 즐거움이 숨겨져 있다. 그리하여 마침내 사람의 흔적이 보이지 않는 장소에 이르면, 나는 그들의 증오가 더이상 쫓아오지 못하는 은신처에 있는 듯 더욱더 마음 편히 숨을 쉰다.

언젠가 재판관 클레르크36의 로벨라 농지 근처에서 식물채집을 한 기억은 평생 잊지 못할 것이다. 그날 나는 혼자서 구불구불한 산속으로 들어갔다. 그리고 이 숲에서 저 숲으로, 이 바위에서 저 바위로 돌아다니다가, 평생 본 적이 없는 야생적인 풍경 안에 깊숙이 자리한 외딴 오두막에 이르렀다. 검은 전나무들이 거대한 너도밤나무와 어우러져 있었고, 그중 몇 그루 노목들이 쓰러져 얽히고설켜 넘기 힘든 울타리를 이루고서 오두막을 가로막고 있었다. 어두운 울타리 틈 사이로 보이는 저 너머에는 깎아지른 듯한 바위와 무시무시한 낭떠러지뿐이었는데, 배를 깔고 엎드려야 겨우 볼 수 있었다. 수리부엉이, 올빼미, 흰꼬리수리가 산간에서 울어대고, 희귀하지만 친숙한 작은 새들 몇 마리가 적막함의 공포를 가라앉혀주고 있었다. 거기서 나는 일곱 장의 이파리를 가진 미나리냉이, 시클라멘, 새둥지란, 커다란 라세르피티움, 그 밖의 몇몇 식물을 발견했고 그것들에 매료되어 한참 동안이나 즐거워했다. 그러나 나도 모르게 여러 대상의 강한 인상에 압도당한 나머지 식물학이니 식물 따위는 잊어버리고, 석송과 이끼 위에 자리를 잡고 앉게 되었다. 그리고 세상 사람 아무도 모르는 은신처에 있으니 박해자들도 나를 찾아내지 못하리라 생각하며 마음껏 몽상에 잠기기 시작했다. 그렇게 몽상을 하고 있자니 이내 어떤 오만한 생각이 떠올랐다. 나는 무인도를 발견한 대여행가들과 나 자신을 비교하며, '여기까지 들어온 사람은 아마 내가 처음일 거야'라고 만족스럽게 생각했다. 나 자신이 흡사 제2의 콜럼버스처럼 여겨졌다. 으스대며 그런 생각을 하고 있는 동안, 별로 멀지 않은 곳에서 어디선가 들어본 듯한 덜커덩거리는 소리가 들려왔다. 귀를 기울이자, 똑같은 소리가 반복되며 더 커지는 것이었다. 나는 놀랍기도 하고 신기하기도 해서 일어나 소리가 나는 쪽을 향해 무성한 가시덤불을 헤치며 들어갔다. 그런데 내가 제일 처음 들어왔을 거라고 생각했던 그곳에서 스무 발짝쯤 떨어진 작은 골짜기에 양말 공장이 있는 것이 아닌가.

공장을 발견했을 때 내가 느낀 혼란스럽고 모순된 흥분을 어떻게 표현해야 할지 모르겠다. 내가 맨 처음 느낀 마음의 움직임은 완전히 혼자라고 생각했던 곳에서 사람들 속에 있음을 깨닫게 된 기쁨이었다. 그러나 번개보다 더 빨리 스치고 지나간 그 마음의 움직임은 곧 더 오래 지속되는 고통으로 바뀌었다. 깊은 산속의 동굴 속에서조차 악착같이 나를 괴롭히는 사람들의 잔인한 손아귀에서 벗어날 수 없을 것만 같았다. 몽몰랭 목사가 주도한 음모에 가담하지 않은 사람은 아마 그 공장에서 단 두 명도 안 될 거라는 확신이 들었기 때문이다.[37] 사실 최초의 동기를 생각해보면 그 음모는 훨씬 더 오래전에 시작된 것이었다. 나는 그런 우울한 생각을 서둘러 떨쳐버리고, 내 유치한 허영심과 우스꽝스러운 태도가 단단히 벌을 받게 된 것에 대해 속으로 웃었다.

그러나 사실 그런 낭떠러지에서 공장을 발견하리라고 누가 생각이나 했겠는가? 야생의 자연과 인간의 산업이 그렇게 뒤섞여 있는 풍경을 보여주는 나라는 이 세상에 오직 스위스뿐이다. 스위스 전체는 이를테면 커다란 도시와 같아서, 생탕투안 가(街)보다 더 넓고 긴 길들이 군데군데 숲속을 가로지르고 있거나 산으로 가로막혀 있고, 띄엄띄엄 서 있는 외딴 집들은 영국식 정원으로 서로 연결되어 있다. 이런 이야기를 하고 있으려니 또 다른 식물채집 때의 일이 생각난다. 얼마 전 뒤 페루, 데셰르니, 퓌리 대령, 재판관 클레르크와 함께 정상에서 일곱 개의 호수가 내려다보이는 샤스롱 산에서 식물채집을 했다. 사람들 말로는 그 산에는 집이 한 채밖에 없다고 했다. 집주인이 서적상이라는 말을 덧붙여 듣지 않았다면 우리는 그의 직업을 추측하지 못했을 것이다. 심지어 그는 그 고장에서 사업을 아주 성공적으로 꾸리고 있다고 했다. 그런 사실 하나만으로도 여행자들이 늘어놓는 그 어떤 묘사에 의해서보다 스위스를 더 잘 알게 되는 것 같다.

마찬가지로 전혀 다른 민족을 잘 알게 해주는 그런 유의 이야기, 거의 유사한 종류의 이야기가 하나 있다. 그르노블에 머무는 동안 나는 그 지방 변호사인 보비에 씨와 함께 종종 도시 외곽에서 식물채집을 했다. 그는 식물학을 좋아하지도 않았고 알지도 못했지만, 내 경호원을 자처하여 가능한 한 내게서 한 발짝도 떨어지지 않겠다고 결심한 까닭에 나와 함께한 것이었다. 어느 날 우리는 이제르 강을 따라 탱자나무가 무성한 곳을 산책하고 있었다. 나는 관목들에서 잘 익은 열매를 발견하고는 호기심에 맛을 보고 싶어졌다. 맛을 보니 아주 상쾌하고 새콤하기에 나는 목도 축일 겸 열매를 먹기 시작했다. 그런데 보비에 씨는 나를 따라 하지 않고 아무 말 없이 내 옆에 서 있기만 하는 것이었다. 그때 마침 그의 친구 하나가 지나가다가 열매를 따 먹고 있는 나를 보더니, "아니, 뭘 하고 계십니까? 그 열매에 독이 있다는 걸 모르세요?"라고 말했다. 나는 깜짝 놀라 "이 열매에 독이 있다고요!" 하고 소리쳤다. "물론이지요. 이 고장에서는 모두 잘 알고 있어서 아무도 먹을 생각을 하지 않습니다." 그가 다시 말했다. 나는 보비에 씨를 보고 말했다. "그런데 왜 당신은 내게 일러주지 않았습니까?" "아! 선생님, 제게는 감히 그럴 자유가 없었습니다." 그는 존경 어린 어조로 내게 대답했다. 나는 그 도피네 사람의 겸손한 태도에 그만 웃음을 터뜨리고 말았는데, 어쨌든 그 작은 간식은 포기해야 했다. 지금도 여전히 그렇게 믿고 있지만, 나는 입맛에 좋은 자연의 모든 산물은 지나치게 먹지만 않는다면 몸에 해롭지 않다고 확신하고 있었다. 그렇지만 그날 내내 내 몸에 대해 조금 걱정이 되었던 것은 사실이다. 하지만 조금 불안하기만 했을 뿐 별 탈은 없었다. 저녁도 아주 잘 먹었고 잠도 더 잘 잤으며, 아침에는 아주 건강하게 일어났다. 이튿날 그르노블에서 모든 사람들이 내게 말해준 바에 따르면 아주 조금만 먹어도 중독된다는 그 무시무시한 낙상홍 열매를, 그 전날 열다섯 내지 스무 알이나 먹었는데도 말이다. 내게 그 사건은 아주 재미있는 기억으로 남아 그 뒤에도 그 일을 떠올릴 때마다 변호사 보비에 씨의 기이한 신중함에 웃음이 나온다.

 식물채집을 위해 내가 했던 모든 산책, 나를 감동시킨 대상들을 만난 장소의 다양한 인상들, 그 장소가 내게 불러일으킨 생각, 거기에 뒤섞인 여러 가지 사건, 그곳에서 채집한 식물들을 볼 때마다 그 모든 것들이 되살아나는 것만 같다. 내 마음에 언제나 감동을 주었던 그 아름다운 경치, 그 숲, 그 호수, 그 작은 숲, 그 바위, 그 산을 다시 보지는 못할 것이다. 하지만 그 아름다운 고장으로 다시 달려갈 수 없는 지금, 나는 내 식물표본만 열면 된다. 그러면 그것은 곧 나를 그곳으로 데려가 준다. 내가 그곳에서 채집한 식물 조각들은 그 멋진 풍경을 온전히 상기시켜주기에 충분하다. 그 식물표본은 내게 식물채집 일기와도 같아서, 나로 하여금 다시 즐거운 마음으로 식물채집을 하게 하며 당시 했던 식물채집을 눈앞에 생생히 그려 보이는 것 같은 효과를 낸다.

 내가 식물학에 애착을 갖는 것은 연속적으로 이어지는 부차적인 생각들 때문이다. 식물학은 내 상상을 한층 더 즐겁게 해주는 온갖 생각들을 끌어모아 상기시켜준다. 초원, 냇물, 숲, 고독, 그리고 특히 그 모든 것들 속에서 발견되는 평화와 휴식을 끊임없이 기억 속에 되살려준다. 식물학은 사람들의 박해, 증오, 멸시, 모욕, 그리고 내 다정하고 진지한 애정에 대한 대가로서 그들이 돌려준 모든 불행을 잊게 해준다. 그것은 그 옛날 내가 함께 지냈던 사람들처럼 소박하고 선량한 이들이 있는 평화로운 곳으로 나를 데려가 준다. 그리고 내 젊은 날과 순결한 즐거움을 상기시켜주고 다시금 그것을 즐기게 해주며, 내가 일찍이 인간이 겪었던 운명 중 가장 비참한 운명을 겪는 와중에도 종종 나를 행복하게 해준다.

여덟 번째 산책[38]

　지금까지 살아오면서 겪은 모든 상황에서 내 영혼의 기질이 어떠했는가를 명상하면서, 나는 내 운명의 다양한 배합과 그로 인해 내가 느낀 행복이나 불행 같은 일상적인 감정 사이에 아무런 균형도 없음을 발견하고 매우 놀라고 있다. 행운의 시기가 짧게나마 몇 차례 있긴 했지만, 그로 인해 마음속 깊이 오래갈 만한 즐거운 추억이 남은 건 아니다. 반면에 온갖 비참한 상황을 겪는 중에는 다정하고 감동적이며 감미로운 감정으로 끊임없이 충만해지는 것을 느끼곤 했다. 그런 감정들은 상심한 내 마음의 상처에 유익한 진통제를 뿌려 고통을 쾌감으로 바꾸어주는 듯했다. 그 감정들에 대한 사랑스러운 추억은, 내가 그 감정들과 동시에 느꼈던 고통에 대한 기억에서 분리되어 홀로 되살아난다. 말하자면 운명에 의해 내 감정이 마음 주변에 묶여 있는 탓에, 사람들이 존중하는 외부의 모든 대상, 즉 그 자체로는 거의 가치가 없지만 행복하다고 간주되는 이들이 유일하게 관심을 가지는 그 대상을 향해 내 감정이 발산되지 않을 때 오

고독한 산책자의 몽상　115

히려 나는 존재의 기쁨을 더 크게 느끼고 실제로 진정한 삶을 산 것처럼 느끼는 것이다.

　내 주위의 모든 것이 사리에 맞았을 때, 내가 내 주변의 모든 것과 내가 살아야 하는 세계에 만족했을 때, 나는 그 세계를 애정으로 가득 채웠다. 외향적인 내 영혼은 다른 대상들을 향해 확장되었고, 나는 수많은 종류의 취향과 끊임없이 내 마음을 사로잡는 사랑스러운 애착에 이끌려 나 자신의 외부로 향했고 얼마간은 나 자신을 잊어버렸다. 나와 무관한 것에 완전히 정신이 쏠려 있었고, 끊임없이 마음이 동요하는 가운데 인간사의 온갖 변천을 경험했다. 그 파란만장한 삶에서 나는 내면의 평화도 외면의 휴식도 누리지 못했다. 나는 겉으로는 행복해 보여도, 성찰의 시련을 견디고 진정으로 만족을 느낄 수 있는 감정이 없었다. 나는 타인에 대해서도 나 자신에 대해서도 전혀 만족하지 못했다. 세상의 소동은 나를 어지럽혔고, 고독은 나를 권태롭게 했으며, 끊임없이 거처를 옮겨야 했기에 나는 정녕 어디에도 존재하지 않았다. 하지만 나는 어디서나 환대와 환영과 호의 속에 받아들여졌다. 내게는 한 사람의 적도, 악의를 품은 사람도, 시기하는 사람도 없었다. 사람들이 내게 오직 친절만 베풀려고 했으므로, 나도 많은 사람들에게 친절을 베푸는 즐거움을 종종 맛보았다. 나는 재산도 일자리도 후원자도 없고 잘 연마해 널리 알려진 대단한 재능도 없었지만, 그 모든 것과 결부된 혜택을 누리고 있었다. 그리하여 어떤 신분의 사람이라도 나보다 더 바람직해 보이는 운명을 가진 경우는 보지 못했다. 도대체 행복해지기 위해 내게 부족한 것이 무엇이었던가? 나는 모른다. 하지만 내가 행복하지 않았다는 것은 알고 있다.

　그러면 지금 가장 불행한 사람이 되기 위해 내게 부족한 것은 무엇일까? 사람들이 나를 불행하게 만들기 위해 모든 힘을 소진했기 때문에, 이제 남은 것은 아무것도 없다. 하지만 이와 같은 비참한 상태에 있어도 나는 그들 중 가장 행복한 사람과 운명이나 존재를 바꾸지 않을 것이다. 나는 한창 행운을 누리고 있는 그 사람들 중 한 명이 되기보다는 비참한 상태에 있어도 나 자신으로 사는 편이 더 좋다. 오직 나 하나로 축소된 내가 자신의 실체를 양식으로 삼아 살고 있는 것은 사실이지만, 그것은 고갈되지 않는다. 말하자면 헛되이 되새김질을 하더라도, 즉 말라버린 상상력과 활기 없는 사고가 더이상 내 마음에 양식을 제공하지 못하더라도 나는 나 자신으로 충분하다. 내 영혼은 육체의 기관들에 의해 무뎌지고 방해를 받아 날로 약해져가고, 그 무거운 덩어리의 무게에 짓눌려 옛날처럼 육체의 낡은 껍데기 밖으로 비상할 기력이 없다.

역경은 우리를 우리 자신에게로 되돌아가게 한다. 어쩌면 바로 그 때문에 대부분의 사람들이 역경을 가장 견디기 힘들어하는지도 모른다. 나는 실수 이외에는 자책할 것이 없으므로 그 실수에 대한 내 나약함을 책망하고 위안을 얻는다. 계획적인 죄악을 결코 내 마음과 가까이해본 적이 없기 때문이다.

그런데 우둔한 사람이 아니고야 어떻게 단 한 순간이라도 내 상황을 응시하면서 그들이 초래한 상황이 얼마나 무시무시한지 모를 수가 있으며, 어떻게 고통과 절망으로 죽을 지경이 되지 않을 수 있겠는가? 하지만 나는 전혀 그렇지 않다. 누구보다 감수성이 예민한 나는 내 상황을 응시하고도 거기에 동요되지 않는다. 아마 다른 이라면 공포감 없이 바라보지 못할 그런 상태에서, 나는 자신을 위해 투쟁하지도 노력하지도 않고 거의 무관심하게 지내고 있다.

어떻게 내가 이런 상태에 이르게 된 걸까? 오래전에 전혀 눈치도 채지 못한 채 휘말려든 음모에 대해 처음으로 의심을 품기 시작했을 때는 이렇게 평온한 마음이 아니었다. 그 새로운 사실을 알고 나는 심하게 동요했다. 치욕과 배반이 불시에 들이닥친 것이다. 어떤 정직한 영혼이 그런 형벌에 대비가 되어 있겠는가? 그것을 예측하는 이는 그런 형벌을 받아 마땅한 사람뿐일 것이다. 나는 사람들이 내 발밑에 파놓은 모든 함정에 빠졌고, 격분과 분노와 착란에 사로잡혀 어찌할 바를 몰랐으며, 머릿속은 온통 뒤죽박죽이 되었다. 사람들이 끊임없이 나를 밀어 넣은 끔찍한 어둠 속에서는 나를 인도해줄 한 줄기 빛도, 나를 끌고 들어가는 절망에 저항하기 위해 움켜잡을 발판도 버팀목도 보이지 않았다.

그런 끔찍한 상태에서 어떻게 행복하고 평화로울 수 있겠는가? 그러나 나는 여전히 그 어느 때보다 그런 상태에 깊이 빠져 있지만, 거기서 안정과 평화를 발견하고 행복하게 조용히 살고 있다. 그리고 꽃과 수술과 어린애 같은 행동에 열중해 평화롭게 지내느라 내 박해자들에 대해서는 생각조차 하지 않는데도, 그들은 우습게도 끊임없이 스스로에게 엄청난 고통을 가하고 있는 것이다.

어떻게 이런 변화가 일어난 걸까? 그것은 알지 못하는 사이에 조금도 힘들이지 않고 자연스럽게 일어났다. 처음 기습을 당했을 때는 정말 끔찍했다. 나는 내가 사랑과 존경을 받을 만하다고 느꼈고, 그럴 만한 자격이 있어서 존경과 사랑을 받는다고 생각했건만, 어느 날 갑자기 세상에 유례 없었던 끔찍한 괴물로 변한 나 자신을 보게 된 것이다. 나는 동세대의 모든 사람들이 아무 설명도 없이, 의심이나 수치심도 없이 그 기이한 여론으로 빠져드는 것을 목격하고 있다. 나로서는 그 기이한 급변의 원인도 전혀 알아낼 수가 없다. 나는 격렬하게 몸부림쳤지만 더욱더 얽혀 들어갈 뿐이었다. 박해자들에게 설명을 해달라고 요구하고 싶었지만 그들은 설명하려 하지 않았다. 나는 오랫동안 아무 보람도 없이 고통스러워한 후에야 한숨 돌릴 수 있었다. 그렇지만 계속 희망을 버리지 않았고, 모든 사람들이 그토록 어리석은 무분별과 터무니없는 편견에 사로잡힐 수는 없을 거라고 생각했다. 그런 망상에 동조하지 않는 양식 있는 사람들이, 간교함과 배반을 싫어하는 정의로운 영혼이 있게 마련이니까. 찾아보면 아마 그런 사람을 한 명쯤은 발견할 수 있을 것이고, 그러면 그들은 당황할 것이다. 그래서 그런 사람을 찾아보았지만, 헛일이었다. 그런 사람을 찾을 수가 없었다. 그 동맹은 한 사람의 예외도 없이 모두에게 걸쳐 있었고 영구적이었다. 나는 그 비밀을 전혀 알아내지 못했고, 이렇게 끔찍하게 추방당한 채 일생을 마치게 되리라고 확신했다.

그런 비참한 상태에서 오래도록 번민한 끝에 마침내 나는 내게 주어진 운명이라고 여겨야 할 절망 대신에 평정과 평온과 평화, 그리고 행복까지 찾아냈다. 내 하루하루의 삶이 전날을 즐겁게 상기시켜주고, 내일도 오늘과 다름없기를 바라고 있으니 말이다.

이런 차이는 어디에서 오는 것일까? 그 원인은 단 한 가지뿐이다. 내가 군말 없이 피할 수 없는 일의 멍에를 짊어지는 법을 배웠기 때문이다. 나는 수많은 것에 애착을 가지려고 노력했지만 모든 것이 차례로 내게서 빠져나갔고, 오직 나 자신만 남아 마침내 제자리를 되찾은 것이다. 나는 사방에서 압박을 받으면서도 균형을 유지하고 있는데, 그것은 더이상 아무것에도 애착을 갖지 않고 오직 나 자신에게만 의지하기 때문이다.

내가 여론에 격렬하게 항의했을 때는 나도 모르게 그것에 지배를 받고 있었다. 사람은 누구나 자신이 존경하는 사람들로부터 존경받고 싶어하는 법이다. 그러므로 내가 사람들을, 적어도 몇몇 사람들을 호의적으로 평가할 수 있는 동안 나는 나에 대한 그들의 판단에 무관심할 수가 없었다. 나는 사람들의 판단이 종종 공정하다고 생각해왔다. 그렇지만 그 공정함 자체가 우연의 결과라는 것, 사람들이 생각하는 바의 근거가 되는 규칙이 그들의 정념이나 혹은 정념에 기인한 편견에서 도출된 것에 지나지 않는다는 것, 그들이 제대로 판단을 내릴 때조차 그 올바른 판단이 그릇된 원칙에서 비롯될 때가 많다는 것은 생각하지 못했다. 예를 들어 그들이 어떤 일에 대해서 누군가의 장점을 칭찬하는 척할 때, 그것은 정의로운 마음에서 나오는 행동이 아니라 다른 점에 대해 그 사람을 마음껏 중상하면서 공정한 태도를 가장하기 위해 하는 행동인 것이다.

그러나 오랫동안 헛된 탐구를 한 후 그들 모두가 예외 없이 사악한 정신이 만들어낼 수 있는 가장 부정하고 부조리한 체계 속에 머물러 있는 것을 보았을 때, 나에 관한 한 모든 사람의 머리에서 이성이 사라지고 그들의 마음에서 공평함이 사라진 것을 보았을 때, 결코 아무에게도 해를 끼치지 않았고 그러려고도 하지 않았으며 보복한 적도 없는 한 불행한 사람을 적대시하는 지도자들의 맹목적인 분노에 광기 어린 한 세대가 미혹되는 것을 보았을 때, 십 년 동안이나 헛되이 단 한 사람이라도 찾으려고 했지만 결국 내 등불을 끄고 '이제 단 한 사람도 없다'고 소리쳐야 했을 때, 그때 비로소 나는 이 땅 위에 나 혼자임을 깨닫기 시작했다. 그리고 나에 대해서 내 동시대인들은 오직 충동에 의해서만 행동하는 기계적 존재들일 뿐이며, 그들의 행동은 단지 운동의 법칙에 의해서만 측정될 수 있다는 것도 알게 되었다. 내가 그들의 영혼 속에 있는 어떤 의도나 정념을 추측할 수 있었다 하더라도, 그것들이 나에 대한 그들의 행동을 결코 납득할 수 있게 설명해주지는 못했을 것이다. 이렇게 해서 그들 내면의 기질 같은 것은 내게 아무 의미도 없는 것이 되어버렸다. 내게 그들은 나에 대한 모든 도덕성을 상실한 채 다양하게 움직이는 집단으로밖에 보이지 않았다.

우리에게 일어나는 모든 불행에서 우리는 결과보다는 의도에 더 신경을 쓴다. 지붕에서 떨어지는 기왓장은 더 큰 상처를 줄 수 있지만, 악의를 가진 사람이 고의로 던지는 돌멩이만큼 우리의 마음을 아프게 하지는 않는다. 공격 행위는 때때로 빗나가는 수도 있지만, 그 의도는 결코 목표 달성에 실패하지 않는다. 운명이 주는 타격 중에서 사람들이 가장 가볍게 느끼는 것은 물리적 고통이다. 불운한 사람들은 자신들의 불행에 대해 누구를 탓해야 할지 모를 때 운명을 탓한다. 그들은 운명을 인격화하고 그것에 눈과 지능을 빌려주어, 그 운명이 고의로 자신을 괴롭히는 것이라고 생각한다. 돈을 잃고 분해하는 노름꾼은 그런 식으로 누구를 향한 것인지도 알 수 없는 분노를 터뜨린다. 그는 운명이 고의로 자신을 악착

같이 따라다니며 괴롭힌다고 상상한다. 그리고 화낼 거리를 발견하고는, 자신이 만들어낸 적에 대해 흥분하고 격노한다. 그러나 자신에게 일어나는 모든 불행이 맹목적인 필연성의 소행일 뿐이라고 생각하는 현명한 사람은 그렇게 무분별하게 흥분하지 않는다. 그는 고통 속에서 비명을 지르기는 해도 흥분하거나 분노하지 않으며, 자신을 집어삼킨 불행에서 물리적인 상처밖에 느끼지 않는다. 그리하여 그가 받는 타격은 일신에 상처를 줄 뿐, 마음에까지 이르지는 못한다.

그 정도에 이르는 것만 해도 대단한 일이다. 하지만 거기서 멈추는 것으로는 충분하지 않다. 불행을 잘라내기는 했지만 뿌리는 남아 있기 때문이다. 그 뿌리는 우리와 관계없는 존재에게 있는 것이 아니라 바로 우리 자신에게 있으므로, 완전히 뽑아내기 위해 노력해야 한다. 내가 나 자신으로 돌아오기 시작하자마자 뚜렷하게 느낀 것은 바로 그런 것이었다. 내게 일어나는 일에 대해 온갖 해석을 하려고 해보았지만 그런 해석에 대해 내 이성은 불합리함밖에 보여주지 않았고, 나로서는 그 모든 일의 원인과 수단과 방법을 알 수도 설명할 수도 없기에, 나는 그러한 것들이 내게는 무가치한 것이 틀림없다고 깨달았다. 내 운명의 모든 세세한 부분을 방향도 의도도 도덕적 대의명분도 가정해서는 안 되는 순수한 운명의 행위로 보아야 한다, 그래봤자 소용없는 일이니 따지지도 반항하지도 말고 운명에 복종해야 한다, 이 땅에서 내가 해야 할 일은 나 자신을 순전히 수동적인 존재로 여기는 것이므로 운명을 견디기 위해 남은 힘을 쓸데없이 운명에 저항하는 데 사용해서는 안 된다, 나는 이렇게 스스로에게 말하곤 했다. 내 이성과 마음은 그 말에 동의했으나, 그래도 나는 마음이 여전히 불평하는 것을 느꼈다. 그 불평은 어디에서 생긴 것일까? 나는 찾아보았고, 결국 알아냈다. 그것은 사람들에 대해 분개한 뒤에 여전히 이성에 반기를 드는 이기심에서 비롯된 것이었다.

그런 사실을 발견하는 것은 생각만큼 쉬운 일이 아니었다. 죄도 없이 박해받은 사람은 오랫동안 하찮은 자기 자신에 대한 자부심을 정의에 대한 순수한 사랑이라고 여기기 때문이다. 그러나 진짜 원인이 되는 수원(水原)을 일단 찾게 되면, 그것을 고갈시키거나 적어도 그것의 방향을 바꾸기는 쉬운 일이다. 자기 존중은 자부심 강한 영혼의 가장 큰 원동력이다. 그런데 착각을 잘 불러일으키는 이기심은 위장에 능하므로, 자기 존중인 척한다. 그러나 마침내 속임수가 밝혀져 이기심이 더이상 숨지 못하게 되면, 그때부터는 걱정할 필요가 없다. 이기심을 말살하기는 어렵더라도 적어도 쉽게 제압할 수는 있기 때문이다.

나는 결코 이기심으로 많이 기울어 있지 않았으나, 그 부자연스러운 정념은 내가 세상 속에 있을 때, 특히 저자가 되었을 때 내 마음속에서 강해졌다. 어쩌면 나는 다른 사람보다는 이기심이 훨씬 적었을지도 모르지만, 어쨌든 이기심을 상당히 많이 가지고 있었던 것이 사실이다. 나는 뼈 아픈 교훈을 얻고 나서 곧바로 이기심을 필요한 정도로만 제한했다. 이기심은 처음에는 부당한 처사라며 반항했으나 마침내는 개의치 않게 되었다. 그리고 내 영혼 위에 몸을 굽힌 채, 이기심을 내세우게 만드는 외적인 관계를 끊고 비교와 편애를 포기함으로써, 내가 스스로 선하다는 것에 만족하게 되었다. 그리하여 이기심은 다시 자애심(自愛心)amour de soi이 되어 자연의 질서 속으로 돌아왔으며, 나를 여론의 굴레에서 해방시켜주었다.[39]

그때부터 나는 영혼의 평화와 지복에 가까운 행복을 되찾았다. 어떤 상황에서든 사람이 줄곧 불행한 것은 오직 이기심 때문이다. 이기심이 침묵하고 이성이 입을 열 때, 마침내 이성은 우리 힘으로 피할 수 없었던 모든 불행을 위로해준다. 심지어 불행이 우리에게 직접적으로 영향을 끼치지 않는 한 그것을 소멸시켜주기도 한다. 그럴 땐 불행에 대해 신경 쓰지 않기만 하면 가장 끔찍한 타격을 확실하게 피할 수 있기 때문이다. 불행은 그것을 생각하지 않는 사람에게는 아무것도 아닌 것이다. 자신이 견디고 있는 불행에서 의도가 아니라 불행 자체만을 보는 사람에게, 스스로를 존중하기에 다른 사람들이 즐겨 부여하는 처지에 흔들리지 않는 사람에게 모욕과 복수와 불공평과 치욕과 부당함은 아무것도 아니다. 사람들이 나를 어떻게 보려고 하든 그들은 내 존재를 바꾸지 못할 것이다. 그들의 권력과 온갖 은밀한 간계에도 불구하고, 그들이 무슨 짓을 하든 나는 여전히 나로 남을 것이다. 나에 대한 그들의 조치가 내 현실적인 상황에 영향을 미치는 것은 사실이다. 그들이 자신들과 나 사이에 쳐놓은 장벽은 늙고 궁핍한 내게서 생존과 도움의 모든 수단을 빼앗아간다. 그 장벽은 돈조차 쓸모없는 것으로 만든다. 돈은 내게 필요한 도움을 줄 수 없기 때문이다. 그들과 나 사이에는 더이상 교류도 상호 간의 도움도 서신 왕래도 없다. 그들 사이에서 혼자가 된 내가 가진 자원이라고는 오직 나 자신뿐이다. 그리고 그 자원은 내 나이에 내가 처한 상태에서는 참으로 빈약한 것이다. 그것은 큰 불행이지만, 내가 화내지 않고 그 불행을 견딜 줄 알게 된 이후에는 내게 아무런 힘도 미치지 못한다. 정말로 궁핍함을 느끼게 되는 상황은 언제나 드물다. 궁핍해질 거라는 예측과 상상이 그러한 상황을 증가시키는 것이다. 사람들이 불안해하고 불행해지는 것은 그런 감정이 계속되기 때문이다. 나로서는 내일 고통 받을 것을 알아봤자 아무 소용이 없다. 오늘 고통 받지 않는 것으로 충분히 평온해질 수 있다. 나는 예상되는 불행에 대해서가 아니라 다만 지금 느끼는 불행에 대해서만 슬퍼할 뿐이다. 그것은 그 불행을 지극히 하찮은 것으로 축소시킨다. 나는 혼자 병상에 버려져서 누구 하나 걱정해주는 사람 없이 빈곤과 추위와 굶주림으로 죽을 수도 있다. 그러나 나 자신이 괴로워하지 않는다면, 내 운명이 어떠하든 다른 사람들과 마찬가지로 나도 그 운명에 별로 슬퍼하지 않는다면 무슨 상관이랴? 특히나 내 나이에 삶과 죽음, 질병과 건강, 부유함과 빈곤함, 명예와 중상을 똑같이 무심하게 바라볼 줄 알게 된 것이 무가치한 일이겠는가? 다른 노인들은 그 모든 것을 걱정하지만, 나는 아무것도 걱정하지 않는다. 무슨 일이 일어나든 나는 무심하기 때문이다. 그런 무심함은 내 지혜의 소산이 아니라 내 적들이 만들어준 것이다. 그러니 그들이 내게 가한 불행에 대한 보상으로서 그런 이점을 취하는 것을 배우도록 하자. 그들은 나를 역경에 무감각하게 만듦으로써, 내게 역경의 상처를 면해준 것보다 훨씬 더 좋은 일을 한 셈이다. 그런 역경을 겪지 않았더라면 나는 언제나 역경을 두려워했을 텐데, 이제 나는 역경을 지배함으로써 그것을 두려워하지 않게 되었다.

그런 마음 자세는 어려운 상황에 처해 있으면서도 마치 가장 큰 행운을 누리고 있기라도 한 것처럼 거의 완벽하게 나를 천성적인 태만함으로 이끈다. 눈앞의 대상으로 인해 가장 고통스러운 불안을 상기하게 되는 극히 짧은 순간을 제외하면 그렇다. 나머지 시간 동안에 내 마음은 내 성향에 따라 나를 사로잡는 애정에 몰두해 선천적으로 타고난 감정들에서 여전히 영양분을 취하며, 나는 그런 감정들을 야기하는 상상의 존재들과 함께 그것을 향유하는 것이다. 그러면 그 존재들은 마치 실제로 존재하는 것처럼 그 감정을 공유한다. 그 상상의 존재들은 내가 만들어낸 것이고, 나를 위해 존재한다. 그러므로 나는 그들이 나를 배반하거나 버릴까봐 두려워하지 않는다. 그들은 내 불행이 계속되는 한 존재할 것이며, 충분히 불행을 잊게 해줄 것이다.

모든 것이 나를 행복하고 감미로운 삶으로 되돌아가게 해준다. 나는 바로 그런 삶을 살기 위해 태어난 것이다. 나는 아주 기쁜 마음으로 정신과 감각을 내맡기며 유익하고도 즐거운 대상에 몰두하거나, 내 마음이 만들어낸 공상의 산물들과 함께하며 그것들과의 교류를 내 감정의 양식으로 삼거나, 오직 나 자신과 함께하며 스스로에게 만족해하고 내가 누려 마땅하다고 느껴지는 행복으로 이미 충만한 채 하루의 4분의 3을 보낸다. 이 모든 것에 작용하는 것은 오직 나 자신에 대한 사랑(자애심)뿐으로, 이기심은 발을 들여놓을 자리가 전혀 없다. 그러나 사람들 사이에서 그들의 거짓 애정이나 과장되고 조소 섞인 찬사나 악의에 찬 감언의 놀림감이 되어 지내는 우울한 순간에는 그렇지 않다. 내가 어떤 식으로 행동하든 그때는 이기심이 작용한다. 그 상스러운 허울 너머로 보이는 그들의 증오와 원한은 내 마음을 고통으로 괴롭힌다. 그리고 내가 그렇게 어리석게 잘 속는 사람으로 취급당했다는 생각을 하면, 고통스러운 것은 물론이고 유치하게도 분하기까지 하다. 그런 감정은 어리석은 이기심의 산물로, 나는 그 어리석음을 통렬히 느끼면서도 억제할 수가 없다. 모욕적이고 조소적인 시선에 익숙해지기 위해 내가 기울인 노력은 실로 엄청나다. 나는 오로지 그 잔인한 거짓말에 스스로를 단련시키려는 목적에서 공공의 산책길이나 사람들이 가장 많이 다니는 장소로 수없이 지나다녔다. 하지만 나는 그런 단련에 성공하지 못했을 뿐만 아니라 진척조차 보지 못했다. 모든 힘겨운 노력에도 불구하고 아무 성과도 얻지 못한 채, 이전과 마찬가지로 쉽게 동요하고 상심하고 분개했던 것이다.

 나는 무슨 행동을 하든 감각에 지배를 받아, 감각이 주는 인상에 저항할 수가 없었다. 대상이 내 감각에 작용하는 한 내 마음은 계속 그 영향을 받게 된다. 하지만 그와 같은 마음의 일시적인 움직임은 그것을 불러일으키는 느낌이 지속되는 동안만 계속될 뿐이다. 증오를 품은 사람이 눈앞에 있으면 나는 격하게 영향을 받지만, 그가 없어지면 곧 그 인상도 사라진다. 그가 보이지 않게 되는 순간 나는 더이상 그를 생각하지 않는 것이다. 그가 내게 신경 쓰리라는 것을 알아도 상관이 없다. 내가 그에게 신경 쓰지 않을 테니까. 지금 이 순간 느껴지지 않는 불행은 내게 조금도 영향을 미치지 못한다. 당장 눈앞에 보이지 않는 박해자는 내게 아무것도 아닌 존재인 것이다. 나는 이런 태도가 내 운명을 좌우하는 사람들에게 유리하다는 것을 알고 있다. 그러니 마음껏 내 운명을 쥐고 흔들라고 하라. 그들의 공격으로부터 자신을 보호하기 위해 어쩔 수 없이 그들을 생각하느니, 차라리 저항하지 않고 괴롭힘을 당하는 편이 훨씬 낫다.

내 마음에 영향을 미치는 그 감각 활동은 유일하게 내 삶을 괴롭게 하는 것이다. 아무도 눈에 보이지 않을 때 나는 내 운명에 대해 더이상 생각하지 않는다. 더이상 운명을 느끼지도 않고 고통 받지도 않으며, 기분 전환을 할 필요도 없고 방해받지도 않은 채 행복해하고 만족해한다. 그러나 어떤 민감한 공격을 피하기는 어려운 법이라, 생각지도 못했을 때 기분 나쁜 시선을 느끼거나 독기 어린 말을 듣거나 악의 있는 사람을 만나게 되면 그것만으로도 마음이 뒤흔들린다. 그런 경우 내가 할 수 있는 일이라고는 될수록 빨리 잊고 피하는 것뿐이다. 그러면 내 마음속의 혼란은 그것을 야기한 대상과 함께 사라지고, 나는 혼자가 되자마자 곧 다시 평온해진다. 또한 나를 불안하게 하는 무언가가 있다면, 그것은 바로 지나가는 길에 어떤 새로운 고통의 원인과 맞닥뜨리지나 않을까 하는 두려움이다. 그것이 나의 유일한 고민이지만, 내 행복을 변질시키기에 충분하다. 나는 파리 한복판에 살고 있다. 나는 집을 나서면서부터 전원과 고독을 갈망한다. 하지만 그것을 얻으려면 아주 멀리 나가야 하기 때문에, 도중에 내 마음을 옥죄는 수많은 대상들과 마주친 후에야 마음껏 숨을 쉴 수 있게 된다. 그리하여 반나절을 번민 속에 보낸 후에야 마침내 내가 찾는 은신처에 이르게 되는 것이다. 그래도 무사히 목적지에 이르면 행복하다. 악인들의 행렬에서 벗어나는 순간은 감미롭기 그지없다. 푸른 초목 한가운데 자리한 나무 밑에 있으면, 지상낙원에 있는 것만 같다. 그리고 나는 마치 이 세상에서 가장 행복한 사람인 것처럼 강렬한 내적 즐거움을 맛본다.

  짧은 행운의 시기에는 오늘날 이토록 즐겁게 느껴지는 고독한 산책이 따분하고 지루하게만 느껴졌던 것을 나는 생생하게 기억한다. 시골에 사는 지인의 집에 머무를 때, 나는 운동을 하거나 대기를 들이마시고 싶은 욕구에 사로잡혀 종종 혼자 밖으로 나갔다. 나는 도둑처럼 슬그머니 빠져나가 공원이나 들판을 산책하곤 했다. 하지만 오늘날 내가 맛보는 행복한 평온을 얻기는커녕, 거실에서 골몰했던 헛된 생각들의 흥분을 그곳에서까지 짊어지고 있었다. 거실에 두고 온 사람들에 대한 생각이 혼자 있을 때조차 나를 따라온 것이었다. 덧없는 이기심과 소란스러운 세상에 내 눈앞에 있는 숲의 상쾌함은 퇴색되었고, 은신처의 평화는 어지럽혀졌다. 숲 속 깊숙이 달아나 보아도 소용이 없었다. 성가신 수많은 것들이 어디든 나를 따라와 자연을 가려버렸다. 사회적인 정념과 그에 따르는 우울한 것들에서 벗어난 후에야 비로소 나는 자연과 자연의 온갖 매력들을 함께 되찾을 수 있었다.

그렇게 반사적으로 마음이 움직이는 최초의 순간을 제어할 수 없다는 것을 깨달은 나는 그에 대한 모든 노력을 중단했다. 나는 공격을 받을 때마다 피가 끓어오르고 내 감각이 분노와 격분에 점령되도록 내버려둔다. 아무리 애써도 멈추게 할 수도 지연시킬 수도 없는 그 최초의 폭발을 본성에 맡기는 것이다. 다만 그 폭발이 어떤 결과를 가져오기 전에 잇따른 다음 폭발이 일어나지 않도록 노력할 뿐이다. 번쩍이는 눈, 달아오른 얼굴, 떨리는 사지, 숨 막힐 듯 고동치는 심장, 그런 모든 것은 육체에만 관계되는 것일 뿐이라 논리적인 추론 따위는 아무 소용이 없다. 그러나 최초의 폭발이 일어나도록 그대로 내버려두고 나면, 차츰 정신이 되돌아와 다시금 자신을 억제할 수 있게 된다. 오랫동안 그렇게 하려고 노력했지만 성공하지 못했는데, 그래도 지금은 어느 정도 잘하고 있다. 나는 쓸데없는 저항을 하느라 힘쓰지 않고 승리의 순간을 기다리면서 이성을 작동시킨다. 이성은 내가 제 이야기를 들어줄 수 있을 때만 내게 말하기 때문이다. 이런, 내가 대체 무슨 말을 하고 있는 것인가! 이성이라고? 승리의 영광을 이성에 돌린다면 나는 큰 잘못을 저지르는 셈이 될 것이다. 이성은 그 승리와 무관하기 때문이다. 마찬가지로 모든 것은 변하기 쉬운 기질, 사나운 바람에 흔들리지만 그 바람이 멎으면 곧 평온해지는 기질에서 비롯된다. 나를 뒤흔드는 것은 내 격한 천성이요, 나를 진정시키는 것은 내 태평한 천성이다. 나는 당장의 모든 충동에 굴복하고, 모든 충격에 내 마음속에 짧고 강렬한 움직임이 인다. 하지만 더이상 충격이 없으면 곧 그 움직임도 멈추고, 내 내면에 전해져 더 길게 지속되는 것도 없다. 본질이 이 같은 사람에게는 운명이 일으키는 모든 사건과 타인의 모든 술책이 거의 영향력을 발휘하지 못한다. 내게 지속적인 고통을 느끼게 하려면 인상이 매 순간 새롭게 되풀이되어야 한다. 아무리 짧더라도 중단되는 시간적 공백이 있으면 나는 충분히 나 자신으로 돌아간다. 사람들이 내 감각에 영향을 미칠 수 있는 동안에는 나는 그들이 바라는 존재가 된다. 그러나 그 영향이 중단되는 최초의 순간, 나는 다시 본성이 원하는 존재가 된다. 사람들이 무슨 짓을 하든 나는 변함없이 그런 상태이고, 그 상태로 인해 운명에 아랑곳하지 않은 채, 본질적으로 내가 타고났다고 느껴지는 행복을 맛본다. 몽상의 한 구절에서 나는 그 상태를 묘사한 바 있다. 그것은 내게 참으로 적합한 것이어서 나는 그 상태가 지속되는 것 이외에 달리 바라는 것이 없고, 그것이 동요되는 것을 보게 될까 봐 두려울 뿐이다. 사람들이 내게 가한 불행은 내게 조금도 상처를 주지 못한다. 그들이 아직도 내게 가할 수 있는 불행에 대한 두려움만이 나를 동요시킬 뿐이다. 하지만 변함없는 감정으로 나를 슬프게 할 수 있는 새로운 기술이 더이상 그들에게 없다고 확신하므로, 나는 그들의 모든 음모를 비웃으며 아랑곳하지 않고 나 자신을 즐긴다.

아홉 번째 산책

　행복이란 영속적인 상태이므로 이 세상의 인간을 위해 만들어진 것이 아닌 듯하다. 이 땅의 모든 것은 끊임없는 흐름 속에 있어 아무것도 불변의 형태를 가지지 못한다. 우리 주변의 모든 것은 변화한다. 우리 자신도 변한다. 오늘 사랑하는 것을 내일도 사랑하리라고 그 누구도 확신할 수 없다. 그러므로 이 생애에서 지복을 구하는 우리의 모든 계획은 망상일 뿐이다. 정신의 만족을 얻을 수 있을 때 그것을 활용하도록 하자. 우리의 실수로 정신의 만족을 멀리하지 않도록 주의하자. 그러나 그것을 묶어두려는 계획은 세우지 말자. 그런 계획은 순전히 미친 짓이기 때문이다. 나는 행복한 사람을 거의 본 적이 없다. 어쩌면 한 사람도 없었던 것 같다. 하지만 만족한 마음을 가진 사람은 종종 만났다. 내게 감동을 준 모든 대상들 중에서 나를 가장 만족시켜준 것은 그런 사람의 마음이다. 나는 그것이 나의 내적인 감정에 영향을 미치는 감각의 자연스러운 결과라고 생각한다. 행복은 외부로 드러나는 표지(標識)를 지니고 있지 않다. 따라서 행복을 알기 위해서는 행복한 사람의 마음을 읽어야 할 것이다. 그런데 만족감은 눈에서, 태도에서, 말투에서, 거동에서 읽히며, 그것을 알아채는 사람에게 전달되는 듯하다. 축제날 한 민족 전체가 기쁨에 빠져 있는 모습, 그리고 모든 사람의 마음이 인생의 구름 사이를 가로질러 재빠르지만 강렬하게 지나가는 즐거움이라는 절묘한 빛으로 활짝 피어나는 모습을 보는 것보다 더 달콤한 즐거움이 있을까?[40]

사흘 전 P씨[41]가 나를 찾아와 유난히 친절한 태도로 달랑베르Jean Le Rond d'Alembert 씨가 쓴 조프랭 부인에 대한 찬사를 보여주었다. 그는 그 글을 읽기 전에, 거기에 우스꽝스러운 신조어와 익살맞은 말장난이 잔뜩 있다면서 그것에 대해 한참 동안 폭소를 터뜨렸다. 그러고는 계속 웃으면서 읽기 시작했다. 내가 진지한 태도로 듣고 있자 그도 침착해졌고, 내가 자기를 따라 웃지 않는 것을 보고는 마침내 웃음을 거두었다. 그 글 중 가장 길고 가장 멋 부린 부분은 조프랭 부인이 아이들을 바라보거나 아이들에게 말을 시키면서 느끼는 즐거움에 대한 것이었다. 저자는 당연히 그러한 성향을 선한 본성의 증거로 내세웠다. 그러나 그는 거기서 멈추지 않고, 그런 취향을 갖지 않은 모든 사람을 천성이 나쁘고 사악하다며 단호하게 비난했다. 교수형이나 차형에 처해지는 사람들에게 물어보면 그들은 모두 아이들을 사랑하지 않았음을 인정할 것이라고 말할 정도였다. 그러한 단언은 그것이 서술된 위치에서 기묘한 효과를 자아냈다. 그 모든 것이 진실이라 하더라도, 그런 말을 할 계제였을까? 존경할 만한 여인에 대한 찬사를 형벌이나 악인의 이미지로 더럽힐 필요가 있었을까? 나는 그 야비한 가식적 태도의 동기를 쉽게 간파했다. 그래서 P씨가 읽기를 끝마치자 나는 찬사 중에서 좋다고 생각되는 점을 지적하면서, 저자는 그것을 쓰면서 마음속에 애정보다는 증오를 더 많이 품고 있었다고 덧붙였다.

다음 날은 추웠지만 날씨가 꽤 좋아서, 나는 꽃이 활짝 핀 이끼들을 찾아볼 생각으로 사관학교까지 산보를 했다. 걸어가면서 전날의 방문과 달랑베르 씨의 글에 대해 생각해보았다. 그 글에 덧붙여진 에피소드가 의도가 없는 것은 아닐 거라는 생각이 들었다. 사람들이 모든 것을 내게 숨기고 있는 마당에 그 책자를 가져온 가식적인 태도만 보아도 그 목적이 무엇인지 충분히 알 수 있었다. 나는 내 아이들을 고아원에 보냈는데, 그것은 나를 악독한 아버지로 왜곡하기에 충분했다. 사람들은 그런 생각을 부풀리고 확대해서 차츰 내가 아이들을 매우 싫어한다는 단정적인 결론을 끌어냈다. 그러한 일련의 점층법을 머릿속으로 따라가 보면서, 나는 인간의 술책이 얼마나 교묘하게 사실을 정반대로 바꿀 수 있는지 감탄했다. 장난치며 노는 어린아이들을 바라보는 것을 나보다 더 좋아하는 사람은 없을 것이기 때문이다. 나는 거리나 산책 길에서 종종 발을 멈추고 아이들이 장난치거나 노는 모습을 흥미롭게 바라보는데, 어느 누구도 그런 흥미를 나와 함께 나누려 하는 것을 보지 못했다. P씨가 찾아오던 날도, 그가 오기 한 시간 전에 나는 집주인 수수아 씨의 두 아이들과 함께 있었다. 그 아이들은 수수아 씨의 가장 어린 자녀들로, 그중 큰 아이가 일곱 살쯤 되었다. 아이들은 내게 다가와 기꺼이 뽀뽀를 했고, 나도 다정하게 아이들을 껴안아주었다. 나이 차이에도 불구하고 아이들은 나와 함께 있는 것을 정말 즐거워하는 것 같았고, 나도 아이들이 내 늙은 얼굴을 싫어하지 않는 것에 더없이 기뻤다. 막내조차 진심으로 흔쾌히 다가오는 것 같아서, 그 아이들보다 더 어린애 같은 나는 특히 막내에게 애착을 느꼈다. 그래서 마치 내 아이가 떠나는 것만큼이나 아쉬운 마음으로 그 아이가 가는 것을 바라보았다.

나는 내 아이들을 고아원에 보냈다는 비난이 내가 악독한 아버지라거나 아이들을 아주 싫어한다는 비난으로 쉽게 변질된 것은 사소한 표현 방식 때문이라고 생각한다. 하지만 내가 그런 행동을 취하기로 굳게 결심한 것이, 다른 방법을 택할 경우 아이들의 운명이 거의 피할 수 없이 천배나 더 나빠질지도 모른다는 두려움 때문이었음은 확실하다. 내가 아이들의 앞날에 좀 더 무심했더라면, 내가 직접 키울 수는 없는 상황이었으니, 아이들을 망쳐버릴 애들 엄마나 아이들을 괴물로 만들어버릴 가족에게 아이들의 양육을 맡겼을 것이다. 여전히 생각만 해도 소름이 끼친다. 사람들이 내 아이들을 무엇으로 만들었을지에 비한다면 마호메트가 세이드42를 광신도로 만든 것은 아무것도 아니다. 사람들이 뒷날 내게 쳐놓은 함정들을 생각해보면, 이미 그런 계획이 세워져 있었음은 충분히 확인할 수 있다. 사실 당시 나는 그런 잔인한 음모를 전혀 예상치 못했다. 하지만 아이들을 위해 가장 위험하지 않은 교육이 고아원 교육이라는 것을 알았기에 아이들을 그곳으로 보낸 것이다. 다시 그런 상황이 닥친다면, 나는 그때보다 더 확신에 차 다시 한번 그렇게 할 것이다. 습관이 본성을 조금만 보조해주었더라면 내가 아이들에게 더없이 다정한 아버지가 되었을 것임을 나는 잘 알고 있다.

　내가 인간의 마음을 이해하는 데 조금이라도 발전을 했다면, 그런 지식을 얻게 된 것은 아이들을 만나거나 관찰하며 느꼈던 즐거움 덕분이다. 젊은 시절에는 그 즐거움이 오히려 방해가 되었다. 아이들과 너무 즐겁게 기꺼운 마음으로 노는 바람에 그들을 연구할 생각을 하지 못했던 것이다. 하지만 나이가 들면서 내 늙은 얼굴을 아이들이 무서워한다는 것을 알았을 때, 나는 아이들을 귀찮게 하지 않으려고 조심했다. 아이들의 기쁨을 방해하기보다는 내 즐거움을 포기하는 쪽을 택한 것이다. 그런데 그렇게 아이들의 놀이나 장난을 바라보는 것으로 만족하고 있다가 내 희생에 대한 보상을 발견하게 되었다. 그러한 관찰을 통해, 우리의 모든 학자들이 전혀 알지 못하는, 본성의 최초의 움직임이자 참된 움직임에 대한 지식을 얻게 된 것이다. 나는 즐거운 마음으로 정성을 다해 그 연구에 몰두한 증거를 내 글에 기록해놓았다. 그러므로 《신 엘로이즈》와 《에밀》이 아이들을 좋아하지 않는 사람의 작품이라고는 전혀 믿을 수 없으리라.

　나는 원래 재치도, 수월하게 말하는 재간도 없는 사람이었다. 하지만 불행을 겪은 후로 혀와 머리가 점점 더 둔해져, 적확한 말도 생각도 떠오르지 않게 되었다. 아이들에게 하는 말은 무엇보다도 더 많은 분별력과 더 정확한 표현의 선택이 필요하다. 게다가 아이들을 위해서 글을 쓴 사람이므로 틀림없이 권위 있는 말로만 이야기하리라고 가정하고, 듣는 사람들이 모든 말을 해석하려 들고 중요하게 받아들이면서 주의를 기울이면, 그러한 걱정은 더욱 커진다. 나는 그와 같은 극도의 거북함과 나 스스로 느끼는 서투름에 난처함과 당혹감을 느낀다. 그러므로 어린아이에게 말을 시키기보다는 아시아의 군주 앞에 있는 것이 더 편할 것이다.

　지금은 또 다른 불편함이 나를 아이들에게서 더 멀어지게 한다. 불행을 겪은 후로도 나는 여전히 똑같은 즐거움으로 아이들을 바라보지만 전과 같은 친밀함을 나누지 못한다. 아이들은 노인을 좋아하지 않는다. 아이들의 눈에 노쇠한 사람은 보기 흉한 존재다. 아이들이 불쾌해하는 것을 깨달은 나는 몹시 슬퍼졌고, 이제는 아이들에게 거북함과 혐오감을 주지 않으려고 그들을 쓰다듬는 것도 삼가고 있다. 그러한 동기는 진실로 애정이 깊은 영혼에만 작용하는 것으로, 우리의 모든 남녀 현학자들에게서는 전혀 찾아볼 수 없다. 조프랭 부인은 자신이 아이들과 함께 있으면서 즐겁기만 하면, 같이 있는 아이들이 즐거워하는지 아닌지는 거의 신경 쓰지 않는다. 하지만 내게 그런 즐거움은 없느니만 못하다. 함께 나누지 못한다면 즐거움이라고 할 수 없다. 그런데 이제 나는 아이들의 작은 마음이 내 마음과 함께 활짝 피어나는 것을 볼 수 있는 상황도 못 되고, 그럴 나이도 아니다. 만일 그런 일이 다시 일어날 수 있다면, 좀처럼 맛볼 수 없는 즐거움이니만큼 내게 한층 강렬하게 느껴질 것이다. 나는 그날 아침 수수아 씨의 아이들을 쓰다듬어주면서 그런 즐거움을 맛보았다. 아이들을 데려온 하녀가 그다지 위압적이지 않아서 내가 그녀 앞에서 신경 쓸 필요를 덜 느꼈을뿐더러, 아이들이 내게 다가오면서부터 줄곧 즐거운 태도를 보였고 나와 함께 있는 것을 싫어하거나 지루해하는 것 같지 않았기 때문이다.

오! 설사 어린아이에게서일지라도 마음에서 우러나는 순수한 애정의 순간을 잠시라도 다시 가질 수 있다면, 예전에 나와 함께 있는 것에 기뻐하고 만족해하는 사람들에게서 자주 보았던 그런 기쁨과 만족을 누군가의 눈에서 다시 볼 수 있다면, 적어도 나로 인한 기쁨과 만족을 다시 볼 수 있다면, 그 짧지만 달콤한 마음의 토로가 얼마나 많은 고통과 불행을 보상해줄까! 아! 그러면 사람들이 내게 거부한 호의적인 시선을 동물에게서 찾으려고 하지 않아도 될 텐데. 많지는 않지만 언제나 소중하게 기억되는 몇 가지 예를 보면 그런 생각이 든다. 다음의 예는 그중 한 가지로, 내가 전혀 다른 상황에 있었더라면 거의 잊어버렸을 테지만, 그 일이 준 인상은 나의 비참함을 아주 생생하게 나타낸다. 이 년 전 나는 누벨프랑스 쪽으로 산책을 갔다가 더 멀리까지 나아갔다. 그리고 왼쪽으로 방향을 바꾸어 몽마르트르 주변을 돌고 싶어서 클리냥쿠르 마을을 가로지르게 되었다. 주위를 바라보지도 않고 몽상에 잠긴 채 멍하니 걸어가고 있는데, 갑자기 누군가 내 무릎을 붙잡는 것이 느껴졌다. 내려다보니 대여섯 살쯤 된 어린아이가 있는 힘을 다해 내 무릎을 껴안고 있었다. 아이가 너무 친밀하고 정다운 태도로 나를 올려다보아, 나는 마음 깊이 감동하여 '내 아이들도 나를 이렇게 대했을 텐데' 하고 생각했다. 나는 아이를 품에 안고 감격에 겨워 여러 번 입을 맞춘 후 다시 가던 길을 계속 갔다. 그런데 걸어가면서 뭔가 부족하다는 생각이 들었고, 다시 돌아가고 싶은 욕구가 솟아올라 발길을 돌렸다. 나는 아이와 그렇게 급하게 헤어진 것을 뉘우쳤다. 정확한 이유는 모르겠지만, 아이의 행동에서 그냥 넘겨서는 안 되는 일종의 계시 같은 것을 본 것만 같았다. 결국 유혹에 굴복해 되돌아간 나는 아이에게 달려가 다시 안아주었다. 그리고 마침 그곳을 지나

가던 빵 장수에게서 낭테르 빵을 사 먹으라고 돈을 주고, 아이에게 말을 시키기 시작했다. 아버지가 어디 계시냐고 묻자, 아이는 통에 테를 메우고 있는 사람을 가리켰다. 내가 아이의 아버지와 이야기를 하려고 아이를 막 떠나려는 순간, 인상 고약한 어떤 사람이 나를 앞질러 가는 것이 보였다. 끊임없이 내 뒤를 따라다니는 첩자들 중 한 사람인 것 같았다. 그가 아이의 아버지에게 귓속말을 하는 동안, 통 장수는 전혀 우호적이지 않은 태도로 나를 주의 깊게 바라보았다. 그것을 보자 나는 곧 가슴이 죄어들었고, 되돌아왔을 때보다 더 빨리 그 부자 곁을 떠났다. 하지만 그 불쾌한 불안감 때문에 내 기분은 완전히 바뀌어버리고 말았다.

하지만 그 후로도 그때의 기분은 종종 되살아났다. 그 아이를 다시 볼 수 있을까 하는 기대를 품고 여러 번 클리냥쿠르를 지나다녔지만, 아이도 아버지도 두 번 다시 보지 못했다. 그리하여 그 만남은 지금도 이따금 내 마음속까지 파고드는 온갖 감동들처럼 언제나 달콤함과 우울함이 뒤섞인 꽤 강렬한 추억으로만 남아 있다.

모든 것에는 보상이 있는 법이다. 이제 나는 즐거움을 느끼는 일이 드물고 또 그런 순간도 짧아졌지만, 그 대신에 즐거움이 찾아오면 즐거움을 자주 느끼던 때보다 훨씬 더 강렬하게 맛본다. 나는 자주 기억을 떠올림으로써, 말하자면 그 즐거움을 반추한다. 그리하여 비록 드물지언정 그 즐거움이 순수하고 진정하기만 하다면, 나는 아마 행운을 누리던 시절보다 더 행복할 것이다. 극도의 비참함 속에서는 아주 사소한 것만으로도 풍족함을 느끼게 마련이다. 1에퀴를 얻은 거지는 황금 주머니를 얻은 부자보다 더 감동한다. 나를 박해하는 자들의 경계를 피해 내가 얻어낼 수 있는 그런 종류의 사소한 즐거움이 내 영혼에 얼마나 큰 감명을 주는지 볼 수 있다면 사람들은 웃을 것이다. 가장 최근에 그런 즐거움을 느낀 건 사오 년 전인데, 당시 즐거움을 만끽했다는 생각에 그 일을 상기할 때마다 이루 말할 수 없이 만족스럽다.

어느 일요일, 아내와 함께 포르트 마요로 점심을 먹으러 갔을 때의 일이다. 식사 후, 우리는 불로뉴 숲을 가로질러 뮈에트까지 갔다. 거기서 그늘진 풀밭에 앉아 해가 기울기를 기다렸다. 그다음에 천천히 파시를 거쳐 돌아올 작정이었다. 그때 수녀인 듯한 사람이 인솔하는 스무 명가량의 소녀들이 우리 곁에 와서 앉기도 하고 장난도 쳤다. 소녀들이 놀고 있는데, 한 과자 장수가 손님을 찾아 북과 회전판을 들고 그들 곁을 지나갔다. 소녀들은 과자가 몹시 먹고 싶은 듯했다. 그중 두세 명은 약간의 동전을 가지고 있었는지 과자 따먹기 놀이를 하게 해달라고 허락을 구했다. 인솔자가 망설이면서 옥신각신하는 동안 나는 과자 장수를 불러 말했다. "저 소녀들이 모두 각자 차례로 뽑기를 하게 해주시오. 돈은 내가 다 지불하겠소." 그 말에 소녀들은 환성을 질렀는데, 그것만으로도 나는 지갑의 돈을 모두 써버렸다 할지라도 그 이상의 보답을 받은 셈이었다.

    소녀들이 우르르 몰려들어 다소 혼란스러웠기에, 나는 인솔자의 승낙을 얻어 소녀들을 모두 한쪽으로 정렬시켰다. 그리고 뽑기를 하는 대로 차례차례 맞은편으로 가게 했다. 빈 제비는 하나도 없고 아무것도 맞히지 못한 사람에게도 하나씩은 과자가 돌아가므로 아무도 불만스러워하지 않는다 해도, 그 즐거움을 더 흥겹게 하기 위해 나는 될 수 있는 한 더 많은 몫을 뽑을 수 있도록 평소에 하던 것과는 반대로 조작해달라고 과자 장수에게 몰래 부탁했다. 그리고 그 몫의 계산도 내가 치르겠다고 했다. 그런 배려 덕분에, 내가 남용을 부추기거나 불만의 소지가 될 편애를 드러내고 싶지 않아 엄격하게 처신한 까닭에 소녀들이 각자 한 번씩만 뽑기를 했는데도 거의 백 개에 가까운 과자가 배당되었다. 아내는 많은 몫을 뽑은 소녀들에게 친구들과 나누어 먹으라고 넌지시 말했고, 그로써 분배가 거의 공평하게 되어 모두가 다 같이 기뻐했다.

    나는 수녀에게도 한번 뽑아보라고 권했는데, 그녀가 내 제안을 쌀쌀맞게 거절할까 봐 두려웠다. 하지만 그녀는 기꺼이 내 제안을 받아들여 기숙학교 여학생들과 마찬가지로 뽑기를 했고, 자신에게 돌아온 몫을 사양하지 않고 받았다. 나는 그녀에게 한없이 감사했다. 그녀의 행동이 일종의 예의 바른 행동으로 느껴져 몹시 기뻤는데, 나는 그런 예의는 점잔 빼는 예의에 버금가는 것이라고 생각한다. 이런 일이 진행되는 동안 말다툼이 일어나 소녀들이 내게 심판을 부탁하러 왔다. 소녀들은 차례차례 자기 변론을 늘어놓았는데, 예쁘게 생긴 소녀는 하나도 없었지만 몇몇의 상냥한 모습은 그들의 못생긴 얼굴을 잊게 해준다는 것을 깨달을 수 있었다.

마침내 우리는 서로 매우 만족하여 헤어졌다. 그날 오후는 내가 가장 만족스럽게 회상하는 추억 중 하나가 되었다. 게다가 그 즐거움에는 막대한 비용도 들지 않았다. 고작 30수를 치르고 100에퀴 이상의 만족을 얻은 것이다. 그처럼 진정한 즐거움은 소비한 비용에 따라 측정되는 것이 아니며, 기쁨은 금화보다는 푼돈과 더 가까이 있다는 말은 정말로 사실인 것이다. 나는 소녀들을 또 만나게 되기를 기대하면서 같은 시간 같은 장소에 여러 번 다시 가보았지만, 그런 일은 다시 일어나지 않았다.

그러고 보니 거의 비슷한, 또 다른 즐거운 추억이 떠오른다. 훨씬 더 오래전의 일이다. 부자와 문인들 사이에 끼어들어 때때로 그들의 우울한 즐거움을 함께 나눠야 했던 불행한 시절이었다. 나는 집주인[43]의 축일에 슈브레트에 있었다. 그의 가족 모두가 그를 축하해주기 위해 모였고, 떠들썩한 재미를 위해 온갖 호화로운 여흥이 벌어졌다. 놀이, 공연, 향연, 불꽃놀이 등 모든 것이 아낌없이 베풀어졌다. 사람들은 숨 돌릴 틈조차 없었고, 즐긴다기보다는 얼이 빠져 있었다. 점심을 먹은 후 우리는 바람을 쐬러 큰길로 나갔다. 장이 서 있었다. 사람들이 춤을 추고 있었는데, 신사들은 농촌 여자들과 스스럼없이 춤을 추었지만 귀부인들은 체면을 지키느라 가만있었다. 마침 그곳에서 생강 빵을 팔고 있었는데, 함께 있던 한 청년이 생강 빵을 사서 군중 속으로 하나씩 던지는 것이었다. 그러자 시골 사람들이 빵을 받으려고 우루루 몰려들었고, 치고받고 넘어지는 그 모습이 너무 재미있어서 모두가 똑같은 재미를 맛보고 싶어했다. 그리하여 생강 빵이 이리저리 날아다니고 거기 뛰어든 소년 소녀들은 다치기까지 했다. 그 광경에 모두 유쾌한 듯했다. 나는 속으로는 그들만큼 재미있어하지 않았지만 그릇된 수치심으로 인해 다른 사람들을 따라 했다. 하지만 곧 사람들을 넘어뜨리기 위해 지갑을 터는 일에 싫증이 나서, 일행을 내버려두고 혼자 장터 안을 거닐었다. 다양한 물건들에 나는 한참 동안이나 즐거웠다. 그러다가 한 소녀 주위에 모여 있는 대여섯 명의 굴뚝 청소부 소년들이 눈에 들어왔다. 소녀는 광주리에 변변찮은 사과 열두어 알을 가지고 있었는데, 어서 그것들을 팔아치우고 싶어하는 것 같았다. 굴뚝 청소부들 쪽에서도 사과를 사고 싶어하는 것 같았지만, 그들이 가진 돈이 모두 동전 두세 닢밖에 되지 않아 도저히 사과를 살 수 없었다. 사과가 담긴 광주리는 그들에게 헤스페리데스[44]의 정원이었고, 소녀는 정원을 지키는 용인 셈이었다. 나는 그 희극적인 모습을 한참 동안 즐겁게 지켜보았다. 그리고 마침내 소녀에게 사과 값을 지불하고 사과를 소년들에게 나누어 주게 함으로써 그 희극의 막을 내렸다. 그때 나는 사람의 마음을 즐겁게 할 수 있는 가장 달콤한 광경 중 하나를 보았다. 바로, 아이들의 나이에 걸맞은 순진함과 결합된 기쁨이 내 주위로 온통 퍼지는 것을 본 것이었다. 그것을 본 구경꾼들조차 기쁨을 함께 나누었기 때문이다. 나는 아주 싼 값에 그 기쁨을 함께 나눈 셈인데, 내가 그 기쁨을 만들어냈다고 생각하니 한층 기뻤다.

   그 즐거움과 내가 방금 버리고 온 즐거움을 비교해보면서, 나는 그 차이를 느끼고 만족스러웠다. 그것은 건강한 취미와 자연스러운 즐거움, 그리고 부유함이 만들어내는 짓궂은 장난에 지나지 않는 즐거움과 경멸에서 생기는 배타적인 취미 사이의 차이였다. 궁핍함으로 비굴해진 사람들이 발에 밟히고 진흙 범벅이 된 생강 빵 몇 조각을 탐욕스럽게 빼앗으려고 몰려들어 엎치락뒤치락 거칠게 서로를 다치게 하는 것을 보면서 도대체 어떤 즐거움을 느낄 수 있단 말인가?

앞서 말한 경우에서 내가 맛본 기쁨이 어떤 것인지 곰곰이 생각해보며, 나는 그것이 자비의 감정이라기보다는 만족한 얼굴을 보는 즐거움임을 깨달았다. 내게 그런 모습은 마음속까지 파고들기는 하지만 오로지 감각에 속하는 듯한 매력을 지닌 것이다. 만약 내가 누군가에게 준 만족을 눈으로 볼 수 없다면, 설사 만족을 주었음이 확실하다 하더라도 나는 절반밖에 즐기지 못할 것이다. 그것은 내 이해관계와는 무관한 즐거움으로서, 내가 가질 수 있는 몫과는 상관이 없다. 언제나 나는 사람들의 축제에서 명랑한 얼굴을 보는 즐거움에 이끌렸다. 그러나 프랑스에서는 그런 기대가 종종 어긋났다. 그렇게도 쾌활하다고 자처하는 프랑스 민족이건만 놀때는 그 쾌활함을 거의 보여주지 못하는 것이다. 예전에 나는 서민들이 춤추는 것을 보기 위해 변두리 술집에 자주 가곤 했다. 그런데 그들의 춤은 아주 침울했고 태도도 처량하고 어색하여, 나는 즐기기보다는 오히려 울적해져서 그곳을 나왔다. 그러나 분별이라고는 없는 심술궂은 장난 때문에 웃음을 거둘 일이 없는 제네바와 스위스에서는, 축제 때면 모든 것이 만족감과 쾌활함으로 충만해져 궁핍함은 그 흉한 모습을 드러내지 않으며 호사 또한 오만함을 보이지 않는다. 그곳에서는 사람들의 마음이 안락함과 우애와 화합으로 활짝 피어난다. 그리고 종종 악의 없는 기쁨에 흠뻑 취해 낯모르는 사람들끼리도 다가가 포옹을 하고, 그날의 즐거움을 함께 즐길 것을 서로 권하기도 한다. 나 자신이 그런 정다운 축제를 즐기기 위해서 그 속으로 들어갈 필요는 없다. 내게는 보는 것만으로 충분하다. 나는 보면서 그 즐거움을 함께 나눈다. 나는 그 많은 쾌활한 얼굴 가운데 나보다 더 쾌활한 마음은 없을 거라고 확신한다.

거기에 비록 감각적 즐거움밖에 없다 하더라도 그 즐거움에는 분명히 도덕적인 원인이 있다. 악인의 얼굴에 나타나는 즐거움과 기쁨의 표지가 그들의 악의가 충족되었다는 표시일 뿐임을 알게 될 때, 나는 똑같은 모습을 보더라도 기뻐하고 즐거워하기는커녕 고통과 분노로 괴로워하기 때문이다. 내 마음을 즐겁게 해주는 것은 오직 악의 없는 기쁨의 표지일 뿐이다. 잔인하고 조소적인 기쁨의 표지는 비록 나와 아무 관계가 없을지라도 내 마음을 아프고 괴롭게 한다. 물론 그런 표지들은 아주 다른 원칙에서 나오는 것이므로 정확히 같은 것이라고 할 수는 없을 것이다. 하지만 어쨌든 기쁨의 표지이긴 마찬가지인데, 그 감각적인 강도에 정확히 비례하여 내 마음의 움직임이 유발되는 것은 아니다.

나는 고통과 괴로움의 표지에 훨씬 더 민감하다. 그런 표지들을 견디다 보면 결국 그것이 나타내는 것보다 더 강렬한 감정으로 동요하고 마는 것이다. 감각을 더 생생하게 만드는 상상력으로 인해 나는 나 자신을 그 고통의 당사자와 동일시하여 종종 그가 느끼는 괴로움보다 더 많은 괴로움을 느끼게 된다. 불만스러운 얼굴도 견디기가 힘들다. 특히 그 불만이 나와 관계가 있다고 생각할 만한 이유가 있을 때는 더욱더 그렇다. 그 옛날 어리석게도 몇몇 집에 이끌려 들어가 기거한 적이 있는데, 찌푸린 얼굴로 시중을 드는 하인들의 퉁명스럽고 투덜거리는 태도가 내게서 얼마나 많은 돈을 빼앗아갔는지 일일이 말할 수가 없다. 언제나 그들은 나로 하여금 그들 주인들의 후한 대접의 대가를 비싸게 치르게 했다. 나는 민감한 대상들, 특히 즐거움이나 괴로움 혹은 호의나 반감의 표지를 지니고 있는 대상들에게 여전히 너무 많은 영향을 받아 그 외적인 인상에 끌려다닌다. 가끔이라도 거기에서 벗어나기 위해서는 피하는 것 이외에 달리 방법이 없다. 내 즐거움이 방해받거나 내 괴로움이 진정되는 데는 낯선 사람의 표정이나 몸짓 또는 눈길 하나만으로도 충분하다. 나는 혼자 있을 때만 나 자신의 것이고, 그렇지 않을 때는 내 주변 모든 사람들의 노리개가 된다.

예전에는 나도 세상 속에서 즐겁게 살았다. 그때는 모든 사람의 눈에서 호의만 보였고, 최악의 경우라 해도 낯선 이들의 눈에서 무관심을 발견하는 정도였다. 그러나 사람들이 내 천성에 대해서는 숨기면서 내 얼굴은 알리려고 애쓰는 오늘날에는 거리에 나서기만 하면 극심한 고통을 주는 대상들에게 둘러싸이게 된다. 그래서 나는 들판에 이를 때까지 큰 걸음으로 서둘러 걷는다. 그리고 푸른 초목이 보이자마자 비로소 숨을 쉬기 시작한다. 내가 고독을 사랑한다고 해서 그것이 놀랄 일인가? 사람들의 얼굴에서는 원한밖에 보이지 않는 반면 자연은 언제나 내게 미소를 보낸다.

그러나 고백하건대, 내 얼굴이 알려지지 않는 한 나는 사람들과 더불어 사는 것이 여전히 즐겁다. 그러나 그런 즐거움은 나에게 주어지지 않는다. 몇 년 전만 해도 나는 종종 이 마을 저 마을 지나다니며 아침에 농부들이 도리깨를 손질하거나 여자들이 아이들을 데리고 문 앞에 나와 있는 모습을 흐뭇하게 바라보았다. 그런 모습에는 어딘가 내 마음을 감동시키는 구석이 있었다. 때때로 무의식중에 걸음을 멈추고 그 선량한 사람들의 작은 농기구들을 바라보기도 했다. 그럴 때면 까닭 모를 탄식이 나오는 것이 느껴졌다. 그들이 그런 작은 즐거움을 느끼는 나를 보았는지, 그리고 내게서 그 즐거움을 빼앗고 싶어했는지 나는 모른다. 그러나 내가 지나갈 때 사람들의 표정에 떠오른 변화나 나를 바라보는 그들의 태도로 미루어, 사람들이 내 익명성을 빼앗으려고 대단한 주의를 기울였음을 깨닫지 않을 수 없다. 그와 똑같은 일이 앵발리드[45]에서 더 분명하게 일어났다. 그 아름다운 건물은 언제나 내 흥미를 끌었다. 나는 스파르타의 노인들처럼 다음과 같이 말할 수 있는 선량한 노인들을 볼 때마다 연민과 존경을 느낀다.

우리도 예전에는
젊고 용맹하고 대담했었네.[46]

내가 가장 좋아한 산책길 가운데 하나는 사관학교 근처였다. 나는 여기저기서 상이군인들과 마주치는 것이 즐거웠는데, 옛날식 군인 예절을 간직하고 있는 그들은 지나가면서 내게 인사를 건넸다. 나는 그들의 인사에 마음속으로 백배나 더 큰 답례를 했고, 그런 인사에 기분이 좋아져 그들과 만나는 것이 더 즐겁기만 했다. 나는 나를 감동시키는 것에 대해 전혀 숨길 줄 모르는 사람이므로, 상이군인들과 그들의 모습이 내게 감동을 준 방식에 대해 종종 사람들에게 이야기했다. 그런데 더이상 그럴 필요가 없어졌다. 얼마 후, 내가 더이상 그들에게 미지의 사람이 아니라는 것, 아니 오히려 전보다 더 미지의 사람이 되었다는 것을 깨달은 것이다. 그들도 세상 사람들과 똑같은 시선으로 나를 바라보기 시작했다. 더이상 내게 예의 바르게 행동하지도 않았고, 인사를 건네지도 않았다. 그들이 처음에 보여주었던 세련된 예절은 불쾌한 태도와 사나운 눈초리로 바뀌었다. 직업상 몸에 밴 솔직함 때문에 그들은 다른 사람들처럼 냉소적이고 음흉한 가면으로 원한을 가리지 않았다. 오히려 아주 노골적으로 가장 격렬한 증오를 내보였다. 내가 존경하는 이들에게서 나에 대한 분노를 숨기지 않는 모습을 어쩔 수 없이 보게 되니, 나의 비참함은 극에 달했다.

그때부터 앵발리드 부근을 산책해도 전처럼 즐겁지가 않다. 하지만 그들에 대한 내 감정이 나에 대한 그들의 감정에 따라 달라지는 것은 아니므로, 나는 지난날 조국을 수호했던 그 사람들에게 여전히 존경심과 관심을 가지고 있다. 그러나 내가 그들을 정당한 태도로 대해도 제대로 보답 받지 못하니 정말로 괴로운 일이다. 어쩌다 그들 가운데 공통의 지시를 받지 못했거나 또는 내 얼굴을 몰라서 내게 아무 반감도 보이지 않는 사람을 만나게 되면, 나는 그 단 한 사람의 정중한 인사에 다른 이들의 험상궂은 태도가 준 상처를 보상받는다. 그리고 다른 이들은 잊어버리고 그에게만 관심을 갖는다. 그리하여 그 사람도 나와 같은 영혼, 증오가 파고들 수 없는 영혼을 가지고 있다고 생각하는 것이다. 작년에 백조섬47으로 산책을 갔다가 그런 즐거움을 또 한 번 맛보았다. 가난하고 늙은 한 상이군인이 강을 건너려고 배 위에서 사람들을 기다리고 있었다. 배에 올라탄 나는 사공에게 출발하자고 말했다. 물살이 세서 건너는 데 시간이 오래 걸렸다. 나는 보통 때처럼 매정하게 거부당할까 봐 상이군인에게 감히 말도 못 붙이고 있었다. 그러나 그의 정직한 태도에 마음이 놓여 우리는 이야기를 나누게 되었다. 그는 양식 있고 품행이 바른 사람 같았다. 나는 솔직하고 상냥한 그의 말투에 놀라운 한편 기뻤다. 그런 호의에 익숙하지 않았던 것이다. 그런데 그가 최근에 시골에서 왔다는 것을 알게 되자 나의 놀라움은 사라졌다. 사람들이 아직 그에게 내 얼굴을 보여주지 않았고 지시도 내리지 않은 것이었다. 나는 그 익명성을 이용해 한동안 그 사람과 대화를 나누었다. 그리고 거기서 발견한 달콤함을 통해 가장 평범한 즐거움일지라도 빈도가 적으면 얼마나 가치가 높아질 수 있는지 깨달았다. 배에서 내릴 때 그는 가난한 주머니에서 동전 두 닢을 꺼냈다. 나는 뱃삯을 지불하고, 그에게 돈을 넣어두라고 간청하면서 그가 발끈해 화를 낼까 봐 조마조마했다. 그러나 그런 일은 일어나지 않았고, 오히려 그는 내 배려에 감동한 것 같았다. 특히 그가 나보다 나이가 더 많아 배에서 내릴 때 내가 그를 도와준 것에 대해서. 나도 기뻐서 어린아이처럼 울고 싶었다면 누가 믿어줄까? 나는 담배라도 사라고 그의 손에 24수짜리 동전을 쥐여주고 싶은 마음이 간절했지만 감히 그러지 못했다. 그런 부끄러움 때문에 나는 종종 선행을 베풀지 못했다. 선행을 베풀면 내 마음이 기쁨으로 벅차올랐을 텐데, 나는 내 나약함만 한탄하면서 선행을 포기하곤 했다. 하지만 이번에는 늙은 상이군인과 헤어진 후 곧 나 스스로를 위로했다. 정직한 일에 돈의 가치를 결부시키는 것은 그 일의 고귀함을 타락시키고 그 무사무욕을 더럽히는 것이다, 말하자면 내 고유한 원칙에 위배되는 행동이다, 라고 생각하면서 말이다. 돈이 필요한 사람들은 서둘러 도와주어야 한다. 그러나 살아가면서 일상적인 교류를 나눌 때는, 금전적이고 상업적인 것이 순수한 샘에 접근해 샘을 부패시키거나 변질시키지 않도록 자연스러운 호의와 정중함이 발휘되게 내버려두자. 네덜란드에서는 사람들이 시간을 알려주거나 길을 가르쳐주는 것에 대해서도 돈을 받는다고 한다. 인간의 가장 단순한 의무를 그런 식으로 거래하다니, 참으로 경멸스러운 민족임에 틀림없다.

나는 환대를 해주고 돈을 받는 곳은 오직 유럽뿐임을 알게 되었다. 아시아에서는 어디서나 무료로 묵을 수 있다. 물론 거기서는 그다지 안락하지 않다는 것을 알고 있다. 하지만 '나는 인간이고, 인간의 집에서 접대를 받고 있으며, 내게 식사를 대접해주는 것은 순수한 인류애이다'라고 생각하게 되는 것이 하찮은 일은 아니지 않은가? 마음이 육체보다 더 좋은 대접을 받을 때 사소한 궁핍은 쉽게 견딜 수 있는 법이다.

열 번째 산책

　오늘은 부활절 직전의 일요일, 성지주일이다. 정확히 오십 년 전에 나는 바랑 부인을 처음 만났다. 이 세기와 더불어 태어난 그녀는 당시 스물여덟 살이었다. 나는 열일곱 살도 채 안 되었었는데, 아직 깨닫지 못하고 있었지만 이제 막 싹트기 시작한 나의 기질이 본래 생명력으로 충만한 가슴에 새로운 열기를 불어넣고 있었다. 발랄하지만 온화하고 겸손하며 상냥한 얼굴을 가진 청년에게 그녀가 호의를 가졌던 것이 그리 놀랄 만한 일이 아니라면, 매력적이고 재치와 우아함이 넘치는 부인이 감사의 마음과 함께 내가 느끼던 것 이상으로 다정한 감정을 내게 불어넣은 것은 더욱더 놀랄 일이 아니었다. 그러나 그 첫 순간이 영원히 내 인생을 결정하고 피할 수 없는 사슬로 여생의 운명을 묶어놓게 된 것은 흔한 일이 아니다. 당시 내 영혼은 내 기관이 가장 귀중한 능력을 계발하지 못했기 때문에 아직 어떤 결정적인 형태도 갖추지 못하고 있었다. 영혼은 그 형태가 부여될 순간을 일종의 초조한 마음으로 기다리고 있었는데, 그녀와

의 만남 덕분에 그 시기가 빨라지긴 했어도 그 순간이 곧바로 찾아온 것
은 아니었다. 교육을 받은 덕분에 순박한 품성을 지니고 있던 내게 사랑
과 순결함이 동시에 한 마음에 깃들어 있는 감미롭지만 짧은 그 상태가
오래 지속된 것이다. 그녀는 나를 멀리했다. 그러나 모든 것이 나를 그녀
에게로 불러들였기에 나는 그녀에게 되돌아가야 했다.[48] 그것이 내 운명
을 결정지었다. 그리고 그녀를 소유하기 훨씬 전부터 나는 오직 그녀 안
에서, 그녀를 위해서만 살고 있었다. 아! 그녀가 내 마음을 충족시켜주었
듯이 나 또한 그녀의 마음을 충족시켜주었다면! 그러면 우리는 얼마나
평화롭고 감미로운 날들을 함께 보냈을까! 우리는 그런 날들을 보내기
는 했지만, 그 시간은 너무 짧았고 빨리 지나갔다. 그리고 어떤 운명이 그
뒤를 이었던가! 생애 유일의 그 짧았던 시기를 나는 날마다 기쁨과 감동
어린 마음으로 회상한다. 그 시절에 나는 순수하게 아무 방해도 없이 완
전히 나 자신이었으며 진정한 삶을 살았다고 말할 수 있다. 나는 베스파
시아누스 황제[49]의 노여움을 사 시골로 가서 평화롭게 생애를 마감한 친
위대 총독[50]이 한 말과 거의 비슷하게 말할 수 있다. 나는 이 땅에서 칠
십 해를 보냈지만, 그중 칠 년만을 살았을 뿐이라고. 그 짧지만 귀중한 시
기가 없었다면 나는 아마도 나 자신에 대해 확신을 갖지 못했을 것이다.
그 후의 전 생애에서 나약하고 저항력이 없었던 나는 타인의 정념에 너
무 쉽게 동요되고 흔들리고 끌려다니는 바람에 파란만장한 삶을 살며 거
의 수동적이다시피 되어버려, 나 자신의 행동에서 진정한 내 것을 잘 분
간하지 못했던 것이다. 그만큼 피할 수 없는 혹독한 일들이 끊임없이 나
를 짓눌렀다. 그러나 친절과 다정함이 넘쳐나는 한 여인에게 사랑받았
던 그 짧은 몇 년 동안, 나는 하고 싶은 것을 했고 나 자신이 원하는 사람
이 될 수 있었다. 그리고 그녀의 가르침과 본을 받고 여가를 이용해 아직
단순하고 미숙하던 내 영혼에 한층 더 적절한 형태를 부여할 수 있었고,
그 후로도 내 영혼은 그 모습을 줄곧 유지해왔다. 마음의 양식이 된 외향

적이고 부드러운 감정과 더불어 내 마음속에 고독과 명상에 대한 취향이 생겨난 것이다. 혼란과 소란은 그 감정을 억누르고 질식시키는 반면, 고요함과 평화는 그것을 북돋우고 고양한다. 나는 사랑을 하려면 명상에 잠겨야 한다. 나는 바랑 부인에게 시골에 살 것을 권했다. 계곡 비탈에 있는 외딴집이 우리의 은신처였다. 나는 그곳에서 불과 사오 년을 지내면서 한 세기와도 같은 삶과 순수하고 충만한 행복을 향유했다. 그 행복은 현재의 내 운명이 지니고 있는 온갖 끔찍한 것들을 마력으로 감싸준다. 나는 내 마음이 원하는 여인이 필요했는데, 그런 여인을 소유하고 있었다. 나는 시골에서 살기를 원했는데, 그 소망이 이루어진 것이다. 나는 속박을 견딜 수 없었는데, 완전히 자유로웠다. 아니 자유로운 것 이상이었다. 오직 나 자신의 애착에만 속박받은 나는 하고 싶은 것만 했다. 내 모든 시간은 애정 넘치는 배려나 전원 활동으로 가득 채워져 있었다. 그토록 달콤한 시간이 계속되는 것 말고는 아무것도 바랄 게 없었다. 유일한 고통거리는 그 시간이 오래 지속되지 않을지도 모른다는 두려움뿐이었다. 우리의 옹색한 상황에서 기인한 그 두려움은 근거가 없지 않았다. 그때부터 나는 스스로 그런 불안을 달램과 동시에, 그 불안의 여파를 예방하기 위한 대비책을 세워야겠다고 마음먹었다. 나는 재능을 비축하는 것이 곤궁함에 대한 가장 확실한 대책이라고 생각했다. 그리고 가능하다면 이 세상에서 가장 훌륭한 여인에게, 언젠가 내가 받은 도움에 대해 보답할 수 있도록 내 여가 시간을 활용하기로 결심했다.[51]

말제르브에게 보내는 편지 외
Lettres à Malesherbes

자전적 단상과 전기적 자료

JEAN-JACQUES ROUSSEAU

나의 초상

1

독자들이여, 나는 기꺼이 나 자신에 대하여 생각하고 내가 생각하는 대로 말하고자 한다. 그러니 자기 자신에 대해 말하기를 좋아하지 않는 사람이라면 이 서문을 읽지 마시라.

2

인생의 종착역에 다가가고 있건만 나는 이 땅에서 좋은 일을 하나도 하지 못했다. 내겐 좋은 의도가 있지만, 좋은 일을 하는 것은 항상 생각만큼 쉽지 않다. 나는 사람들에게 줄 수 있는 새로운 종류의 도움을 생각하고 있다. 그것은 자기 자신을 아는 법을 배울 수 있도록 한 인간에 대한 충실한 이미지를 제공하는 것이다.

3

나는 관찰자이지 모럴리스트가 아니다. 나는 식물을 묘사하는 식물학자이다. 식물의 용도를 결정하는 것은 의사가 할 일이다.

4

그런데 나는 가난하며, 빵이 부족할 때 직접 일해서 먹고사는 것보다 더 정직하게 빵을 얻는 방법을 알지 못한다.
이런 내 생각만으로도 이 글을 계속 읽지 않을 독자들이 많을 것이다. 그들은 빵을 필요로 하는 사람은 알 가치가 없다고 생각할 것이다. 나는 그런 이들을 위해서 글을 쓰는 것이 아니다.

5

나는 사람들에게 충분히 알려져 있으므로 사람들은 내가 하는 말을 쉽게 확인해볼 수 있고, 내가 거짓말을 하면 내 책이 내게 항의한다.

6

나는 가장 가깝게 지내는 사람들조차 나를 모른다고 생각한다. 그들은 좋은 행동이든 나쁜 행동이든 내 행동 대부분에 대해 실제와는 전혀 다른 동기를 결부시킨다. 그런 것을 보면, 역사가들이 말하는 대부분의 인물과 초상은 저자가 능력껏 쉽게 그럴듯하게 만든 망상에 불과하다는 생각이 든다. 마치 화가가 미리 정해진 다섯 개의 점에 맞춰 상상의 얼굴을 그리듯이, 한 사람의 주요 행동에 갖다 붙이는 망상 말이다.

7

끊임없이 사교계를 드나들며 줄곧 다른 사람을 속이는 데 골몰하는 사람은 어느 정도 자기 자신도 속이지 않을 수 없다. 그런 사람은 자기 자신을 연구할 시간이 있더라도, 자기 자신을 거의 알 수 없을 것이다.

8

역사가들이 군주들을 다소 한결같은 모습으로 묘사한다면, 그것은 사람들이 생각하듯 군주들이 눈에 띄는 지위에 있고 알기 쉬운 사람들이기 때문이 아니라 군주를 처음 묘사한 역사가를 후대의 역사가들이 그대로 모사하기 때문이다. 리비아Livia Drusilla[52]의 아들은 타키투스Publius Cornelius Tacitus[53]의 티베리우스Tiberius Caesar Augustus와 비슷하게 생긴 데가 없다. 그러나 우리 모두는 그들이 닮았다고 생각한다. 사람들은 실물과 흡사한 초상보다는 아름다운 초상을 더 보고 싶어하는 법이기 때문이다.

9

동일한 원본의 복사본들은 모두 서로 비슷해 보이지만, 실상은 똑같은 얼굴을 여러 화가들이 그린 것들이다. 그러니까 그 모든 초상화들은 서로 거의 관계가 없다고 보면 된다. 그렇다면 그 초상화들이 모두 훌륭한 걸까? 혹은, 어떤 것이 진짜일까? 영혼으로 초상화를 판단해보라.

10

그들은 사람들이 자기 자신에 대해 말하는 것은 허영심 때문이라고 주장한다. 아니, 내 안에 그런 감정이 있다면, 내가 왜 숨기겠는가? 사람이 허영심 때문에 자기 허영심을 드러낸단 말인가? 어쩌면 겸손한 사람들 앞에서는 자비심을 발견할지도 모른다. 하지만 내 허영심에 대해 지나치게 신경 쓰는 것이야말로 독자들의 허영심이다.

11

규칙에서 잠시라도 벗어나면 나는 규칙에서 천 리 밖으로 멀어진다. 내가 힘들게 저축한 지갑에 손을 대면 곧 한 푼도 남지 않고 탕진된다.

12

말해봤자 무슨 소용이 있을까? 나머지를 강조하는 것, 전체적으로 조화를 부여하는 것은 소용없는 일이다. 얼굴의 특징들은 모든 특징이 함께해야만 온전한 결과를 나타낸다. 하나의 특징이라도 빠지면 얼굴이 왜곡되는 것이다. 나는 글을 쓸 때 전체를 생각하지 않는다. 내가 생각하는 것은 오직 내가 아는 것을 말하는 것뿐이다. 바로 그것을 통해 전체가 도출되고, 모든 것이 실제와 닮게 되는 것이다.

13

나는 내 책이 존중받는 것이 인류에게 중요한 일이라고 확신한다. 사실 사람들이 저자를 지나치게 정직하게 대할 수는 없으리라고 생각한다.

사람들이 자기 자신에 대해 솔직하게 말하도록 바로잡을 필요는 없다. 하기야 내가 요구하는 정직함이란 어려운 것이 아니다. 사람들이 내 책에 대해 절대로 내게 말하지 않는 것으로 나는 만족할 것이다. 그래도 각자 자신이 생각하는 바를 세상 사람들에게 말할 수는 있을 것이다. 어차피 나는 그 모든 것을 한마디도 읽지 않을 테니까. 내게는 그런 유보 조치를 취할 권리가 있다고 생각한다. 나는 그런 일을 겪고 싶지 않다.

14

나는 주목을 끌 생각은 조금도 없다. 그러나 사람들에게 주목받을 때, 다소 특별한 방식으로 주목받는다고 해서 화가 나지는 않는다. 나는 평범한 사람으로 보이기보다는 차라리 전 인류에게 잊히는 편이 더 낫다고 생각한다.

15

나는 그 점에 대해 대꾸는 하지 않지만 어떤 생각은 가지고 있다. 내가 세상에 알려진 방식 때문에 나는 있는 그대로의 나를 보여줄 때 득보다는 실이 더 많다고 생각한다. 나는 너무나도 기이한 사람으로 여겨지고 있어서, 모두가 과장하기를 좋아해 심지어 내가 자화자찬을 하고 싶을 때조차 그저 세상 사람들의 목소리에 의지하기만 하면 된다. 그들의 목소리는 내가 자화자찬하는 것보다 더 내게 도움이 될 것이다. 그러므로 내 이익만 염두에 둔다면, 내가 직접 말하는 것보다 다른 사람들이 나에 대해 말하도록 내버려두는 편이 더 현명하리라. 그러나 어쩌면 또다시 이기심이 작동하여, 내 장점에 대해 사람들이 더 적게 혹은 더 많이 말하는 것을 더 좋아할지도 모르겠다. 하지만 나에 대해 그토록 많은 말을 했던 세상 사람들을 그들이 하는 대로 내버려둔다면, 머지않아 그들이 더 이상 나에 대해 말하지 않을까 봐 매우 두려워하게 되리라.*

16

내가 나 자신에게보다 타인에게 더 많은 자비를 베푼다고 주장하는 것은 아니다. 타인들을 묘사하지 않고는 있는 그대로 나를 묘사할 수 없으므로, 원한다면 나는 독실한 가톨릭 신자처럼 행동할 것이다. 즉, 나는 그들과 나를 위해서 고백할 것이다.

17

그러나 나는 내 진실성을 주장하는 데 애쓰지 않을 것이다. 만약 이 저작에서 진실성이 보이지 않는다면, 진실성에 대한 증거가 없다면, 진실성이 없다고 믿어야 한다.

18

나는 이 세상 어느 누구보다 좋은 친구가 되기 위해 태어났지만, 나에게 화답할 사람은 아직 나타나지 않았다. 슬프게도 나는, 마음이 점점 좁아지기 시작해 더이상 새로운 애정에 눈뜨기 힘든 나이가 되었다. 그러니 내가 그토록 느끼고자 애썼던 달콤한 감정은 이제 안녕이다. 행복해지기에는 너무 늦었다.

---

* 충분히 그럴 수 있는 일이다. 하지만 그렇게 되리라고 내가 분명하게 느끼는 것은 아니다.

19

나는 사교계의 말투, 거기서 다루는 화제, 그리고 그 화제를 다루는 방식을 다소 경험해보았다. 쓸데없는 대화 속에서 교묘히 찬반을 논하느라, 사람들을 선악의 선택에 무관심하게 만드는 도덕적 회의주의를 수립하느라 일생을 보내다니, 그런 불가사의한 일이 대체 어디 있단 말인가?

20

홀로 자기 자신과 사는 것은 악인에게는 지옥이다. 그러나 선인에게 그것은 천국이다. 선인에게 자기 자신의 의식conscience보다 더 유쾌한 장관(壯觀)은 없다.

21

내가 혼자 사는 데 어려움을 느끼지 않는다는 것은 다른 사람들보다 이기심이 덜하다는 증거, 또는 내 이기심이 다른 방식으로 이루어져 있다는 증거이다. 사람들 자신이 뭐라 말하든, 어쨌든 사람들은 오직 세상에 자기를 보이기 위해서만 세상을 보고자 한다. 인간이 타인의 동의를 중요시하여 열성적으로 그것을 추구하는 것은 언제나 존중할 만한 일일 것이다. 사실 사람들은 그 열성의 동기를 미사여구로 치장된 겉치레나, 사회니 의무니 인정이니 하는 말로 감추려고 대단히 애쓴다. 생각건대 사회에서 가장 멀리 떨어져 있는 사람이 사회에 가장 해를 덜 끼치는 사람이며, 사회의 가장 큰 단점은 사람이 너무 많다는 것임은 쉽게 증명할 수 있는 사실이다.

22

시민으로서의 인간은 타인이 자신에게 만족하기를 원하는 반면, 고독한 사람은 스스로 만족할 수밖에 없다. 그러지 않으면 삶을 견딜 수 없기 때문이다. 그러므로 고독한 사람은 덕이 있어야 하지만, 시민으로서의 인간은 위선적이기만 해도 된다. 사람들의 환심을 사고 사람들 속에서 출세하는 데 덕의 실천보다 덕의 외양이 더 효과적인 것이 사실이라면, 어쩌면 인간은 부득이하게 위선적이 되어야 할지도 모른다. 이 점에 대해 논쟁하고 싶은 사람은 플라톤의 《국가론》 제2권에서   (루소는 이 부분을 공백으로 남겨두었다)의 말을 찾아봐도 좋다. 소크라테스는 어떤 식으로 그 말을 반박하는가? 그는 이상적인 공화국을 건설한다. 그리고 그 공화국에서는 각자가 존경받을 만한 정도에 비례하여 존경받고 가장 정의로운 사람이 가장 행복하게 될 것임을 증명한다. 그러니 사회를 추구하는 선한 사람들이여, 플라톤의 사회로 가서 살라. 그러나 악인들과 함께 사는 것을 즐기는 이들이라면 자신이 선하다고 우쭐대지 마라.

23

다른 사람들의 동의를 가장 많이 얻고자 하는 사람이야말로 가장 덕을 논할 여지가 없는 사람일 것이다. 고백하건대, 그런 것에 신경 쓰지 않는다고 말하기는 쉽다. 그러나 그 점에 대해서는 그의 말보다 그의 행동을 참고해야 한다.

24

이 모든 것이 나에 관한 이야기는 아니다. 나는 그저 아프고 게으르기 때문에 고독한 것이니까. 만일 건강하고 활동적이라면 나 역시 다른 사람들처럼 행동하리라는 것은 거의 확실하다.

25

그 집에는 어쩌면 내 친구가 되기 위해 태어난 사람이 하나 있을지도 모른다. 내게 경의를 받아 마땅한 사람이 어쩌면 날마다 그 공원을 산책할지도 모른다.

26

돈이나 도움에 관해서라면 그들은 항상 준비가 되어 있다. 내가 거절하거나 받지 않으려고 해도 소용이 없다. 그들은 절대로 물러서는 법이 없고, 뿌리치기 힘든 간청으로 끊임없이 나를 귀찮게 한다. 그리하여 나는 내가 전혀 관심을 갖지 않는 일들에 시달리게 되는 것이다. 그들이 거절하는 것은 오직 내게 즐거움이 될 만한 것들뿐이다. 그들 쪽에서는 아직 기분 좋은 감정을 내비치거나 다정한 마음을 토로하지 않았다. 그들은 마치 마음을 절약하기 위해 돈과 시간을 낭비하고 있는 것만 같다.

27

그들이 그들 자신에 대해 절대 말하는 법이 없기 때문에, 싫어도 내가 그들에게 나에 대해 말해야 한다.

28

다른 많은 관계들에 얽혀 있고 나 대신 많은 사람들에게서 위로를 받는 까닭에 그들은 내 부재조차 알아채지 못한다. 그들이 내 부재에 대해 불평한다면, 그것은 내 부재로 인해 그들이 고통스러워서가 아니라 내가 고통스러워한다고 생각하기 때문이다.* 그들은 시골에 살면서 그들을 그리워하는 것**보다 도시에 살면서 그들을 좋아할 수 없다는 것이 내게 더 힘든 일이라는 걸 생각하지 못한다.**

29

나는 내 행복에 기여할 수 있는 선행만 진정한 선행으로 인정한다. 내가 진심으로 감사를 느끼는 것은 바로 그런 선행에 대해서이다. 하지만 돈과 선물이 내 행복에 기여하지 않는다는 것은 자명한 사실이다. 내가 끈질기고 성가시게 수없이 반복되는 제안에 굴복하는 것은, 특혜를 얻는 것이라기보다는 차라리 휴식을 얻으려고 불편함을 짊어지는 것일 뿐이다. 제아무리 값비싼 선물이라 해도, 그 선물을 주는 사람이 아무리 많은 비용을 썼다 해도, 그것을 받는 내가 훨씬 더 비싼 대가를 치르게 되므로 오히려 선물하는 사람이 내게 신세를 지는 셈이다. 즉 배은망덕하지 말아야 할 사람은 바로 그쪽이다. 사실 그것은 가난이 내게 전혀 짐이 되지 않으며, 내가 선행을 실천하는 사람과 선행을 찾아다니지 않는다는 것을

---

* (a) 그들은 사람이 홀로 만족스럽게 지낼 수 있다고 생각하지 않는다.
　(b) 그들은 내가 보상받는 것을 알지 못한다.
　(c) 그들은 언제나 그들 자신의 잣대로 나를 판단했기 때문에 그런 생각을 하지 못한다.
** 도시에서는 그들을 좋아할 수 없었기 때문이다.
⁂ 또는 그렇게 믿지 않는다.

전제로 해야 한다. 분명히 말하건대 내가 언제나 그런 생각을 가지고 있다는 것은 증명이 될 것이다. 진정한 우정은 전혀 다른 문제이다. 두 친구 중 한 사람이 주든 받든, 공동의 재산이 한 사람 손에서 다른 사람 손으로 넘어가든 그건 중요하지 않다. 그들은 서로 사랑했다는 것만 기억할 뿐 나머지는 모두 잊어버릴 수 있다. 가난한 이에게 부자 친구가 있을 때 그런 원칙이 꽤 편리하다는 것은 시인한다. 그러나 내 부자 친구들과 가난한 친구들 사이에는 차이가 있다. 내 부자 친구들이 나를 쫓아다닌 반면, 나는 가난한 친구들을 쫓아다녔다. 부자 친구들은 내가 그들이 부유하다는 사실을 잊게 만들어야 한다. 부자 친구가 자신이 부유하다는 사실을 잊게 해준다면, 내가 왜 그를 피하겠는가? 하지만 그 사실을 내가 기억하는 순간에는 그를 피하는 것으로 충분하지 않은가?

30

나는 길을 물어보는 것조차 좋아하지 않는다. 그럴 경우 대답해주는 사람에게 내가 종속되기 때문이다. 차라리 쓸데없이 두 시간 동안 길을 찾아 헤매는 편이 더 낫다. 나는 주머니에 파리 지도를 가지고 다니는데, 그 지도와 안경을 이용해서 결국은 길을 찾아내고 기진맥진한 채 진흙투성이가 되어 목적지에 도착한다. 종종 너무 늦게 도착하기도 하지만, 나 자신 이외에는 그 무엇에도 빚진 게 없다는 생각에 큰 위안을 받는다.

31

나는 지나간 고통은 아무것도 아닌 것으로 여기지만, 이미 존재하지 않는 즐거움은 뒤늦게까지 즐긴다. 나는 현재의 노고만 내 것으로 여기고 지나가 버린 일들에는 아주 무심하기 때문에, 지난 일들에 대하여 대가를 얻을 때는 마치 다른 사람이 한 일을 이용하는 것만 같다. 그런데 거기서 이상한 점은, 내 노력의 결실을 누군가가 빼앗아갈 때는 내 이기심이 고개를 든다는 것이다. 나는 빼앗기는 것에 대해 그것이 내게 주어졌을 때 느꼈을 충만감보다 훨씬 더 큰 상실감을 느낀다. 내 개인의 손해에 모든 부당함에 대한 분노까지 겹쳐지는 것이다. 분노 탓에 내게 부당한 것이 두 배로 부당하게 느껴진다.

32

나는 탐욕에는 무관심하지만 소유에는 애착이 많다. 뭔가를 얻으려고 신경 쓰지는 않지만, 잃어버리는 것에 대해서는 고통 받지 않을 수가 없다. 그것은 우정에서나 재물에서나 다 마찬가지이다.

33

……영혼의 어떤 상태들은 내 인생에서 일어난 사건뿐 아니라 그 사건이 벌어지는 동안 나와 가장 친숙했던 대상들과도 관련이 있다. 따라서 상상력을 변화시켜 그때 내 존재와 내 감각이 느꼈던 것과 똑같은 방식으로 느껴야만 그런 상태를 회상할 수 있다.

34

병중에 읽은 책들은 건강할 때는 더이상 기분 좋게 느껴지지 않는다. 어떤 지엽적이고도 불쾌한 기억이 책에 대한 생각과 함께, 독서 중에 겪은 아픔에 대한 생각을 상기시키는 것이다. 나는 돌팔매질을 당했을 당시 몽테뉴를 훑어보던 중이었기 때문에, 휴식 중에도 더이상 그것을 기쁜 마음으로 읽을 수가 없다. 그것은 내 정신을 만족시키는 것 이상으로 내 상상력을 괴로움에 빠뜨린다. 그런 경험 때문에 나는 유별나게 신중해져서, 위안을 잃게 되지나 않을까 하는 염려로 고통스러울 때면 내가 좋아하는 책을 모두 거부하고 독서할 엄두도 거의 내지 못한다.

35

나는 산책할 때는 절대 아무것도 하지 않는다. 들판이 내 서재가 되는 것이다. 책상과 종이와 책은 지루함을 느끼게 하고, 일하는 데 쓰이는 도구는 나를 낙담시킨다. 글을 쓰기 위해 앉아 있으면 나는 아무것도 발견하지 못하고, 지력이 요구된다는 그 사실에 오히려 지력을 빼앗긴다. 나는 종잇조각에 두서없이 어수선한 생각들을 갈겨놓은 후 간신히 그 모든 것을 꿰어 맞춘다. 그렇게 해서 책을 쓰는 것이다. 그러니 어떤 책이 될지 판단해보시라! 하지만 명상하고, 무언가를 추구하고, 새로운 것을 만들어내는 것은 즐겁다. 정리하는 것은 좋아하지 않는다. 논리적인 전개를 하기가 언제나 가장 고통스러운 것을 보면, 내게 지력보다 추리력이 모자라는 것을 알 수 있다. 나는 머릿속에서 생각이 잘 연결된다고 해도 논리적인 전개는 잘하지 못할 것이다. 게다가 천성적인 고집 때문에 일부러 더 그런 어려움에 반항하기도 했다. 나는 항상 내 모든 글에 일관성을 부여하고자 했고, 그래서 장(章)으로 나뉜 첫 저서가 나오게 되었다.

36

평생 딱 한 번 사슴의 죽음을 목격했던 것이 생각난다. 그리고 그 고상한 광경을 보고 사냥감의 천적인 개들이 기뻐 날뛰는 모습보다는 사람들이 개들을 따라 기뻐 날뛰는 모습에 더 놀랐던 것도 생각난다. 그 불쌍한 동물의 마지막 울부짖음과 측은한 눈물을 바라보면서, 나는 본성이란 얼마나 품위 없는 것인가를 느꼈다. 그래서 그런 축제에 두 번 다시 모습을 드러내지 않겠다고 굳게 결심했다.

37

저자가 위대한 사람일 수는 있다. 그러나 그가 위대해지는 것은 운문이든 산문이든 책을 써서 되는 일은 아니다.

38

매우 위대한 시인이었음에도 불구하고, 호메로스도 베르길리우스도 결코 위대한 사람이라고 불리지 않았다. 몇몇 저자들은 내가 사는 동안 기를 쓰고 시인 루소Jean-Baptiste Rousseau[54]를 위대한 루소라고 부른다. 내가 죽으면 시인 루소는 위대한 시인일 것이다. 하지만 그는 더이상 위대한 루소는 아닐 것이다. 저자가 위대한 사람일 수 있다 해도, 그가 위대해지는 것은 운문이든 산문이든 책을 써서 되는 일은 아니기 때문이다.

말제르브[55]에게 보내는 편지

내 성격에 대한 진실한 묘사와 내 모든 행동의
진정한 동기가 포함되어 있는 편지들

1

귀하께

1762년 1월 4일, 몽모랑시에서

영광스럽게도 지난번 당신의 편지를 받고 몹시 기뻤는데, 제가 답장하는 데 게으른 탓에 감사 인사가 늦어졌습니다. 하지만 제가 워낙 글 쓰는 것을 힘들어하는 것 이외에, 요즘의 불쾌한 일들에 대해 며칠을 할애해야 한다고 생각했기 때문이기도 합니다. 제 불쾌한 일들로 당신을 괴롭히고 싶지 않았거든요. 저는 최근에 일어난 일에 대해 마음을 가라앉히지 못하고 있습니다만, 그래도 당신이 그 일을 알고 계신 것에 대해서는 매우 만족합니다. 그로 인해 저를 존중하는 당신의 마음이 사라진 것은 아니니까요. 당신이 저를 실제보다 더 좋게 생각하지 않고 있는 그대로 생각할 때 저를 더 많이 존중해주시게 될 것입니다.

이 세상에서 일종의 이름을 얻은 이후 제가 하게 된 결심에 대해 당신이 부여한 동기는 제게 참으로 과분한 것입니다. 제가 그런 영광을 누릴 자격이나 있는지 모르겠습니다. 하지만 그것은 분명 문인들이 제게 부여하는 동기보다 더 진실에 가깝습니다. 명성에 모든 것을 바치는 그들은 자신들의 감정으로 제 감정을 판단하지요. 저는 다른 애착들에 너무 민감한 마음을 가졌기에 여론에는 그다지 민감하지 않습니다. 그들이 생각하는 것만큼 허영심의 노예가 되기에는 제 즐거움과 자립심을 너무 깊이 사랑합니다. 출세를 바라는 마음과 요행으로 만남이나 기분 좋은 저녁 식사를 망친 적이 없는 사람은 사람들의 입에 오르내리고 싶은 욕망에 자신의 행복을 희생시키지 않는 법이지요. 자신에게 다소간의 재능이 있다고 느끼면서도 마흔 살에 이르기까지 그것을 알리기를 지체한 사람이, 오로지 염세가라는 명성을 얻기 위해 무인지경에서 남은 세월을 지루하게 보내려 할 만큼 무모하다니, 정말이지 믿을 수 없는 일이 아닙니까.

하지만 아무리 제가 부당함과 악의를 극도로 싫어한다고 해도, 만약 사람들을 떠나면서 뭔가 큰 희생을 치러야 한다면, 인간 사회를 피하기로 결심할 만큼 그 정념이 지배적인 것은 아닙니다. 그렇습니다, 제 동기는 그렇게 고상한 것이 아니라 보다 개인적인 것입니다. 저는 태생적으로 고독을 사랑하는 사람입니다. 인간을 더 잘 알게 됨에 따라 고독에 대한 사랑은 더 커져만 갔지요. 저는 세상에서 눈에 보이는 존재들과 함께 있을 때보다 제가 제 주변으로 끌어모으는 공상적인 존재들과 함께할 때 얻는 것이 더 많습니다. 은둔 생활을 하는 중에 제가 상상으로 만들어낸 사회는 떠나온 모든 사회에 대한 철저한 혐오감을 심어주었습니다. 당신은 제가 불행하다고, 우울에 빠져 있다고 생각하시겠지요. 오! 그렇다면 단단히 오해하고 계신 겁니다! 파리에 있을 때는 그랬지요. 파리에서는 음울한 노여움이 제 마음을 좀먹었고, 거기 있는 동안 제가 발표한 모든 글에서는 그 고통이 고스란히 느껴집니다. 하지만 그 글들과 제가 고독 속에서 쓴 글들을 비교해보십시오. 제가 잘못 생각한 건지, 아니면 고독 속에서 쓴 글에서 경박하게 동요되는 법이 없는 영혼의 평정이 느껴지는지 말입니다. 그 영혼의 평정으로 미루어 저자의 내적 상태에 대해 확실한 판단을 내릴 수 있을 겁니다. 최근에 제가 극도로 동요한 탓에 당신은 정반대의 판단을 내릴 수도 있었습니다. 하지만 그 동요가 현재의 제 상황이 아니라 고장 난 상상력에서 기인했다는 건 쉽게 알 수 있는 사실입니다. 모든 것에 겁을 내고 모든 것을 극단으로 몰고 가려는 그 상상력 말입니다. 계속되는 성공에 저는 영예에 민감한 사람이 되었습니다. 아무리 고귀한 영혼과 덕을 가지고 있어도, 자신이 죽은 후에 사람들이 유익한 저서 대신 해롭고 자신의 명성을 더럽히고 많은 해를 끼칠 수 있는 저서를 자신의 저서로 바꿔치기할 거라고 생각할 때 극도의 절망을 느끼지 않을 사람은 없습니다. 그런 충격이 제 불행의 진행을 가속화했을 수도 있는데, 그런 광기가 파리에서 저를 덮쳤다고 가정해보면 어쩌면 저는 저 자신의 의지로 생을 마감했을지도 모릅니다.

  저는 사람들과의 교제에서 언제나 극복할 수 없는 반감을 느꼈는데, 그 원인에 대해 오랫동안 잘못 생각하고 있었습니다. 당장의 재치가 없어서 대화할 때 제가 가진 것을 거의 보여주지 못하는 괴로움 때문이라고, 그로 인해 제게 주어져야 마땅하다고 여겨지는 위치를 세상에서 차지할 수 없다는 괴로움 때문이라고 생각했거든요. 그러나 서투른 글을 쓴 후 제가 어리석은 말을 해도 바보 취급을 받지 않는다는 확신이 들었을 때, 제가 제 우스꽝스러운 허영심이 감히 바라는 것 이상으로 존경받고 모두에게 환영받는 것을 보았을 때, 그럼에도 불구하고 똑같은 반감이 줄어들지 않고 오히려 커지는 것을 느끼자 저는 그 이유가 다른 데 있다고 결론 내렸습니다. 그런 종류의 즐거움은 제게 필요한 즐거움이 아니라고 생각한 것이죠.
　그렇다면 도대체 그 원인은 무엇일까요? 그것은 바로 그 어떤 것도 억제할 수 없었던 불굴의 자유정신입니다. 그 앞에서는 명예도 재산도, 심지어 명성도 제게 무가치하지요. 제게서는 그 자유정신이 자만심보다는 게으름에서 비롯된다는 것이 분명한 사실입니다. 그러나 그 게으름은 실로 엄청나고, 모든 것에 겁을 먹습니다. 시민 생활의 가장 하찮은 의무도 그 게으름으로서는 견딜 수 없는 것이지요. 말 한마디 하는 것도, 편지 한 장 쓰는 것도, 누군가를 방문하는 것도, 일단 의무가 되어버리면 제게는 고문입니다. 바로 그 때문에 사람들과의 일상적인 교류가 제게 불쾌감을 주긴 하지만, 친밀한 우정은 제게 매우 소중하답니다. 친밀한 우정에는 더이상 의무가 없으니까요. 각자 자신의 마음을 따르기만 하면 되거든요. 제가 늘 선행을 유달리 꺼린 것 또한 바로 그 때문입니다. 모든 선행은 감사를 요구하니까요. 저는 감사가 의무 사항이 된다는 사실만으로도 마음이 냉정해지는 것을 느낍니다. 한마디로 말해서, 제게 필요한 종류의 행복은 원하는 것을 많이 하는 것이 아니라 원하지 않는 것을 하지 않는 것입니다. 저는 활동적인 삶에 전혀 유혹을 느끼지 않습니다. 제 뜻에 반하여 뭔가를 하는 것보다는 차라리 아무것도 하지 않는 편이 훨씬 더 마음에 듭니다. 바스티유 감옥에 갇혀 있더라도 거기에 있는 것 말고는 다른 아무것에도 얽매이지 않는다면 그다지 불행하지 않았을 거라는 생각을 수도 없이 했지요.
　그렇지만 저도 젊었을 때는 출세하기 위해 다소 노력하기도 했습니다. 그러나 그 노력은 오직 노년의 은둔과 휴식을 위해서였을 뿐입니다. 그리고 게으른 사람의 노력이 그러하듯 변덕스러운 노력에 지나지 않았으므로 조금도 성공하지 못했지요. 불행이 닥쳤을 때, 그것은 저의 주된 열정에 몰두할 좋은 핑곗거리가 되었습니다. 장래를 위해 자신을 괴롭히는 것은 미친 짓이라고 생각하며 모든 것을 팽개치고 서둘러 즐겼지요. 맹세컨대 바로 이것이 은둔의 진짜 이유입니다. 우리의 문인들은 그 은둔의 동기를 과시욕으로 보았는데, 과시욕은 끈질김을 전제로 하는 것, 아니 제게 고통을 주는 것에 집착하는 고집을 전제로 하는 것으로서 제 천성적인 성격과 정반대되는 것입니다.

당신은 그런 나태함이 제가 십 년 전부터 쓴 글들이나 틀림없이 그 글들을 발표하도록 부추겼을 명예욕과는 부합되지 않는다고 말씀하시겠지요. 그 반박을 해결하려면 편지가 길어질 수밖에 없으니 불가피하게 여기서 편지를 끝내야겠군요. 저는 마음을 토로할 때는 친밀한 어투를 쓰지 않을 수 없는데, 그런 어투가 불쾌하지 않으시다면 다시 편지를 쓰겠습니다. 적나라하고 거침없이 저를 묘사하고, 제가 생각하는 저의 모습을 있는 그대로 보여드리겠습니다. 저 자신과 함께 평생을 살아왔기 때문에 저는 분명히 저 자신을 잘 알고 있으니까요. 그런데 저를 안다고 생각하는 사람들이 제 행동과 태도를 해석하는 방식을 보면, 그들은 아무것도 모른다는 생각이 들거든요. 이 세상 어느 누구도 저 자신만큼 저를 잘 아는 사람은 없습니다. 제가 모든 것을 다 말씀드리고 나면 당신도 그에 대한 판단을 하시게 될 겁니다.

제 편지들을 돌려보내지 마시기를 부탁드립니다. 간직할 만한 가치가 없으니 태워버리십시오. 하지만 저를 생각해서 그러지는 마십시오. 뒤셴의 수중에 있는 편지들을 회수할 생각도 제발 하지 마세요. 이 세상에서 저의 모든 광기의 흔적을 없애야 한다면, 회수해야 할 편지들이 너무도 많을 것입니다. 저는 그것을 위해 손가락 하나 까딱하지 않을 겁니다. 짐이 되든 아니든, 저는 있는 그대로 보이는 것이 조금도 두렵지 않습니다. 저는 저의 큰 결점을 잘 알고 있고, 저의 모든 악덕을 생생하게 느끼고 있습니다. 그 모든 것을 지닌 채, 희망에 가득 차서, 지고하신 신의 품에서 죽을 것입니다. 살아오면서 제가 알았던 모든 사람 중에 저보다 더 나은 사람은 아무도 없었다고 확신하니까요.

2

말제르브 씨께

1762년 1월 12일, 몽모랑시에서

일단 시작했으니 저에 대한 설명을 계속하겠습니다. 절반만 알려지는 것은 제게 아주 불리할 수 있거든요. 제 잘못에도 당신이 저를 존중하는 마음을 거두지 않았으니, 틀림없이 제 솔직함도 그 마음을 사라지게 하지 않을 거라고 생각합니다.

신경 써야 할 모든 것들을 무서워하는 게으른 영혼, 관련된 모든 것에 극도로 민감하고 쉽게 영향 받으며 열성적이고 다혈질적인 기질, 그 둘은 동일한 성격 안에서 결합될 수 없는 것처럼 보입니다. 하지만 정반대되는 그 두 가지가 제 성격의 토대를 이루고 있습니다. 비록 그 대립을 원칙에 따라서 해결할 수는 없지만, 그것은 분명히 존재하고 저는 그것을 느끼고 있습니다. 그보다 더 확실한 것은 없지요. 적어도 그것을 이해하는 데 도움이 될 수 있는 일종의 내력을 실제 사실을 통해 당신께 제시해드릴 수 있습니다. 저는 어렸을 때 활기가 넘쳤는데, 다른 아이들처럼 그런 것은 절대로 아니었습니다. 모든 것에 권태를 느껴 저는 일찍부터 독서에 빠졌습니다. 여섯 살 때 플루타르코스를 접하게 되었고, 여덟 살 때는 그것을 줄줄 외우게 되었지요. 온갖 소설을 섭렵했고, 아직 소설에 흥미를 느낄 나이도 아닌데 눈물을 펑펑 쏟았습니다. 그로 인해 제 마음속에는 영웅적이고 공상적인 취향이 생겼습니다. 그 취향은 지금까지 계속 발달했고, 마침내 저는 제 광기와 닮은 것을 제외하고는 모든 것에 혐오를 느끼게 되었습니다. 책에서 만난 사람과 똑같은 사람들을 이 세상에서 찾았다고 믿었던 젊은 시절에는 알 수 없는 말로 강한 인상을 주는 사람이라면 거리낌 없이 빠져들었습니다. 그리고 언제나 그런 말에 속아 넘어갔지요. 저는 무분별했기 때문에 활동적이었습니다. 하지만 잘못을 깨닫게 됨에 따라 취향과 애착을 품는 대상과 계획을 바꾸었고, 그 모든 것들을 바꾸는 과정에서 항상 노력과 시간을 허비했습니다. 언제나 존재하지 않는 것을 추구했거든요. 경험이 쌓이면서 저는 그것을 찾을 수 있다는 희망을 점점 잃어버렸고, 그에 따라 찾고자 하는 열정도 식어버렸습니다. 직접 겪었거나 목격한 부당함, 저 자신이 어쩔 수 없이 휩쓸릴 수밖에 없었던 무질서에 자주 화가 난 저는 이 세기와 동시대인들을 경멸하면서 그들과 함께하는 한 스스로 만족할 수 있는 상황은 없으리라고 느꼈습니다. 그렇게 제 마음은 조금씩 인간 사회로부터 멀어졌고, 저는 제 상상 안에서 저만의 다른 사회를 만들게 된 것입니다. 그리고 그 사회에 매료된 만큼 어려움이나 위험 없이 그것과 교류할 수 있었습니다. 저는 그것이 언제나 믿을 수 있고, 제가 필요로 하는 바로 그런 사회라고 생각했거든요.

이렇게 저 자신과 다른 사람들에게 만족하지 못한 채 사십 년이라는 인생을 보낸 후, 저는 제가 그토록 존중하지 않는 사회에 저를 묶어놓은 끈을 헛되이 끊으려고 했습니다. 본성의 욕구라고 생각했으나 여론의 욕구에 불과했던 것 때문에 제 취향에 가장 맞지 않는 일에 저를 구속시켰던 그 끈을 말입니다. 그리고 다행스럽게도 우연한 기회에 제가 자신을 위해 해야 할 일이 무엇인지, 제 동료들에 대해 어떻게 생각해야 하는지 불현듯 깨닫게 되었습니다. 동료들에 대한 제 마음은 끊임없이 정신과 대립되었고, 그들을 미워할 이유가 많았음에도 여전히 제 마음이 그들에 대한 애정으로 기우는 것이 느껴졌거든요. 제 인생에서 아주 기이한 시기이자, 살아가는 동안 언제까지나 마음에 남을 그 순간을 당신에게 묘사할 수 있었으면 좋겠군요.

저는 그때 뱅센에 수감 중이던 디드로를 만나러 가는 중이었습니다.

주머니 속에는《메르퀴르 드 프랑스》잡지가 들어 있었는데, 길을 가면서 그걸 훑어보기 시작했지요. 그러다가 제 첫 글의 원인이 된 디종 아카데미의 질문을 발견하게 된 것입니다. 불현듯 떠오르는 영감이라는 것이 있다면, 바로 그걸 읽었을 때 제 안에서 일어난 움직임이 그런 것이었습니다. 갑자기 수천 개의 빛으로 정신이 아득해졌고, 온갖 생생한 생각들이 한꺼번에 혼란스럽게 맹렬한 기세로 밀려와 저는 뭐라 표현할 수 없는 동요에 빠졌습니다. 머리는 술에 취한 것처럼 몽롱했고, 세찬 심장 고동에 숨이 막히고 가슴이 벌렁거렸습니다. 더이상 걸으면서 숨을 쉴 수가 없어 길가의 가로수 밑에 그대로 쓰러져버렸습니다. 그렇게 심한 흥분 상태로 삼십 분이 지나고 정신을 차려보니, 저고리 앞자락이 온통 눈물로 젖어 있더군요. 눈물을 흘리는 것도 느끼지 못했는데요. 오, 그 나무 밑에서 제가 보고 느낀 것의 4분의 1만 글로 쓸 수 있었더라면 사회체제의 모든 모순을 아주 명쾌하게 보여줄 수 있었을 텐데요. 우리 제도의 온갖 남용을 아주 효과적으로 폭로하고, 인간은 천성적으로 선하며 사람들이 사악해지는 것은 오직 그 제도들 때문이라는 것을 아주 간단하게 증명할 수 있었을 텐데요. 그 나무 밑에서 삼십 분 동안 저를 밝혀준 그 많고도 위대한 진리 중 제가 붙잡을 수 있었던 모든 것은 저의 세 권의 주요 저서 속에 아주 미약하게 산재되어 있습니다. 즉 첫 논문인《학문예술론》과 불평등에 관한 논문, 그리고 교육론 말입니다. 그 세 저서는 분리될 수 없는 것으로, 다 같이 하나의 전체를 이루고 있습니다. 나머지는 모두 사라졌고, 바로 현장에서 쓴 글은 파브리키우스[56]의 열변밖에 없었습니다.[57] 이렇게 해서, 저는 그럴 생각도 없었는데 거의 제 뜻에 반하여 저자가 된 것입니다. 첫 성공의 매력과 횡설수설하는 자들의 비난이 어떻게 저를 본격적으로 글 쓰는 직업에 뛰어들게 했는지는 쉽게 이해되는 바이지요. 제게 진정으로 문재(文才)가 있었을까요? 모르겠습니다. 제게서는 강렬한 신념이 언제나 웅변을 대신했고, 강한 확신이 없을 때는 언제나 글이 무기력했고 뛰어나지 못했습니다. 그러므로 저로 하여금 제 좌우명 [58]을 선택하게 하고 그에 합당한 사람이 되게 한 것, 진리 혹은 제가 진리라고 간주한 모든 것에 그리도 열정적으로 집착하게 한 것은, 어쩌면 남몰래 재발한 이기심이었는지도 모릅니다. 제가 단지 글쓰기 자체를 위해서 썼다면 사람들은 결코 제 글을 읽지 않았을 거라고 확신합니다.

사람들의 그릇된 의견에서 그들의 불행과 사악함의 근원을 발견한 후에야, 아니 발견했다고 생각한 후에야, 저는 저 자신을 불행하게 만든 것이 단지 그러한 의견일 뿐이었음을 깨달았습니다. 그리고 제 불행과 악덕은 저 자신의 탓이라기보다는 상황 탓이라고 생각하게 되었습니다. 그와 동시에 제가 어렸을 때 처음 발병했던 질병이 거짓 치료자들의 온갖 약속에도 불구하고 완치 불가능한 것으로 판명되었습니다.[59] 물론 저는 그 약속에 오랫동안 속지 않았지만요. 그래서 제가 모순에 빠지지 않기를 원한다면, 여론의 육중한 멍에를 어깨에서 벗어던지기를 원한다면, 낭비할 시간이 없다고 판단했습니다. 저는 상당한 용기를 가지고 갑작스럽게 방침을 정했습니다. 그리고 지금까지 그 방침을 강경하게 잘 유지해왔는데, 그 가치를 느낄 수 있는 사람은 오직 저뿐입니다. 오직 저만이 어떤 장애물을 만났는지 알고 있고, 세론의 움직임에 맞서 한결같이 그 방침을 유지하기 위해 여전히 날마다 싸워야 하니까요. 하지만 십 년 전부터는 다소 되는대로 내버려두고 있다는 것을 잘 알고 있습니다. 만약 제게 살 날이 사 년밖에 남지 않았다고 생각했다면, 저는 다시 한번 대항하여 최소한 처음에 방침을 정했던 때와 같은 수준으로 올라가 더이상 다시 내려오지 않았을 겁니다. 모든 커다란 시련은 이미 끝났고, 이제는 제 경험상 제가 처한 상태가 인간이 선하고 행복하게 살 수 있는 유일한 상태라는 것이 드러났으니까요. 누구에게도 예속되어 있지 않고, 자신의 이익을 위해 남에게 해를 끼칠 필요를 전혀 느끼지 않는 유일한 상태거든요.

제 글들로 얻은 명성으로 인해 제가 정한 방침을 따르기가 훨씬 쉬웠다는 것을 솔직히 인정합니다. 나쁜 모방자가 되어도 벌을 받지 않으려면 훌륭한 저자라고 여겨져야 합니다. 그러기 위해서는 일거리가 부족하지 않아야 하지요. 훌륭한 저자라는 간판이 없었다면 사람들이 제 제안을 나쁜 모방자의 것으로 받아들였을 것이고, 아마 저는 그 때문에 괴로웠을 겁니다. 저는 웃음거리가 되는 것은 대수롭지 않게 여겨도 경멸은 잘 견디지 못할 테니까요. 그러나 약간의 명성이 그 점에 대해 제게 다소 특혜를 준다 해도, 명성의 노예가 되느니 독립적으로 혼자 살기를 원할 때는 그 명성에 결부된 온갖 불편으로 그 이점이 상쇄되어버립니다. 저를 파리에서 쫓아낸 것은 부분적으로는 바로 그런 불편입니다. 그것은 제 은신처까지 쫓아와 제 건강이 좋아지기만 하면 틀림없이 저를 더 멀리 쫓아낼 것입니다. 파리에 있을 때 저의 또 다른 골칫거리는 소위 친구라는 수많은 사람들이 제게 몰려든 것이었습니다. 그들은 자신들의 마음에 따라 제 마음을 판단하고, 제 방식이 아니라 자신들의 방식으로 저를 행복하게 해주고자 했습니다. 제 은둔에 실망한 그들은 저를 은둔처에서 끌어내려고 쫓아왔습니다. 저는 모든 것을 끊어버리지 않고는 계속 은둔처에 머물 수 없었지요. 그때부터야 비로소 저는 진정으로 자유롭게 지내고 있습니다.

자유롭다! 아니, 저는 아직도 자유롭지 못합니다. 제 마지막 글들이 아직 인쇄되지 않았건만, 제 불쌍한 신체의 한심한 상태를 고려해보건대 저는 제 모든 글의 모음집이 인쇄될 때까지 살아 있을 희망이 없습니다. 하지만 이런 예상과 달리 제가 그때까지 살아서 세상 사람들과 작별 인사를 할 수 있다면, 그때는 제가 자유로우리라는 것을, 일찍이 그렇게 자유로운 사람은 없었으리라는 것을 믿어주십시오. 오, 정말 그럴 수 있다면! 더없이 행복한 날이 될 텐데요! 아니, 제게는 그런 날을 보게 될 일이 없을 겁니다.

아직 이야기가 남았습니다. 아마 당신은 적어도 또 한 통의 편지를 받으시게 될 것입니다. 다행히 당신에게 편지를 읽도록 강요하는 것은 아무 것도 없습니다. 어쩌면 편지를 읽기가 심히 불편하실지도 모릅니다. 하지만 부디 용서해주십시오. 이 길고 너절한 이야기를 정서하려면 그 일들을 다시 생각해야 하는데, 사실 그럴 용기가 나질 않습니다. 당신에게 편지를 쓰는 것은 분명 즐거운 일이지만, 그래도 이제 쉬어야겠습니다. 제 상태가 오랫동안 계속해서 쓰는 것을 허락하지 않거든요.

3

말제르브 씨께

1762년 1월 26일, 몽모랑시에서

지난번에는 제 행동의 참된 동기를 말씀드렸으니, 이제 은둔 중의 제 정신 상태에 대해 말씀드리고 싶습니다. 하지만 너무 늦었다는 느낌이 듭니다. 제 영혼은 스스로를 포기하고 온통 육체에만 집중하고 있거든요. 가엾은 제 육체의 쇠약함 때문에 마침내 불현듯 육체와 분리되는 날이 올 때까지 하루하루 육체에 점점 더 얽매여가고 있습니다. 제가 당신에게 말씀드리고 싶은 것은 제 행복에 대해서인데, 고통을 겪을 때는 행복에 대해 잘 말하지 못하는 법이지요.

제 불행은 육체의 체질이 만든 것이지만, 제 행복은 제가 만든 것입니다. 사람들이 뭐라 하든 저는 체질이 허락하는 만큼 행복을 누렸으므로 현명했습니다. 저는 지고의 행복을 멀리서 찾지 않고 주변에서 찾았고, 마침내 그것을 발견했습니다. 스파르티아누스[60]에 의하면, 트라야누스 황제[61]의 고관인 시밀리우스는 개인적인 불평 한마디 없이 궁정과 자신의 모든 지위를 떠나 시골에서 평화롭게 살다가 무덤에 다음과 같은 말을 쓰게 했다는군요. "나는 이 땅에 일흔여섯 해 머물렀는데, 그중 칠 년을 살았을 뿐이다."[62] 어떤 점에서는 저도 그렇게 말할 수 있을 것 같습니다. 물론 제 희생이 훨씬 더 적었지만요. 저는 1756년 4월 9일에야 비로소 살기 시작했습니다.[63]

당신이 저를 가장 불행한 사람으로 평가하시는 것을 보고 제가 얼마나 큰 충격을 받았는지 모릅니다. 아마 세상 사람들도 당신처럼 판단하겠지요. 그것 또한 저를 괴롭히는 점입니다. 오, 제가 운명을 얼마나 즐겼는지 온 세상에 알릴 수 있다면! 그러면 모두 저와 비슷한 운명을 스스로에게 부여하고 싶어할 텐데요. 그러면 평화가 이 땅을 지배할 것이고, 사람들이 더이상 서로를 해칠 생각을 하지 않을 것이고, 아무도 악인이 되는 데 관심이 없을 테니 더이상 악인도 없겠지요. 그런데 제가 혼자 있을 때 즐긴 것이 도대체 무엇이었을까요? 저 자신, 전 우주, 존재하는 모든 것, 존재할 수 있는 모든 것, 감각적인 세계가 지니고 있는 모든 아름다운 것, 정신적인 세계가 지니고 있는 상상적인 것들이었습니다. 저는 제 마음을 즐겁게 해줄 수 있는 모든 것을 제 주변에 모았습니다. 제 욕망은 즐거움의 수단이었지요. 가장 향락적인 사람도 결코 그와 같은 기쁨을 경험하지 못했을 겁니다. 저는 그들이 현실을 즐기는 것보다 몇백 배 더 제 공상을 즐겼습니다.

슬프게도 고통으로 긴 밤을 지새우게 될 때면, 열에 들뜬 흥분으로 단 한 순간도 잠을 이루지 못할 때면, 종종 저는 마음을 현재의 처지에서 딴데로 돌려 제 삶의 여러 사건들을 생각합니다. 그러면 후회와 달콤한 추억과 회한과 감동이 고통의 순간을 잊으려는 노력을 함께 나누게 됩니다. 제가 몽상을 하면서 가장 자주, 가장 기꺼이 회상하는 시절이 언제인지 아십니까? 젊은 시절의 즐거움은 아닙니다. 그 시절의 즐거움은 너무 드물었고, 괴로움이 너무 많이 뒤섞여 있었으며, 이미 제게서 너무 멀리 있습니다. 제가 가장 자주 기꺼운 마음으로 회상하는 것은 바로 은둔의 즐거움, 고독한 산책의 순간들입니다. 오로지 저 자신과 함께, 하녀나 순박한 가정부와 함께, 사랑하는 개나 늙은 암고양이와 함께, 들판의 새들이나 숲속의 암사슴들과 함께, 온 자연과 불가해한 창조주와 함께 보낸 짧지만 감미로운 그날들 말입니다. 정원에서 해돋이를 보기 위해 해 뜨기 전에 일어나 아름다운 하루가 시작되는 것을 볼 때면 저는 그 매력을 방해할 편지도 방문도 받지 않았으면 좋겠다는 소망부터 품었습니다. 그러고 나서 기쁜 마음으로 여러 가지 자질구레한 일들을 하며 아침나절을 보낸 후, 성가신 사람들을 피해 서둘러 점심을 먹고 좀 더 긴 오후를 준비했습니다. 남은 자질구레한 일들이야 다른 때 해도 되니까요. 가장 더울 때도 한 시가 되기 전 햇볕이 한창일 때 충실한 아샤트[64]와 함께 길을 나섰지요. 빠져나가기 전에 누군가에게 붙들리게 될까 봐 걸음을 재촉하면서요. 하지만 일단 무사히 구석진 장소에 이르게 되면, 가슴이 두근거리고 기쁨이 벅차오르는 가운데 안도의 숨을 내쉬기 시작했습니다. 그리고 '이제 남은 오늘 하루는 모두 내 것이다!'라고 혼잣말을 했지요. 그런 후 보다 평온한 걸음으로 야생의 장소를 찾으러 숲 속으로 들어갔습니다. 사람의 손길이 느껴지는 것이라고는 아무것도 없고 속박이나 지배를 예고하는 것이 전무한 황량한 장소, 제가 제일 처음으로 발을 들여놓은 것처럼 보이고 자연과 저 사이에 성가신 제삼자는 전혀 개입되지 않는 은신처 말입니다. 거기서는 언제나 자연이 새로운 장관을 눈앞에 펼쳐 보이는 것 같았습니다. 금작화의 금빛과 히스의 자줏빛은 제 눈을 사로잡고 그 호화로움으로 제 마음을 감동시켰습니다. 그리고 저를 그늘로 뒤덮는 위풍당당한 나무들, 제 주변을 둘러싼 우아한 관목들, 발밑에 밟히는 놀랍도록 다양한 풀과 꽃들은 제 정신을 사로잡아 끊임없이 관찰하고 감탄하게 만들었습니다. 수많은 흥미로운 대상들이 서로 협력하여 경쟁하듯 제 주의를 끌었고, 줄곧 저를 유인하면서 몽상에 빠지는 게으른 제

기질을 부추겼습니다. 그래서 저는 종종 마음속으로 '그래, 한창 영광을 누리던 때의 솔로몬도 결코 저 자연물들처럼 옷을 입은 적은 없었다'라고 되뇌었지요.

제 상상력은 그렇게 차려입은 대지를 오랜 시간 무인지경으로 내버려두지 않았습니다. 저는 곧 제 마음에 기꺼운 존재들로 그곳을 가득 채웠습니다. 여론과 편견과 모든 부자연스러운 정념은 멀리 쫓아버리고, 그곳에 살 만한 자격이 있는 사람들을 자연의 은신처로 옮겨 왔지요. 제게 어울린다고 느껴지는 매력적인 사회를 스스로 만들어낸 것입니다. 저는 제 환상에 따라 스스로 황금시대를 이루었습니다. 제게 달콤한 추억을 남긴 인생의 모든 장면과, 여전히 마음이 소망하는 모든 장면으로 그 아름다운 나날을 가득 채우면서, 저는 인간의 진정한 즐거움에 눈물을 흘릴 정도로 감동했습니다. 감미롭기 그지없는 순수한 즐거움, 이제는 사람들로부터 너무도 멀리 있는 그 즐거움에 말입니다. 오, 그런 순간 파리나 제가 살고 있는 이 시대, 혹은 작가로서의 하찮은 허영심이 머릿속에 떠올라 몽상을 깨뜨리기라도 하면 제 영혼을 가득 채운 감미로운 감정에 온전히 몰입하기 위해 어찌나 거만하게 그런 생각을 즉시 쫓아버렸는지! 하지만 솔직히 고백하자면 그 모든 것에 한창 빠져 있는 중에도 때때로 제 공상의 허망함이 느껴져 갑자기 몹시 슬퍼지기도 했습니다. 제 모든 꿈이 현실이 된다 해도, 제게는 그것으로 충분하지 않았을 것입니다. 저는 여전히 상상하고 꿈꾸고 소망했겠지요. 종종 저는 제 안에서 뭐라 설명할 수 없는 공허를 발견했습니다. 그 무엇으로도 채울 수 없을 공허였지요. 뭔지 모르게 욕구를 느끼는 또 다른 종류의 즐거움을 향해 마음이 돌진하는 것이었어요. 아니, 그것 자체가 즐거움이었습니다. 저는 매우 강렬한 감정과 마음을 사로잡는 우수에 깊이 빠져들었는데, 그것 역시 제가 원하는 것이었거든요.

저는 곧 대지의 표면으로부터 자연의 모든 존재, 사물의 보편적인 체계, 모든 것을 포함하는 불가해한 존재로 제 생각을 끌어올렸습니다. 그러자 그 거대함 속에서 정신을 잃어 생각도 추론도 사색도 할 수가 없었습니다. 저는 일종의 쾌감과 함께 그 우주의 무게에 짓눌리는 것을 느꼈고, 그 거대한 생각들이 불러일으키는 혼란에 황홀하게 빠져들었지요. 저는 상상 속에서 즐거이 공간을 헤매고 다녔고, 존재의 한계에 갇힌 제 마음은 크나큰 갑갑함을 느꼈습니다. 저는 우주 안에서 숨이 막혔고, 무한함 속으로 날아오르고 싶었습니다. 만약 제가 자연의 모든 신비를 밝혀냈더라면 그 놀라운 도취만큼 감미로운 상태는 느끼지 못했을 겁니다. 제 정신은 그 도취에 거리낌 없이 몰두했고, 극도로 흥분해 더이상 아무 말도 생각도 못한 채 때때로 "오, 위대한 존재여! 오, 위대한 존재여!"라고 소리칠 뿐이었습니다.

지금까지 어떤 인간도 겪어보지 못했을 가장 아름다운 날들이 그렇게 계속되는 열광 상태에서 흘러갔습니다. 그리고 해가 저물어 돌아가야겠다는 생각이 들면, 시간이 빨리 지나간 것에 놀란 저는 그날 하루를 충분히 활용하지 못한 것만 같았습니다. 그러고는 훨씬 더 많이 즐길 수 있다고 생각하며, 잃어버린 시간을 만회하기 위해 내일 다시 오겠다고 마음속으로 말하곤 했지요.

저는 머리는 다소 피곤했지만 마음은 만족하여 종종걸음으로 돌아왔습니다. 돌아와서는 생각도 상상도 하지 않고, 오직 제 상황의 평온과 행복만을 느끼면서 대상들의 인상에 몸을 맡긴 채 쾌적하게 휴식을 취했습니다. 집 테라스에는 식사가 준비되어 있었습니다. 저는 조촐한 식구들과 함께 앉아 왕성한 식욕을 느끼며 저녁을 먹었습니다. 속박이나 구속 같은 이미지도 우리 모두를 맺어준 온정을 깨뜨리지 못했습니다. 제가 키우는 개도 친구였지 결코 노예가 아니었습니다. 우리는 항상 뜻이 맞았고, 개가 제게 복종한 적은 없었습니다. 제가 저녁나절 내내 유쾌하다면, 그것은 하루 종일 혼자 지냈음을 뜻했습니다. 다른 사람들과 함께 지냈

말제르브에게 보내는 편지 **179**

을 때는 그렇지 못했습니다. 그럴 때면 저는 다른 사람들에게 거의 만족을 느끼지 못했고, 저 자신에게도 결코 만족하지 못했지요. 그래서 저녁에 잔소리를 하거나 말이 적어졌습니다. 이것은 제 가정부가 지적한 것인데, 그녀에게 그런 말을 들은 이후 저는 저 자신을 관찰하면서 항상 그녀의 말이 옳다고 생각했습니다. 저는 정원을 몇 바퀴 더 돌거나 소형 피아노를 연주하며 가곡 따위를 부른 후, 마침내 잠자리에 들어 육체와 영혼의 휴식을 취했습니다. 잠 그 자체보다 훨씬 더 달콤한 휴식이었지요.

제 인생의 진정한 행복, 괴로움과 권태와 후회 따위는 없는 행복을 만들어준 것은 바로 그런 날들입니다. 저는 제 존재의 모든 행복을 기꺼이 그 행복으로 한정했을 것입니다. 그래요, 제게 그런 날들이 영원히 계속된다면 더이상 바랄 것이 없습니다. 천상의 지식을 얻는다 해도 그 황홀한 명상 속에서만큼 행복하지는 않을 것입니다. 하지만 고통 받는 육체는 정신에게서 자유를 빼앗아가는 법이지요. 이제 저는 더이상 혼자가 아니고 저를 귀찮게 하는 불청객과 함께 있습니다. 온전히 저 자신이 되기 위해서는 그 불청객으로부터 벗어나야 합니다. 달콤한 즐거움을 맛본 덕분에 저는 그 즐거움을 아무 방해 없이 맛볼 순간을 두려움 없이 기다릴 수 있습니다.

그런데 벌써 두 번째 편지지도 다 쓰고 말았군요. 하지만 또 한 장의 편지지가 필요할 것 같습니다. 그러니 다시 쓰도록 하지요. 죄송합니다. 제가 아무리 저에 대해 말하기를 좋아한다 하더라도 모든 사람에게 그러기를 좋아하는 것은 아닙니다. 그렇다 보니 기회가 왔을 때, 그리고 그 기회가 마음에 들 때 그런 기회를 남용하게 되는군요. 이것이 제 잘못이고, 제 변명입니다. 제 변명을 기꺼이 받아들여 주십시오.

4

귀하께

1762년 1월 28일, 몽모랑시에서

저는 제 은둔과 모든 행동의 진정한 동기, 마음속에 감추어진 진정한 동기들을 보여드렸습니다. 아마도 그 동기들은 당신이 생각했던 것만큼 고상한 것은 아니겠지만, 그것들 덕분에 저는 저 자신에게 만족할 수 있습니다. 그런 동기들은, 스스로 논리 정연하다고 느낄 뿐 아니라 그러기 위해 필요한 일을 할 용기를 가졌기에 자신의 공로로 삼을 만하다고 생각하는 사람의 영혼에 깃든 것과 같은 그런 긍지를 제게 불어넣어 줍니다. 다른 기질이나 성격을 가지려 하지 않고 제 기질과 성격을 이용해 저 자신에게 선하고 다른 사람에게 조금도 사악하지 않은 존재가 되는 것은 전적으로 제게 달린 문제였습니다. 그것만 해도 대단한 것입니다. 그렇게 생각할 수 있는 사람은 거의 없으니까요. 그러므로 제가 악덕의 감정을 가진 사람임에도 불구하고 저 자신을 높이 평가한다는 것을 당신에게 숨기지 않겠습니다.

당신 곁의 문인들이 혼자인 사람은 모두에게 쓸모없고 사회에서 자신의 의무를 이행하지 않는다고 아무리 소리쳐도 소용없습니다. 저는 일주일에 여섯 번씩 아카데미에 가서 수다 떠는 값으로 민중의 고혈을 녹으로 받아먹는 그 모든 한량들보다 몽모랑시의 농부들이 더 사회에 유익한 일원이라고 생각합니다. 그리고 그 하찮은 모사꾼들 무리의 입신출세를 돕는 것보다는, 필요한 경우에 제 가난한 이웃들에게 다소나마 즐거움을 줄 수 있다는 것에 더 만족합니다. 파리에는 그런 모사꾼들이 수없이 많은데, 그들은 모두 고위직 사기꾼이 되는 명예를 갈망하지요. 공공의 행복을 위해서나 그들 자신의 행복을 위해서나 그들을 모두 고향으로 돌려보내 땅을 경작하게 해야 합니다. 모두가 따라야 할 삶의 본보기를 사람들에게 보여주는 것은 대단한 일입니다. 더이상 힘도 없고 건강도 나빠 자기 손으로 일할 수 없게 될 때, 은둔하여 진리의 목소리를 들려주는 것은 대단한 일입니다. 사람들을 비참하게 만드는 여론의 광기를 사람들에게 경고해주는 것은 대단한 일입니다. 적어도 제 조국에서라도 해로운 시설이 생기는 것을 막거나 지연시키는 데 기여할 수 있었다는 것은 대단한 일입니다. 볼테르의 환심을 사려고 달랑베르가 우리에게 큰 피해를 입혀가며 여기에 만들고자 했던 그 시설 말입니다. 제가 제네바에 살았더라면《인간 불평등 기원론》의 헌정 서한문을 발표할 수도 없었을 테고, 그런 어투로 극장 시설에 항의하는 말도 할 수 없었을 겁니다. 제 동향인들과 함께 살았더라면, 저는 은둔을 계기로 쓸모없는 존재가 되는 것보다 훨씬 더 무용한 존재가 되었을 것입니다. 제가 행동해야 할 곳에서 행동한다면, 어떤 장소에 살든 무슨 상관이 있습니까? 게다가 몽모랑시의 주민들은 파리 사람들보다 모자람이 많은 사람들입니다. 제가 그들 중 누군가가 자녀를 도시로 보내 타락시키는 것을 막을 수 있다면, 도시에서 그 자녀를 아버지의 품으로 돌려보내는 것만큼 좋은 일을 하는 것이 아닐까요? 제가 궁핍하다는 사실만으로도 저 모든 달변가들이 얘기하는 것처럼 저 자신이 쓸모없는 사람이 되지 않을 수 있는 게 아닐까요? 저는 제가 버는 만큼만 먹고사니 생존을 위해 일을 할 수밖에 없고, 사회로부터 얻을 수 있는 모든 필수품에 대해 사회에 대가를 치러야 하지 않습니까? 제가 제게 적합하지 않은 일자리를 거절한 것은 사실입니다. 당신이 제게 권한 좋은 일을 할 능력이 없다고 느꼈으므로, 제가 그 일자리를 받아들였다면 저처럼 빈곤하지만 그 일을 더 잘할 수 있는 어떤 문인에게서 그것을 도둑질하는 셈이 되었을 것입니다. 당신은 제가 발췌에 능하고 관심 없는 일에도 전념할 수 있다고 생각하시면서 그 일을 제안

하셨겠지만,65 그렇지 않습니다. 따라서 만약 제가 당신의 제안을 받아들였다면 저는 당신을 속이는 것이 되었을 테고, 당신의 선의를 받을 자격이 없는 사람이 되었을 것입니다. 자신의 의지로 하는 일을 그르치는 것은 결코 용서할 수 없는 일이지요. 그러므로 저는 지금쯤 저 자신에 대해 불만스러울 테고 당신도 역시 그럴 것입니다. 그리고 저는 당신에게 편지를 쓰면서 느끼는 즐거움도 맛보지 못하겠지요. 요컨대 저는 제 힘이 허락하는 한 저 자신을 위해 일하면서 제 능력에 따라 사회를 위해 최선을 다했습니다. 제가 사회를 위해 한 일이 거의 없다면, 그것은 아직 사회로부터 요구받지 않아서입니다. 저는 제가 처한 상태에서는 사회에 빚이 없다고 생각하므로, 이제부터 온전히 휴식만 취하면서 저 혼자만을 위해 살 수 있다면 아무 거리낌 없이 그렇게 할 것입니다. 어쨌든 세상 사람들의 불쾌한 소문을 있는 힘을 다해 피할 것입니다. 백 년을 더 산다고 해도 언론을 위해 단 한 줄의 글도 쓰지 않을 것이며, 제가 완전히 잊힐 때에야 비로소 진정으로 다시 살기 시작하는 거라고 생각할 것입니다.

그렇지만 솔직히 말씀드리건대, 하마터면 세상 속으로 다시 끌려 들어가 고독을 포기할 뻔했습니다. 고독이 싫어서가 아니라, 자칫 고독보다 더 좋아할 뻔한 강렬한 취향 때문이었지요. 뤽상부르 부부가 저를 만나고 싶어 했을 때 그들의 접근과 호의가 괴로워하던 제 마음에 어떤 느낌을 주었는지 판단하려면, 당신은 모든 친구들로부터 버림받고 버려져 있던 제 마음 상태와 그로 인해 제 영혼이 받은 깊은 고통을 헤아리셔야만 할 겁니다. 저는 죽어가고 있었습니다. 그들이 없었다면 저는 영락없이 슬픔으로 죽고 말았을 것입니다. 그들이 제게 삶을 되돌려주었으니 그 삶을 그들을 사랑하는 데 사용하는 것은 당연한 일이지요.

저는 사랑이 넘치는 마음을 가지고 있고, 그 마음은 그 자체로도 충분할 수 있습니다. 그런데 저는 사람들을 너무 사랑하는 나머지 그들 중에서 선택할 필요를 느끼지 못합니다. 그래서 모든 사람을 사랑하지요. 제가 부당함을 증오하는 것은 그들을 사랑하기 때문입니다. 제가 그들을 피하는 것도 그들을 사랑하기 때문입니다. 그들을 보지 않을 때는 그들의 악행에 대해 괴로움을 덜 느끼거든요. 인류에 대한 그러한 관심은 제 마음에 양분이 되기에 충분합니다. 따라서 제게는 특별한 친구가 필요 없지만, 만약 그런 친구들을 갖게 되면 절대로 그들을 잃어서는 안 됩니다. 그들의 마음이 멀어지면 저는 극심한 고통에 시달리기 때문입니다. 저는 그들에게 오직 우정만을 요구하는 만큼 그것은 비난받아 마땅한 일입니다. 그들이 저를 사랑하기만 한다면, 그리고 그 사실을 제가 알기만 한다면 저는 그들을 볼 필요조차 느끼지 않거든요. 하지만 그들은 세상 사람들에게 보이도록 언제나 감정과 배려와 도움을 현장에서 드러내고 싶어했습니다. 저는 그런 것에는 신경도 쓰지 않았는데 말입니다. 제가 그들을 사랑했을 때, 그들은 저를 사랑하는 것처럼 보이고 싶어했습니다. 모든 일에서 외양을 등한시하는 저는 외양에 만족하지 않았는데, 그들이 외양만 중시하는 것을 보자 그것을 마음에 새겨두게 되었습니다. 정확히 말하자면 그들이 저를 사랑하기를 그만둔 건 아니었지만, 저는 그들이 저를 사랑하지 않는다는 것을 발견하게 될 뿐이었습니다.

그리하여 생애 처음으로 제 마음은 갑자기 혼자가 되었습니다. 은둔지에 있을 때처럼 제 마음은 혼자였고, 요즘 아픈 것과 거의 똑같이 아팠습니다. 그런 상황에서 그 새로운 애정이 싹튼 것입니다. 그 애정은 다른 모든 애정을 보상해주었는데, 그 애정을 보상해줄 수 있는 것은 아무것도 없을 것입니다. 바라건대 제가 살아 있는 동안 그 애정이 계속될 테니까요. 무슨 일이 일어나더라도 그것은 마지막 애정이 될 것입니다. 저는 다른 사람들을 지배하는 신분에 대해 강한 반감을 가지고 있다는 것을 당신에게 숨길 수가 없군요. 아니, 당신에게 숨길 수가 없다고 말하는 것조차 잘못입니다. 당신에게 그 사실을 고백하는 것이 전혀 힘들지 않으니까요. 명문에서 태어났고 샹슬리에 드 프랑스의 아들이자 최고 법정의 수석 재판장인 당신에게 말입니다. 그래요, 저를 모르면서도 제게 수많은 호의를 베풀어주셨고, 천성적으로 고마워할 줄 모르는 제 성정에도 불구하고 제가 전혀 힘들지 않게 감사하는 마음을 갖게 되는 당신에게요. 저는 상류층 사람들을 증오하고, 그들의 신분, 그들의 냉혹함, 그들의 편견, 그들의 비루함, 그리고 그들의 모든 악덕을 증오합니다. 제가 그들을 덜 경멸한다면 훨씬 더 깊이 증오했을 것입니다. 저는 바로 이런 감정을 가지고 몽모랑시 성으로 끌려가듯 가게 되었습니다. 그리고 성의 주인들을 만났지요. 그들은 저를 사랑했고, 저도 그들을 사랑했습니다. 살아 있는 한 저는 혼신의 힘을 다해 그들을 사랑할 것입니다. 그들을 위해 목숨을 바치겠다고 말하지는 않겠습니다. 제가 처한 상황에서 제 목숨 따위는 하찮은 것일 테니까요. 동시대인들로부터 얻은 명성을 바치겠다고도 말하지 않겠습니다. 저는 그런 명성에 신경 쓰지 않으니까요. 하지만 일찍이 제 마음을 감동시킨 유일한 영광, 제가 후세 사람들에게 기대하고 있는 명예를 바치겠습니다. 언제나 정의로운 후세 사람들이 제가 받아 마땅하기에 제게 돌려줄 그 명예를요.66 어중간한 애착은 가질 줄 모르는 제 마음은 거리낌 없이 그들에게 몰두했는데, 저는 그것을 후회하지 않습니다. 뒤늦은 후회도 하지 않을 것입니다. 제가 한 말을 취소하기에는 벌써 때가 늦었을 테니까요. 그들이 불어넣은 뜨거운 경탄에 도취된 저는 그들 곁에서 여생을 보낼 수 있도록 수없이 그들의 집에 은신처를 부탁할 뻔했습니다. 그들은 기꺼이 저에게 은신처를 제공했을 것입니다. 그들의 처신에 비추어 보면 저보다 먼저 그들이 제안한 것이나 다름없다고까지는 여기지 않더라도 말입니다. 그 계획은 분명 제가 가장 오랫동안, 그리고 가장 만족스럽게 숙고한 것 중 하나입니다. 그렇지만 결국 좋은 계획이 아니라고 마지못해 결론을 내릴 수밖에 없었습니다. 저는 우리를 멀어지게 할 수도 있는 매개물은 생각하지 않고 사람들의 애착만 생각하고 있었던 것입니다. 특히 제 불행에 결부된 불편에는 수많은 종류의 매개물이 존재하는 까닭에, 그런 계획은 단지 그렇게 하고 싶은 마음이 생기게끔 한 감정에 의해서만 허용될 수 있는 것입니다. 게다가 취해야 할 삶의 방식이 너무 직접적으로 제 모든 취향과 습관에 어긋나는 까닭에, 저는 단 석 달도 견디지 못했을 겁니다. 요컨대 우리는 아무리 가까이 살아도 소용이 없었을 거라는 말입니다. 신분상의 거리는 여전히 그대로 남아 있어서, 긴밀한 교제의 가장 큰 매력이 되는 감미로운 친밀감이 언제나 우리 사이에 부족했겠지요. 저는 뤽상부르 원수(元帥)의 친구도 하인도 되지 못하고 손님으로 머물러 있었을 것입니다. 그래서 내 집에 있는 것이 아니라고 느끼며 종종 옛 은신처를 동경했을 테지요. 서로 대립되는 소망을 가지고 있음을 드러내기보다는, 차라리 사랑하는 사람과 멀리 떨어져 함께 있기를 바라는 편이 훨씬 더 나은 법입니다. 신분의 차이가 조금이라도 덜했더라면, 어쩌면 제 인생은 완전히 바뀌었을지도 모릅니다. 저는 몽상 속에서 수없이 이렇게 가정해보았습니다. 뤽상부르 씨가 공작이 아니라 그냥 프랑스 원수이고 오래된 성에 사는 시골 귀족이라면, J. J. 루소가 저자나 책을 쓰는 사람이 아니라 하찮은 재능과 약간의 지식을 가진 사람으로서 성주 부부 앞에 나타나 그들의 마음에 들어 그 곁에서 인생의 행복을 발견하고 그들의 행복에 기여한다면 하고 말입니다. 더 유쾌한 꿈을 꾸기 위해 제가 여기서 2킬로미터쯤 떨어진 말제르브 성을 어깨로 밀고 들어가도록 당신이 허락해준다고 가정한다면, 그런 꿈을 꾸면서 저는 오랫동안 꿈에서 깨어나고 싶지 않을 것입니다.

그러나 이제 다 끝났습니다. 이제 제게 남은 일은 긴 꿈[67]을 끝내는 것뿐입니다. 다른 것들은 모두 적절한 시기가 아니니까요. 제가 몽모랑시 성에서 보낸 감미로운 시간들을 여전히 좀 더 기대할 수 있다면 그것만 해도 대단한 일이지요. 어쨌든 이것이 타격을 받았다고 스스로 느끼고 있는 그대로의 제 모습입니다. 이 모든 너절한 이야기들을 가지고 저를 판단해보십시오. 제게 그럴 만한 가치가 있다면 말입니다. 저는 이보다 더 질서 정연하게 정리할 수 없을 테고 다시 시작할 용기도 없으니까요. 이 묘사가 너무도 진실한 나머지 제게서 당신의 호의를 거두어버린다면, 저는 제 것이 아닌 것을 더이상 부당하게 얻고자 하지 않겠습니다. 그러나 제가 당신의 호의를 그대로 간직하게 된다면, 그 호의는 확실히 제 것이므로 더 소중하게 여길 것입니다.

몽상의 초안[68]

1

이 글의 제목을 제대로 충족시키려면, 육십 년 전에 이 글을 시작해야 했을 것이다. 왜냐하면 내 인생 전체가 나날의 산책으로 장(章)이 나뉜 하나의 긴 몽상에 지나지 않기 때문이다.

비록 늦긴 했지만 나는 오늘 이 글을 시작한다. 이제 내가 이 세상에서 할 수 있는 더 좋은 일은 아무것도 남아 있지 않기 때문이다.

나는 이미 상상력이 얼어붙고 모든 능력이 쇠퇴하는 것을 느끼고 있다. 몽상을 글로 옮기는 권태로움이 내게서 글을 쓸 용기를 앗아갈 때까지, 나는 내 몽상이 날마다 점점 더 생기를 잃는 것을 보게 될 것이다. 따라서 내가 계속 쓴다 해도 내 책은 생의 종말이 가까워질 때 저절로 끝나게 될 것이다.

2

　가장 무감동한 사람조차 육체와 감각기능에 의해 즐거움이나 고통이 주는 인상 및 그것에서 기인한 결과에 구속받는 것이 사실이다. 그러나 그 인상은 순전히 물리적이어서 그 자체로는 그저 감각에 불과하다. 그것은 단지 정념을 낳을 뿐인데, 때로는 덕을 낳기도 한다. 영혼 안에서 깊고 지속적인 인상이 연장되어 감각보다 더 오래갈 때라든가, 혹은 다른 동기에 자극받은 의지가 즐거움에 저항하거나 고통에 동의할 때가 그러한 경우다. 그렇지만 그 의지가 항상 [읽을 수 없는 단어] 행동을 지배해야 한다. 더 강한 감각이 마침내 동의를 얻어내게 되면 저항의 모든 도덕성이 사라지고, 행동은 그 자체에서나 결과에서나 완전한 동의를 얻었을 때와 똑같은 것이 되기 때문이다. 그런 엄격함은 어려운 듯 보이지만, 또한 바로 그 때문에 덕이 그 고상한 이름을 지니는 것이 아니겠는가. 승리가 아무런 대가도 치르지 않는다면 무슨 월계관을 받을 자격이 있겠는가?

3

　행복은 너무 한결같은 상태이고 인간은 너무 변하기 쉬우므로, 행복은 인간에게 적합하지 않다.

　솔론은 크로이소스[69]에게 행복한 세 사람을 예로 들었는데, 그들의 삶이 행복해서가 아니라 그들의 죽음이 감미로워서였다. 그는 크로이소스가 살아 있는 동안에는 크로이소스를 행복한 사람으로 인정하지 않았다. 그리고 경험에 의해 그가 옳았음이 증명되었다. 나는 이 땅에서 진정으로 행복한 사람이 있다 하더라도 그 사람 이외에는 아무도 그 사실을 모르기 때문에 그가 행복한 사람의 예로 거론되지는 않을 것임을 덧붙여 말해둔다.

눈앞에 보이는 계속적인 움직임은 내가 존재하고 있다는 사실을 일깨워준다. 분명 그때 내가 느끼는 감정은 가볍고 일정하며 단조로운 소리에 대한 미약한 감각일 뿐이다. 그러면 그때 내가 즐기는 것은 무엇인가? 바로 나 자신. 그러니까……

4

이 땅에서 내가 아무것도 하지 않는 것은 사실이다. 내게 더이상 육신이 없을 때도 아무것도 하지 않겠지만, 그럼에도 불구하고 나는 더 훌륭한 존재가 될 것이다. 가장 활동적인 사람보다 감정과 생명력이 더 풍부한 존재가 될 것이다.

5

현대인은 자신의 크기에 맞추어 그들을 작게 만들지만, 나는 그들의 크기에 맞추어 나 자신을 크게 만든다.[70]

6

진정한 친구라고 믿었던 친구들이 모두 거짓 친구로 밝혀짐으로써만 습득되는 기술이라면, 어떤 실수라도 거짓 친구를 가려내는 기술보다야 낫지 않겠는가.

7

그 신사들은, 불쌍한 스페인 사람을 마음껏 괴롭히면서도 아주 금욕적인 논법을 통해 고통은 불행이 아니라고 증명함으로써 관대하게 위로해 주는 카리브 해의 해적 떼처럼 행동한다.

8

그러나 나는 그녀에게 내 주소를 주고 싶지도 않았고 그녀의 주소를 받고 싶지도 않았다. 내가 등을 돌리자마자 그녀는 조사를 받을 것이고, 그 신사들이 늘 그러듯 이미 알려진 내 의도를 왜곡해 거기서 내가 하고자 한 선행보다 훨씬 더 큰 악행을 끄집어내리라 확신했기 때문이다.

9

마침내 내 결백이 알려져 박해자들이 잘못을 시인하게 되었을 때, 진실이 그들의 눈에 태양보다 더 환하게 빛날 때, 세상 사람들은 분노를 가라앉히기는커녕 더욱 격하게 분노할 것이다. 그때는 그들이 즐겨 내게 뒤집어씌우는 악행을 이유로 나를 증오하는 오늘날보다 그들 자신의 부당함 때문에 더욱더 나를 증오할 것이다. 사람들은 자신들이 내게 퍼붓는 모욕 때문에 결코 나를 용서하지 않을 것이다. 그때부터 사람들에게는 그 모욕이 나의 가장 용서할 수 없는 죄악이 될 것이다.

10

나는 언제나 해야 할 일을 해야 한다. 그것이 내가 해야 할 일이기 때문이다. 하지만 성공하리라는 희망은 품지 않는다. 그런 성공은 이제 불가능하다는 것을 잘 알기 때문이다.

11

나는 생각해본다. 그토록 당당하고 오만하며, 자신의 자칭 지식에 대한 자부심이 강하고 잔인하기 짝이 없는 자아도취에 빠져 나에 대해 아는 바에 조금도 오류가 없다고 여기는 이 세대가 놀라는 모습을.

12

그들과 나 사이에는 더이상 관계도 우애도 없다. 그들은 나를 동료로 인정하지 않았고, 나는 그들의 거부를 자랑스럽게 받아들이고 있다. 그럼에도 불구하고, 내가 아직도 그들을 위해 수행할 수 있는 인류의 의무가 있다면 나는 기꺼이 수행할 것이다. 다만 그 경우 그들은 내게 동료가 아니라, 위안을 필요로 하는 고통스럽고 연약한 존재일 뿐이다. 나는 고통 받는 개도 똑같이, 더 선량한 마음으로 위로해줄 것이다. 배신하지도 않고 음흉하지도 않으며 결코 거짓으로 애정을 표현하지 않는 개는 내게 이 세대의 인간들보다 훨씬 더 가까운 존재이기 때문이다.

13

군주라 할지라도 죄인이 정식으로 재판을 받고 유죄 선고를 받은 후에야 비로소 용서할 권리를 갖는다. 그렇지 않으면 죄인에게 죄를 인정하게 하는 절차도 없이 범죄의 낙인을 찍는 일이 될 텐데, 그것은 모든 부정 행위 중에서도 가장 명백한 부정행위일 것이다.

그들이 내게 빵을 제공하고 싶어한다면, 그것은 내게 치욕을 주기 위해서이다. 그들이 내게 베풀고자 하는 자비는 특혜가 아니다. 그것은 불명예요 모욕이고 내 품위를 떨어뜨리는 수단일 뿐, 그 이상도 이하도 아니다. 그들은 분명 내가 죽기를 원할 것이다. 하지만 내가 살아 있으면서 명예를 훼손당하는 편을 훨씬 더 좋아한다.

14

나는 어떤 도둑이 행인에게서 지갑을 갈취한 후 가던 길을 마저 가라며 그중 아주 적은 액수를 돌려줄 때 행인이 도둑에게 품는 것과 똑같은 감사의 마음으로 그들의 동냥을 받을 것이다. 그렇지만 도둑의 의도는 행인의 품위를 떨어뜨리는 것이 아니라 단지 그를 위로하는 것이라는 점에서 차이가 있다.

날마다 아침에 일어날 때, 그날 하루 새로운 고통을 겪지 않고 더 불행하게 잠자리에 들지 않을 거라고 굳게 확신하는 사람은 이 세상에 오직 나뿐이다.

15

저승의 삶에 대한 기대는 이승의 삶의 모든 불행을 완화해주고, 죽음의 공포도 거의 없애준다. 하지만 이 세상사에는 언제나 희망과 불안이 뒤섞여 있다. 진정한 휴식은 체념 속에만 깃들 뿐이다.

16

수가 적지도 않고 더 필요하지도 않은 신분에 대해 마자랭 추기경[71]이 말했듯, 신분을 갖지 않는 것도 우스꽝스럽고 그렇다고 신분을 갖는 것은 더욱더 우스꽝스럽게 되는 상황이 벌어질 것이다.

정의에 앞서 이해관계를 염두에 두는 이는 말을 가장 잘하는 사람보다 자신에게 유리하게 말하는 사람을 더 좋아한다.

17

몽상
이것을 통해 나는 결론을 내렸다. 이 상태는 적극적인 즐거움이라기보다는 삶의 고통을 잠시나마 유예해주는 것으로서 내게 기분 좋은 것임을.

그러나 육체와 감각을 가지고 있을 때는 순수한 정신의 자리에 있을 수가 없다. 따라서 정신의 진정한 존재 방식을 제대로 판단할 방법이 전혀 없는 것이다.

최대한 잔인하게 그들에게 복수하기를 원하는가? 그러기 위해서는 행복하고 만족하게 사는 길밖에 없다. 그들을 비참하게 만드는 확실한 방법이다.

그들은 나를 불행하게 만들려는 욕구를 스스로에게 부여하므로, 그들의 운명은 내게 달려 있다.

18

나는 지적이고 자유로운 인간들의 존재가 신이라는 존재의 필연적인 결과임을 충분히 생각할 것이다. 그리고 신의 완전함을 벗어나 있을 때조차 신성(神性) 안에서의 즐거움, 아니 오히려 신성을 보충해주는 즐거움을 느낀다. 그 즐거움은 정의로운 영혼을 지배한다.

19

그들은 자신들과 나 사이에 더이상 무엇으로도 메울 수 없고 뛰어넘을 수 없는 거대한 심연을 팠다. 나는 죽은 자와 산 자가 떨어져 있듯이 남은 평생 그들과 떨어져 지낸다.

그로 인해 나는 다음과 같은 생각을 하게 된다. 양심의 평화에 대해 말하는 모든 사람들 중 제대로 알고 말하고 그 결과를 느낀 사람은 거의 없다고.

앞으로 상황을 바꿀 수 있는 어떤 기회가 있다면, 그러리라 생각하지도 않지만 어쨌든 그런 기회가 있다면, 그 기회가 적어도 내게 유리한 것일 수밖에 없음은 확실하다. 왜냐하면 더 나빠질 가능성은 전혀 없기 때문이다.

20

어떤 이들은 열성적으로 나를 찾고, 나를 보면 기쁨과 감동의 눈물을 흘리고, 나를 포옹하고, 흥분하여 눈물을 흘리면서 내게 입을 맞춘다. 또 어떤 이들은 나를 볼 때 격한 분노로 흥분하는데, 그럴 때면 그들의 눈에 이는 격분의 불꽃이 보인다. 나를 향해 침을 뱉거나, 의도가 빤히 보일 만큼 아주 부자연스러운 태도로 바로 내 옆에 침을 뱉는 사람들도 있다. 그토록 상이한 표지들은 모두가 똑같은 감정에서 기인한다. 분명하다. 그토록 많은 상반된 모습으로 드러나는 그 감정은 대체 어떤 것일까. 내가 보기에 그것은 내 모든 동시대인들이 내게 품고 있는 감정이다. 그런데 나는 그 감정의 정체를 모르고 있다.

21

수치는 결백함과 함께하지만 죄는 더이상 수치를 모른다.

아무리 기이하고 역설적인 것이더라도 나는 아주 고지식하게 내 감정과 의견을 말한다. 그리고 논증도 증명도 하지 않는다. 어느 누구도 설득하고자 애쓰지 않고, 오직 나 자신을 위해서 글을 쓰기 때문이다.

22

이제 인간의 권력은 어떤 것이든지 내게 아무런 힘을 발휘하지 못한다. 만약 내게 격렬한 정념이라는 것이 있었다면, 공개적으로 벌 받지 않고 마음껏 그것을 충족시킬 수 있었을 것이다. 내게 설명하는 것을 죽음보다 두려워하는 그들이 어떤 대가를 치르더라도 설명을 피할 것이 분명하기 때문이다. 하지만 그들이 내게 무엇을 하게 하고 무엇을 못 하게 할 것인지, 내가 묻는 것은 그것뿐인데 그 대답을 얻을 수가 없다. 그들이 나를 괴롭힐까? 그들은 내 고통의 종류를 바꿀 수는 있겠지만 고통을 증가시키지는 못할 것이다. 그들이 나를 죽게 할까? 오, 그들은 그러지 않도록 조심해야 하리라. 내 고통을 끝내는 것이 될 테니까. 이 땅의 주인이자 왕이여, 나를 둘러싼 이 모든 사람들은 내 뜻에 달려 있다. 나는 그들에게 무엇이든 할 수 있지만, 그들은 더이상 내게 아무것도 할 수 없다.

23

그러나 나를 지금과 같은 상태로 몰고 갔을 때, 그 신사들은 내가 증오심과 복수심이 없는 영혼을 가지고 있다는 것을 잘 알고 있었다. 그렇지 않았다면 그들이 그로 인해 벌어질지도 모를 위험을 무릅쓸 리 없었을 테니까.

24

힘이 있고 권력이 있을 때는 더이상 사람들에게 아무것도 바라지 않는 법이다. 지난 삼십 년의 수고와 노동과 걱정과 노력이 오직 나를 그들보다 완벽히 우월하게 만들어주는 데 도움이 되었음을 생각하면, 나는 악인들의 유별난 무능력에 웃지 않을 수 없다.

25

그들은 단지 어떻게 그 모든 사실을 알았는지, 그것을 알아내기 위해 무슨 짓을 했는지만 말하면 된다. 그들이 이런 사항만 충실히 이행한다면, 나는 그들의 모든 비난에 대해 어떤 항변도 하지 않겠다고 약속한다.

26

하느님은 인간의 의견이나 명성과 관련된 모든 것에 조금도 개입하지 않으며, 사람이 죽은 후에 이 세상에 남겨지는 것을 전적으로 사람들과 운명에게 맡긴다는 것을 나는 모든 일을 통해 목도했고 믿게 되었다.

27

1. 너 자신을 알라
2. 냉담하고 우울한 몽상
3. 감각적인 도덕
동시대인들에게 어떻게 처신해야 하는가
거짓말에 대하여
너무 쇠약한 건강
고통의 영원성
감각적인 도덕[72]

28

오늘날의 거의 모든 책은 허위 암시, 억지로 갖다 붙이기, 빈정거리는 인용, 언제나 직접적으로 말하지 않지만 교묘하게 독자의 악의를 조종하는 모호하고 석연찮은 문장들을 이용해 비열하게도 아무 관련 없는 듯한 어투로 직간접적으로 나에 대해 이야기한다. 그런 간악한 솜씨를 알아채는 양식 있는 사람은 영영 나타나지 않을 것인가?

29

그러나 자신들이 꾸민 음모의 결실을 잃지 않고는 내게서 빼앗아갈 수 없는 (글쓰기를 사랑하도록 내게 남겨놓은)[73] 이 평온, 그들은 이 평온을 명예로운 사람이 견디기 힘든 것으로 만들고자 온갖 것을 동원해 오염시키는 데 골몰하고 있다. 그런데 그들은 결백이라는 자원을 모르기 때문에, 내가 이 상황의 괴로움을 견디기 위해 그 자원을 찾아내리라는 것을 예상하지 못했다.

30

죽음이 느린 걸음으로 다가와 세월의 흐름을 예고하는 동안, 내가 그 우울한 접근을 한가로이 보고 느끼는 동안……

즐기는 기술과 그 밖의 단상들

1

즐기는 기술에 대하여

　나는 나를 천천히 무덤으로 데리고 가는 치유할 수 없는 불행에 소진되어, 이제 떠나야 하는 생을 향해 종종 관심의 눈길을 돌린다. 그 생애의 종말을 보는 것이 괴롭지는 않지만, 가능하다면 나는 기꺼이 그 생을 다시 살 것이다. 그런데 내가 애착을 가질 만한 그 기간에 나는 무엇을 경험했던가? 예속, 실수, 헛된 욕망, 궁핍, 온갖 종류의 병약함, 짧은 즐거움과 긴 고통, 숱한 현실적 불행, 허망하게 사라져버린 약간의 행복. 아, 분명 산다는 것은 감미로운 일이다. 그토록 운이 없는 인생이건만 이렇게 내게 회한을 남기니 말이다.
　그런데 내가 날마다 듣기로는 이 세상의 행복한 사람들은……

2

고통에 내맡겨진 여생을 나는 여전히 기쁜 마음으로 고독 속에서 보내고 있다. 그 소중한 고독이여, 나무 없는 숲이여, 물 없는 늪이여, 금작화여, 갈대여, 우울한 히스여, 내게 말도 못 하고 내 말을 들을 수도 없는 무생물들이여, 어떤 은밀한 매력이 나를 끊임없이 그대들 가운데로 이끄는 것인가? 무감각한 죽은 존재들이여, 그 매력은 그대들 안에 있지 않다. 절대 그럴 수는 없으리라. 그 매력은 모든 것을 매력에 결부시키고 싶어 하는 나 자신의 마음속에 있다. 사람들의 교제는 내게 가장 소중한 매력으로부터 나를 멀어지게 한다. 나는 오직 그대들의 은신처 안에서만 나 자신과 평화롭게 있을 수 있다.

3

억제해야 하는 식욕에 사로잡힌 회복기의 환자가 식탁에서 허락되는 소량의 음식을 모두 즐겁게 맛보고, 더 허락될 수 있는 음식을 탐욕스럽게 기대하는 모습을 보라. 그는 다른 사람이 식사 내내 느끼는 것보다 훨씬 더 큰 즐거움으로 음식 한 조각 한 조각의 맛을 돋운다. 당신보다 절반이나 적게 먹으면서도 두 배로 즐기는 것이다.

4

이 땅에서 진정한 즐거움일랑 찾지 말자. 이 땅에는 그런 것이 없으니까. 이 땅에서는 영혼이 소망하고 필요로 하는 큰 기쁨도 찾지 말자. 이 땅에는 그런 것이 없으니까. 우리에게는 완전한 행복에 대한 어렴풋한 본능이 있어 다만 우리의 행복이 공허하다는 것을 느낄 뿐이다.

5

나는 스스로에게 말하면서 즐겼고, 여전히 즐기고 있다.

6

신의 대리자인 순수한 정신이 자연에서 신의 목소리로 모든 것을 명령하고, 이 세상에서 하느님의 율법을 열심히 완수하는 것이 눈에 보이는 듯하다. 내 눈앞에서 감각의 세계에 활기를 주고 그 세계를 가득 채우기 위해 정신의 세계가 내 주변에 모인 듯하다.

7

그들은 죽기는 두려워하고 살기는 지루해한다.
죽음의 공포에도 불구하고 그들은 여전히 삶에 대해 불평한다. 그들이 사는 게 불행하다고 굳이 말하지 않더라도, 삶을 유쾌하게 만들어주는 모든 것을 지루해하기 때문에 불행해하는 것이 보인다.

8

호메로스가 붉은색으로 물들인 상아 장식을 두고 염료로 더럽혀졌다고 말한 것도 이런 식이었다.[74]

9

반대로 나는 사람들이 혼자 사는 것을 좋아하는 한에서만 진정으로 사교적일 수 있다고 생각할 것이다. 사람들을 증오하지 않기 위해서는 멀리서만 그들을 보아야 하기 때문이다. 그래야만 마음속으로 인정하지 않는 편애를 그들에게 요구하지 않게 된다.

10

나는 삼단논법으로는 정리되지 않는 내적 감정을 가지고 있다. 그러나 그것은 추론보다 더 강한 설득력이 있다.

11

나는 증거 이상의 것을 가지고 있다. 내게는 명백한 사실이 있다.

12

그들이 오직 정의롭기만 하다면 나는 졌다. 그러나 그들이 감히 공정하고자 한다면, 내가 승자이다.

13

그는 명성을 얻은 치명적인 시기 이후로 그의 운명이 겪게 된 모든 재난은 소수의 사람들이 오랫동안 아주 비밀리에 준비한 음모의 결과라고 생각한다. 그 소수의 사람들이 모든 귀족과 재사들을 끊임없이 그 음모에 가담시키는 비법을 찾아낸 것이라고. 그것은……

14

프랑스인들은 나를 증오하지 않는다. 그럴 리가 없다고, 내 마음이 내게 말하고 있다. 나는 몇몇 작가들이 내게 준 모욕에 대해 프랑스에 책임을 묻고 싶지 않다. 프랑스의 공정함은 그들을 비난하고, 프랑스의 세련된 예절은 그들을 인정하지 않는다. 진정한 프랑스인은 특히나 불운한 사람에 대해 그런 어조로 글을 쓰지 않는다. 그들은 물론 나를 학대했지만 마지못해 그런 것이다. 그들이 내게 가한 치욕 자체가 내 품위를 떨어뜨린 경우보다는, 그 치욕을 보상해준 배려가 내 품위를 영예롭게 해준 경우가 더 많다.

15

……그들은 내가 한 말에 대해 대답을 했을 수도 있다. 그러나 내가 말하고자 한 것에 대해서는 분명히 대답하지 않았다. 그러므로 설사 그들이 내 글을 제대로 반박했을지라도, 그들의 글이 증명하는 것은 단지 내가 나 자신을 제대로 이해시키지 못했다는 것뿐이다. 그들은 내가 생각한 것에 대해서는 아무것도 반박하지 않기 때문이다. 따라서 누군가가 제대로 말하지 못하는 내 서툰 방식 너머로 진정한 내 감정을 찾으려는 수고를 한다면, 그는 내가 틀렸음을 발견할 수도 있을 것이다. 그러나 분명한 것은 내 적들이 말하는 이유 때문은 아니라는 것이다. 그 이유들은 전혀 나에 대한 것이 아니기 때문이다.

16

내가 감히 험난한 직업에 뛰어들었을 때, 나는 그 직업을 둘러싸고 있는 위험을 모르지 않았다. 진리에 내 펜을 바치면서 나는 예상했다…… 나는 내가 두려워해야 할 모든 불행을 오래전부터 예상하고 있었다. 나는 그 불행을 무릅쓸 만큼 무모했을지는 몰라도, 적어도 그것을 모를 만큼 무분별하지는 않았다……

17

1768년 가을, 영국으로 돌아가기로 결심한 나는 내게 남아 있던 서류들을 검토해보았다. 그걸 끌고 다니는 것이 쓸데없는 수고라고 생각되어 그중 상당량을 태워버릴 목적에서였다. 나는 최근의 수집물부터 검토하기 시작했다. 그리고 기계적으로 페이지를 넘기다가 그때까지 거의 눈여겨보지 않았던 공백을 우연히 발견했다. 하지만 그 순간 다른 여러 가지 정황으로 미루어 그것의 중요성을 상기했고, 그 글을 쓴 사람들이 누구인지를 보자 나를 겨냥한 무시무시한 음모에 대해 처음으로 생각하게 되었다. 그때부터 나는 그 수집물을 태워버리려는 계획을 그만두고 반대로 귀중하게 보관하기로 결심했다. 거기에 들어 있는 내용이 내게 불리해 보이는데도 불구하고, 조만간 그 수집물이 공정하고 주의 깊은 사람을 진실의 길로 인도하기에 충분한 정보를 제공하리라는 생각이 강하게 들었던 것이다. 슈아쥘 씨의 여권을 가지고 있었는데도 왕국에서 나가는 계획을 포기하고, 오직 내 결백함만으로 무장한 채 나를 겨냥해 꾸며진 음모의 모든 결과에 직면하기로 결심한 것도 바로 그 순간이었다. 나는 그 수집물을 손에 넣게 될 사람들을 진실의 길로 인도하기 위해 몇몇 편지의 말미에 약간의 메모를 해두었다. 그들이 정의를 사랑한다면, 그 메모의 안내를 받아서 언젠가 가장 불운한 사람의 결백에 정의를 되돌려주고 박해자들의 모욕으로부터 그의 명예를 회복해주는 데 필요한 조사를 하는 것은 그들의 몫이다.

18

　나는 공화주의 국가가 인간에게 어울리는 유일한 것이라고 항상 생각해왔고 여전히 그렇게 생각하고 있다. 나는 덕성스러운 마음을 지닌 사람의 올곧은 감정에서 나올 수 있는 대담함과 긍지를 가지고 언제나 그렇게 말했다. 속으로는 나와 생각이 같았지만 나를 화나게 하고 논쟁으로 몰아넣기를 좋아한 레르가 종종 내가 국민의 국가에 대해 경멸조로 말하도록 유도했다는 것을 나는 의심하지 않는다. 그것이 공화주의자에게 죄가 된다면 나는 유죄임을 선언한다. 나는 글에서 쓴 대로 말했고, 언제나 억누를 수 없는 혈기 때문에 누구든 내 감정을 공격한 사람에게 내 감정을 극단적으로 표현하며 소리 높여 공개적으로 말했다. 하지만 이 모든 것도 레르의 편지에 배어 있는 아주 기이한 어조에 대한 변명이 되지 않는다. 오직 그 사람만이 그런 어조를 사용한 동기를 설명할 수 있다. 그가 나보다 더 오래 살기를 바란다. 그래서 무엇 때문에 그가 그런 식으로 내게 편지를 썼는지, 세상 사람들이 그를 통해 알게 되기를 바란다. 나는 그 첫째 동기로 디드로와 돌바크[75]를 발견하게 되리라는 것을, 마치 그가 이미 내게 말해주기라도 한 것처럼 앞질러 확신하고 있다.

19

　1768년 9월 11일 부르구앵에서, 부르구앵 시장 샹파뇌 씨와 포병 장교 로지에르 씨 앞에서 테레즈 르 바쇠르와 결혼.[76]

1737년 6월 27일의 장 자크 루소의 유서

장 자크 루소 씨의 유서.

1737년 6월 27일 오후 샹베리에 위치한, 프랑수아즈 루이즈 드 라 투르 드 부아랑77 부인이 살고 있는 국왕 폐하의 재무장관 S. 로랑스 백작 저택에서, 하단에 서명한 정식 공증인 본인의 입회하에 하단에 거명된 증인들 앞에서 이자크 루소 씨의 아들로 제네바에서 태어나 현 도시에 거주하고 있는 장 자크 씨가 스스로 확증했다. 그는 오늘 일어난 사고로 인해 침대에 누워 있지만, 공증인 본인과 증인들이 보기에 감각과 기억력과 이해력이 정상인바 그의 논리는 견고했다. 임종이 언제일지는 모르지만 죽음이 확실한 까닭에 신에게 자신의 행동을 보고하러 갈 준비가 되었다고 생각한 그는 다음과 같이 유언했다. 먼저 성부와 성자와 성령의 이름으로 몸 위에 성호를 긋고, 영혼을 창조주이신 하느님께 맡기면서 우리 주 예수 그리스도의 공덕과 성모 마리아와 수호성인 성 요한과 야고보의 중개를 통해 그를 불쌍히 여기시고, 성스러운 천국으로 그의 영혼을 받아주시기를 하느님께 기도했다. 그리고 사도로부터 이어오는 성스러운 로마 가톨릭 교회의 성스러운 신앙 안에서 살고 죽기를 맹세하고, 그의 장례식과 장례 비용은 아래 거명하는 상속녀의 뜻에 일임하며, 그의 영혼이 편히 쉬도록 하느님께 기도드리는 일과 그녀가 적당하다고 생각하는 곳에 그를 매장하는 일을 그녀에게 일임했다.

예의 유언자는 그의 영혼의 휴식을 위한 미사를 축성하도록 도시 내의 카푸치노 수도회 사제들, 성 아우구스티누스 수도회 사제들, 그리고 글라라 관상수녀회의 수녀들에게, 전술한 수도원마다 16리브르의 금액을 유증한다. 상기 유언자는 특별 유산 상속인 지정에 의해 부친 이자크 루소 씨에게 그의 전 재산 중 정당한 권리에 따른 유류분(遺留分)[78]을 위임하고 유증하며, 나머지 재산은 은인에 대한 감사의 표시나 빚 탕감에 할애되어야 하는바 유류분으로 만족할 것을 부탁한다. 〔또한 상기 유언자는 그가 말한 바와 같이 필요한 경우 그의 형 프랑수아 루소의 유산도 부친이 계속해서 소유해야 함을 밝힌다.〕[79] 상기 유언자는 제네바의 자크 바리요 씨에게 아래 거명된 상속녀를 통해 갚고자 하는 빚 이외에도 그의 사후 육 개월 후에 지불될 100리브르의 금액을 유증한다. 상기 유언자는 성 모리스와 라자로의 성스러운 종교적 자선 시설 및 현 도시와 지역의 자선 시설에 약간의 유증을 할 것을 권고하지만, 아마 그의 능력으로는 아무것도 유증할 수 없을 것이라고 말했다.

나머지 재산에 대해서는, 전술한 프랑수아즈 루이즈 드 라 투르 드 부아랑 공작부인을 재산상속인으로 지명하고 직접 그녀의 이름을 거명하면서, 그녀의 호의에 대한 열렬한 감사의 유일한 표시로 그의 유산을 받아줄 것을 매우 겸손하게 부탁했다. 그리고 이 유서가 그의 마지막 유서가 되기를 바라면서, 만약 이것이 유서로서 유효하지 않다면 죽음으로 인한 증여 증서로서 유효하기를 바랐고, 상기 유언자가 증인으로 거명한 하기(下記) 지인들이 모든 수단을 동원해 증언해줄 것을 부탁했다.

또한 상기한 루소 씨가 이 문서를 스스로 확증하고 구성한바, 그는 마음의 부담을 덜기 위해 이 자리에 없는 프랑수아즈 루이즈 드 라 투르 드 부아랑 부인에게 십 년 전부터 부인이 그에게 제공한 연금과 생활비에 대해 사부아 리브르로 2,000리브르의 빚이 있음을 밝혔고, 공증인 본인이 그녀를 대신해 동의하고 명기했다. 하느님께서 목숨을 보전해준다면, 상기한 루소 씨는 그가 얻게 되는 현재와 미래의 모든 재산을 담보로 하고 모든 비용과 손해의 보상을 위해 노력하여 육 개월 내에 그 금액을 그녀에게 지불할 것을 약속한다. 그 밖에 상기한 루소 씨는 이 도시의 상인장 앙투안 샤르보넬 씨에게 빌린 돈과 배달된 물건에 대해 700리브르의 금액을 약속했음을 고백한다. 그는 그 약속을 확인하고 시인하며 상기한 금액 700리브르를 그에게 빚지고 있다고 밝히고, 하느님께서 목숨을 보전해준다면 위에서 말한 것과 동일한 노력과 재산을 담보로, 똑같이 육 개월을 기한으로 이 자리에 부재한 샤르보넬 씨에게 돈을 갚을 것을 공증인 본인과 증인들의 승인하에 마찬가지로 약속하는 바이다. 다른 모든 정해진 약속에 대해서는 복종하고 권리를 포기하며 필요 조항을 따른다.

본 도시의 주민들로서 증인으로 요구된 상원 검사 클로드 모렐 선생, 에셸 소교구의 앙투안 본 선생, 본 도시에 살고 있는 반지 소교구의 자크 그로, 명망 높은 앙투안 부바르, 피에르 카타뇰, 제화공 피에르 조르주, 비시 소교구의 앙투안 포레가 보는 앞에서 현장에서 위와 같이 작성되고 표명되었다. 상기한 루소 씨는 그에게 일어난 사고 때문에 공증인 본인과 증인들이 본 바와 같이 눈에 붕대를 감고 있어서 서명하지 못했다.

(서명) 증인 모렐, 증인 A. 본 및
J. 그로, 앙투안 부바르, 피에르 카타뇰, 피에르 조르주

요청받은 정식 공증인인 본인은 서명 및 본인의 보고서 세 장 이외에

네 쪽과 다섯 번째 쪽의 한 줄을 포함하는 이 문서를 소리 내어 읽어 발표했고, 상기한 루소는 앞서 밝힌 이유로 서명하지 못했으며, 전술한 앙투안 포레는 글을 몰라 서명하지 못했다.

(서명) 리부아르

제네바 시민 장 자크 루소의 유서

이것은 나, 제네바 시민 장 자크 루소의 친필 유서이다.
나는 가난하게 살았던 것처럼 가난하게 죽기를 바란다. 십중팔구 헌 옷 몇 가지와 약간의 돈이 내 유산의 전부가 될 텐데, 그토록 하찮은 것 때문에 유서를 작성할 필요는 없다. 그러나 그 하찮은 것조차 내 것이 아니다. 나는 내가 한 약속과 법적 승인에 따라 그것을 처분해야 한다. 유언을 표명하면서 내가 잘 몰라서 저지를 수도 있는 형식상의 오류에 대해서는 재판관들이 정당하다고 생각하는 이유에 따라 처리하기를 바란다. 나는 내 보호자 테레즈 르 바쇠르를 유일한 상속자이자 포괄적인 유증 수혜자로서 지명하고 선정한다. 내 책이든 서류든 저서로 인한 수입이든 그 어떤 종류의 것이든, 어떤 장소에 있든 내 것이고 전달될 수 있는 모든 것이 나 자신에게 속한 것처럼 그녀에게 속하기를 바라면서, 지난 이십 년간 내게서 한 푼의 보상도 받지 못한 채 내게 베풀어준 봉사와 배려와 애정에 대해 이보다 더 잘 보답해줄 수 없는 것을 유감스럽게 생각한다.

촌수가 어떻게 되든 친척들은 모두 상속에서 제외한다. 특히 가장 가까운 두 친척, 즉 루소 집안에서 태어난 내 고모 쉬잔 공스뤼와 사촌 형제 가브리엘 루소에게는 각각 유류분 5수씩을 물려준다. 그것은 경멸이나 조롱이 아니라, 내가 살고 있는 나라의 법을 따르기 위한 것이다.

내가 다정한 애착을 느끼는 친구와 친지들이 몇 있는데, 여기서 내 마음이 시키는 대로 그들에 대한 명예로운 언급을 하지 않으려니 괴롭다. 하지만 내 유언의 집행에 필요한 형식과 절차를 따르느라 내가 남겨줄 수 있는 하찮은 것을 탕진하고 상속자에게 수고를 끼치게 될까 봐, 이 유서의 간결함을 변질시킬 어떤 유증도 하지 않겠다.

오래전부터 나를 쇠약하게 만들고 있는, 필시 내 인생을 끝장낼 이 기이한 질병은 같은 종류의 다른 모든 질병과 너무 다르므로, 공익을 위해 그 환부를 조사할 필요가 있다고 생각한다.

따라서 나는 가능하면 솜씨 좋은 사람들에 의해 내 시신이 해부되기를 바라고, 그들의 작업을 인도할 수 있도록 내 병의 증상에 대한 메모를 여기에 첨부한다. 그 비용은 내 유산에서 징수될 수도 있지만, 그에 대한 날인이나 압류나 법적 구속력은 없다. 나는 이 조항을 내 유서의 필수 조건으로 만들려는 것이 아니다. 나는 이 점에 대해 원하는 바를 말하는 것이 아니라, 그 일이 편리하게 자발적으로 실행될 수 있는 한도 내에서 공익을 위해 내가 희망하는 바를 말하는 것이다.

모티에 트라베르에서 1763년 1월 29일 작성.

J.J. 루소

요폐(尿閉)에 시달린 지는 이십 년이 되었는데, 어린 시절에 그 병에 걸린 나는 오랫동안 담석이 원인이라고 생각해왔다. 모랑 씨도, 가장 솜씨 좋은 외과 의사들도 나를 검진할 수 없어 그 병인에 대해 확신하지 못하고 있었는데, 마침내 콤 수도사가 아주 가느다란 도뇨관을 주입한 끝에 결석이 없음을 확인했다.

내 요폐는 결석이 있는 사람들의 경우처럼 발작적인 것이 아니다. 그들은 양껏 소변을 보기도 하고 때로는 전혀 못 보기도 하는데, 내 병은 습관적인 상태이다. 나는 양껏 소변을 보는 일도 없고 그렇다고 완전히 소변이 나오지 않는 것도 아니지만, 소변이 시원하게 나오지 않고 다소 답답하게 나오는 바람에 거의 언제나 불안과 함께 만족될 수 없는 요의를 느끼는 것이다. 그렇지만 해가 갈수록 점점 소변 줄기가 약해지고 있고, 나는 그런 불균형 속에서 병이 계속 진행되고 있음을 깨닫고 있다. 그 때문에 조만간 결국 완전히 소변을 볼 수 없게 될 것이다.

요도에 문제가 있는 것인데, 다랑 씨의 화농성 부지[80]가 여러 번 고통을 다소나마 덜어주었다. 그러나 장기간 사용하다 보니 지속적으로 고통을 경감시켜주지 못하고 오히려 해가 되었고, 부지를 삽입하는 것조차 날이 갈수록 어려워져 점점 더 가느다란 것을 사용해야 했으며, 마침내 한참 동안 사용하지 않아야 그나마 수월하게 다시 사용할 수 있었다.

부지 삽입에 방해가 되는 장애물이 계속해서 방광 속으로 더 깊이 들어박히는 것 같았고, 그에 따라 해가 갈수록 더 기다란 부지를 사용해야 했다. 그리고 최근에는 그것으로도 충분하지 않다는 것을 알고 부지를 길게 늘일 생각까지 했다.

목욕, 이뇨제 등등 보통 그런 유의 병에 도움이 되는 모든 것들이 내 경우에는 병을 악화시키기만 했고, 사혈을 해도 고통이 전혀 덜어지지 않았다. 의사들과 외과의들은 내 병에 대해 모호한 추론밖에 하지 못했고, 그런 추론을 통해 내게 정확한 사실을 알려주려고 하기보다는 나를 위로하려고만 했다. 육체를 낫게 해줄 방법을 알아내지 못하자 정신을 낫게 하는 일에 참견하고자 한 것이다. 그들의 치료는 육체에도 정신에도 도움이 되지 못했다. 나는 그들 없이 지내게 된 이후 훨씬 더 평온하게 살았으니 말이다.

　콤 수도사는 전립선에서 아주 크고 단단하며 딱딱한 섬유질의 암 같은 것을 발견했다고 말했다. 따라서 그것을 관찰해보아야 한다. 환부는 전립선이나 방광의 경부나 요도 안에 있는 것이 분명하다. 어쩌면 그 세 군데에 모두 있을지도 모른다. 거기서 각 부분들의 상태를 조사하면 병의 원인을 밝힐 수 있을 것이다.

　그 원인을 꽤 오래된 성병의 영향에서 찾아서는 안 된다. 나는 그런 병에 걸린 적이 절대 없다. 나를 치료한 사람들에게 그 말을 했는데, 그중 몇몇 사람들은 내 말을 믿지 않는 것 같았다. 그들은 잘못 생각한 것이다.

　그런 영광은 단지 내 행복에서 비롯된 결과일 뿐이므로 내게 찬사를 보낼 필요는 전혀 없다. 어쨌거나 내 말을 믿든 안 믿든, 사람들이 내 병과 전혀 관계없는 원인을 찾지 않도록, 여기서 내가 밝힌 진실을 확실히 해두고자 한다.

해설
행복을 추구하는 몽상가의 내면 일기

진인혜

　1776~1778년 사이에 집필된《고독한 산책자의 몽상》은 루소의 죽음으로 인해 미완성으로 끝난 작품으로, 그가 죽은 후 1782년에 처음 출판되었다. 즉 루소 생애의 마지막 2년간은 이 작품의 집필에 바쳐진 것이다. 열 개의 산책으로 구성되어 있는 이 작품은 루소의 산책 도중의 단상을 기록한 것으로, 삶의 종착점에 와 있던 루소가 마침내 불행을 받아들이고 운명에 순응함으로써 자유를 되찾은 자신의 모습을 그리고 있다.
　루소가 자신의 내면세계를 탐구한, 이른바 자서전적인 작품은《고독한 산책자의 몽상》이 유일한 것은 아니다. 이 작품과 더불어 일인칭 자서전으로 불리는《고백Les confessions》과 삼인칭 자서전이라고 할 수 있는《루소, 장 자크를 심판하다―대화Rousseau juge de Jean Jacques, Dialogues》가 흔히 자서전적인 삼부작으로 일컬어진다. 이들 삼부작 중에서《고독한 산책자의 몽상》에서는 앞선 두 작품에서 볼 수 있는 웅변조의 서술이 사라지고 자기 자신에게 혼잣말을 하는 독백 형식을 취하고 있는 까닭에 순수한 상태에서 느껴지는 시정이 넘친다. 그 때문에 이 작품을 서정적 자서전이라고 부르기도 한다. 사실《고독한 산책자의 몽상》은 《고백》을 끝내고 얼마 동안 피해망상증에 걸려 있던 루소가 마침내 마음을 가라앉히고 마음속에서 평정과 위안을 발견하게 되면서 현재의 심경과 과거의 추억 등을 기록한 것이다. 루소는〈첫 번째 산책〉에서 마음의 평정을 완전히 되찾은 것은 두 달도 채 안 된다고 말하고 있다. 두 달 전까지는 여전히 희망을 품고 있었던 까닭에 희망이 좌절됨에 따라 끝없이 동요했다는 것이다. 그러므로 그의 삼부작 중에서 완전한 마음의 평화를 보여주는 글은《고독한 산책자의 몽상》이 유일한 셈이다. 물론《고독한 산책자의 몽상》이 환희와 기쁨으로만 채워진 글이라고 할 수는 없다. 앞서 말한 바와 같이《고독한 산책자의 몽상》은 일종의 독백인데, 독백이란 종종 내밀하고 단절되는 긴 탄식으로 이루어지기 때문이다. 하지만 그 속에는 기쁨과 고뇌가 절반씩 채색되어 절묘하게 조화를 이루고 있다. 특히 행복과 초탈의 상태에 대한 철학적인 견해, 평화로운 삶, 산책이나 명상 또는 식물채집을 통해 전개되는 자연과 융화되는 관계를 이야기함으로써 이 작품에 신비적인 황홀감을 부여해준다. 따라서 우리는 이 책에서 낭만적 감수성의 전조를 볼 수 있으며,《고독한 산책자의 몽상》은 그의 낭만적 시정을 가장 잘 느낄 수 있는 작품 중의 하나이다.

《고독한 산책자의 몽상》과 함께 실린 '자전적 단상과 전기적 자료'는 프랑스 갈리마르 출판사의 플레이아드 전집에 같은 제목으로 수록된 글들 중에서 그의 삶에 대해 시사해주는 점이 많은 중요한 글들을 선별하여 번역한 것이다. 루소가 스물일곱 장의 카드에 메모해놓은《고독한 산책자의 몽상》의 초안을 포함하여, 짧고 간략한 글들로 자신의 모습을 이야기하는〈나의 초상〉, 자신의 성격을 솔직하게 묘사하고 자기 행동의 진정한 동기에 대해 피력하는〈말제르브에게 보내는 편지〉, '즐기는 기술'에 대한 설명, 그리고 각각 다른 시기에 작성된 두 통의 유서는 인간 루소를 한층 더 친숙한 모습으로 우리에게 데려다줄 것이다.

1. 작품을 쓴 동기

　자서전적인 작품이라는 이유 때문에, 또한 집필 시기도 근접해 있다는 이유 때문에,《고독한 산책자의 몽상》은《고백》이나《루소, 장 자크를 심판하다—대화》와 동일한 성격의 작품으로 분류되기도 한다. 그러나 루소 자신이 밝히고 있는 집필 동기를 보면,《고독한 산책자의 몽상》은 앞선 두 작품과 그 성격이 전혀 다르다는 것을 알 수 있다.
　루소는 동시대인들의 음모에 대항하여《고백》을 발표해 자신의 결백을 밝히고 잘못 알려진 자신의 허상 대신 진정한 모습을 보여주려고 했지만, 이러한 시도는 실패로 돌아간다. 이에 좌절한 루소는 다시《루소, 장 자크를 심판하다—대화》를 집필하여 루소와 한 프랑스인의 변론을 통해 괴물로 전락한 자신의 왜곡된 모습을 벗기고 장 자크의 순수한 모습을 보여주려는 두 사람의 대화식 논쟁을 전개시킨다. 그러나 이 작품을 노트르담 성당의 제단에 헌정하려는 시도도 실패로 끝나고 말자, 루소는 체념하고 모든 것을 하늘의 뜻에 맡기기로 한다. 따라서《고독한 산책자의 몽상》은 다음과 같은 처절한 말로 시작된다.

　　이제 이 세상에 나는 혼자다. 더이상 형제도, 가까운 사람도, 친구도, 사람들과의 교제도 없고, 오직 나 자신뿐이다. 가장 사교적이고 상냥한 사람이 만장일치로 추방된 것이다.

　그러나 그가 단순히 자기 포기적인 체념의 마음으로 이 작품을 쓴 것은 아니다. 그는 자신이 이 세상에서 왜곡되어 있다는 생각을 처음으로 저항 없이 받아들이고, 자기 자신으로 돌아가 자신의 실체를 마음의 양식으로 삼음으로써 평생의 불행을 보상받고자 한 것이다. 그에게 이것은 바로 삶을 즐기는 기술이기도 했다. 따라서 루소는 《고독한 산책자의 몽상》을 쓰게 된 의도를 다음의 두 가지로 밝히고 있다. 첫째는 자기 자신을 알기 위해서이고, 둘째는 그 글을 다시 읽음으로써 자기 자신을 즐기기 위해서였다.

　루소는 〈첫 번째 산책〉에서 "나 자신은 무엇인가? 바로 이것이 이제부터 내가 탐구해야 할 문제이다"라고 밝히면서 자기 자신에 대한 내적 성찰을 시작한다. 《루소, 장 자크를 심판하다—대화》는 사회를 향한 루소의 최후의 반항이었고, 이 최후의 반항이 실패하자 스스로를 절망의 구렁텅이에 빠뜨리지 않으려고 외부 세계와의 관계를 끊고 다시 "나는 무엇인가?"라는 최초의 물음에 몰두하면서 자신의 내면적 진실을 찾아 나선 것이다. 이러한 태도는 "지금까지 그 예를 찾아볼 수 없고 앞으로도 아무도 흉내내지 못할 일을 시도"한다고 하면서 한 사람을 완전히 있는 그대로의 모습으로 보여주고 싶다고 천명한 《고백》 첫머리의 다소 오만한 선언과는 판이하게 다른 어조임을 알 수 있다. 즉 세상 사람들에게 자기 자신을 보여주기 위해서가 아니라, 스스로 자신의 참모습을 알기 위해 루소는 몽상을 기록으로 남기는 시도를 하는 것이다. 〈두 번째 산책〉에서 말한 바와 같이, 그는 "머릿속이 완전히 자유로운 상태에서 생각이 아무 저항과 장애도 없이 흘러가게 내버려두는 가운데 고독한 산책과 그 산책 도중에 떠오르는 몽상들을 충실하게 기록하는 것"이 영혼의 상태를 알기 위한 가장 확실한 방법이라고 생각했기 때문이다. 그리고 그는 그 몽상의 기록들을 다시 읽을 때마다 큰 즐거움이 되어 자신에게 되돌아오리라고 기대한다. 삶의 활기가 꺼져가고 있는 말년에 이른 그에게, 그것은 과거에 의지하여 몽상의 즐거움을 되살리는 일이 될 터였다.

　그러므로 《고독한 산책자의 몽상》은 자기 자신을 정당화하려는 계획으로 쓰인 것이 아니라 오직 자신을 위해서, 몽상을 쓰고 읽는 즐거움을 위해서 기록된 것이다. 그러한 의도는《몽상의 초안》21번 글에도 "나는 논증도 증명도 하지 않는다. 어느 누구도 설득시키고자 애쓰지 않고, 오직 나 자신을 위해서 글을 쓰기 때문이다"라고 분명하게 언급되어 있다. 요컨대《고백》과《루소, 장 자크를 심판하다—대화》의 루소가 잠재적 독자에게 말을 하고 있다면,《고독한 산책자의 몽상》의 루소는 자기 자신에게 말하고 있는 것이다. 즉 앞선 두 작품은 타인의 판단에 의해 고통 받는 자신의 왜곡된 모습을 바로잡고자 자신의 정당성을 주장한 글이라면,《고독한 산책자의 몽상》은 그런 헛된 희망을 버린 자유로운 자아가 자기 자신에게로 여행을 하는 글이라고 할 수 있다. 인간 사회에서 외면당하고 박해받는 고독한 인간의 탄식으로 시작된《고독한 산책자의 몽상》은 자기 자신에게로 여행하는 과정에서 체험하는 충만함과 기쁨을 이야기하고 있다. 그리하여 몽상을 글로 고정시켜두려는 이러한 계획은 루소에게 하나의 생활방식이요 구원의 도구가 되며, 훗날의 독서와 추억으로 되살릴 수 있는 자기도취적인 만족을 제공해준다. 어찌 보면《고독한 산책자의 몽상》은 자신의 내부로 들어가 칩거하며 자아 성찰을 함으로써 스스로를 축소시킨 듯이 보이지만, 사실 내적 자아에 대한 새로운 인식을 통해 풍요로운 영역을 개척한 작품이다.

2. 몽상Rêverie과 명상Méditation

  루소는 작품 속에서 때로는 '몽상'을 기록한다고 말하기도 하고 또 때로는 '명상'을 기록한다고 말하기도 한다. 단적인 예를 들어보면, 〈첫 번째 산책〉에서 그는 "날마다 산책하며 보내던 여가 시간은 종종 매력적인 명상으로 가득 차곤 했는데, 애석하게도 지금은 기억할 수가 없다"고 개탄하면서 "다시 찾아올 수도 있을 그런 명상들을 이제부터 글로 남겨놓으려 한다"고 말한 후 바로 이어 "본질적으로 이 글은 내 몽상에 관한, 일정한 형식이 없는 일기"라고 작품에 대한 성격을 규정한다.

하지만 몽상과 명상은 그 방식에서 명백한 차이가 있다. 우선 몽상은 휴식이며 논증적 사고에서 해방된 상태로, 루소가 〈두 번째 산책〉에서 말한 바와 같이 "머릿속이 완전히 자유로운 상태에서 생각이 아무 저항과 장애도 없이 흘러가게 내버려두는" 자연스런 방식이다. 그것은 아무런 구속 없이 자연의 사물들을 매개로 전개되고, 일관성 있는 논리적 흐름과는 달리 넓은 파동으로 자유롭게 굽이치며 흐른다. 따라서 루소는 몽상을 통해 엄격한 논증적 사고과정에서 느끼는 권태에서 벗어날 수 있는 것이다. 이와 같이 몽상이 자신의 의지와 상관없이 수동적으로 진행되는 것이라면, 명상은 그와 반대로 양심의 검토라든가 도덕적 진실의 추구와 같은 일정한 주제를 중심으로 진행된다. 따라서 명상은 일정한 주제에 대한 내적 성찰introspection을 요구하며, 인식에 의지해야 할 뿐만 아니라 집중을 필요로 한다. 달리 말하자면, 몽상은 자아와 자연과의 조화 속에서 이루어지는 것임에 반해 명상은 존재의 본질적 측면에 대한 의문에서 출발하며, 또한 그 존재가 다른 존재와의 관계를 어떻게 맺어나갈 것인가를 해결해보려는 행위이다. 이와 같은 차이를 감안해보면,《고독한 산책자의 몽상》에는 몽상보다는 오히려 명상의 몫이 더 큰 비중을 차지하고 있음을 알 수 있다. 그것은 열 개의 산책의 내용을 요약해보면 확실히 드러난다.

첫 번째 산책 : 작품의 전반적인 의미와 구성에 관한 언급. 고독의 우위를 주장하고, 고독한 생활과 자기 향유의 윤리적인 기초를 확립한다.

두 번째 산책 : 샤론과 메닐몽탕 사이에 펼쳐지는 가을 풍경 속에서 전개되는 몽상과, 메닐몽탕 언덕에서 질주해오는 개와 부딪친 사고에 대한 이야

기. 현세에서 끊임없이 위협받고 있는 질서를 오직 신만이 회복시켜줄 수 있다고 생각하며 신의 정의에 대한 믿음을 역설한다.

세 번째 산책 : 도덕과 종교에 대한 명상. 영혼의 불멸성에 대한 희망과 내적 동의의 우월함을 중점적으로 검토한다.

네 번째 산책 : 거짓에 대한 명상.

다섯 번째 산책 : 생피에르 섬에서 보낸 행복한 삶에 대한 회상. 몽상의 황홀한 행복과 충일된 실존감을 표현하며, 고독한 생활과 자연에 대한 가장 아름다운 찬가로 이루어진다.

여섯 번째 산책 : 자선에 대한 성찰. 타인에 대한 인간 행동의 동기에 의문을 제기하는 윤리적 고찰.

일곱 번째 산책 : 식물학에 대한 성찰. 식물채집의 일화를 이야기하며 몽상의 힘과 반성적 사고의 힘을 대비시키고, 자연 속에서의 몽상을 예찬한다.

여덟 번째 산책 : 역경과 행복의 상관관계에 대한 고찰. 다른 사람에 대한 무관심과 초연함에 근거한 독자적인 삶의 방식에서 느끼는 행복을 토로한다.

아홉 번째 산책 : 자기 아이들을 고아원으로 보낸 경위와 이유에 대한 해명. 과거의 추억을 떠올리며 다른 사람들과의 관계에 있어서 고통이나 즐거움을 주는 것을 되새긴다.

열 번째 산책 : 바랑 부인과 함께 체험했던 행복과 과거에의 향수를 환기하는 추억 어린 몽상.

위의 요약에서 보는 바와 같이, 몽상의 몫은 작품 전체를 통해 볼 때 아주 제한되어 있고 또 그만큼 분산되어 있다. 몽상이 기록되는 것은 전체 텍스트의 진행 과정에서 시간의 흐름이 중단되는 지점, 즉 휴지 부분이나 일종의 이탈된 시간에 해당한다. 자연의 여러 요소들과 융합되는 이러한 몽상은 특히 두 번째, 다섯 번째, 일곱 번째, 열 번째 산책에서 찾아볼 수 있다. 나머지 여섯 개의 산책에 대해서는 몽상이라기보다는 명상이라는 제목이 더 적합해 보인다. 특히 거짓에 대해 세심하고 미묘한 논거를 제시하는 〈네 번째 산책〉은 몽상과는 매우 거리가 멀다. 우리의 무의식적인 행동에도 숨겨진 원인이 있다는 단언으로 시작되는 〈여섯 번째 산책〉도 매우 세밀하게 자신의 의식을 검토하면서 자신이 시민 사회에 적합하지 않은 사람이라는 생각에 이른다. 그런 생각에 이르는 것은 몽상이 싫어하는 지적인 프로세스, 즉 루소가 그렇게도 피곤해하는 일련의 심사숙고를 통해서이다. 도덕과 종교에 대한 명상이 담긴 〈세 번째 산책〉에서는 과거의 추억을 이야기할 때조차 몽상을 하기보다는 오히려 몽상하는 기술을 규정하고 있다. 그리고 위안과 안심의 근원이 되는 종교적 신념으로 그를 이끈 여정을 다시 회상한다. 작품 전체를 주의 깊게 읽어보면, 루소 역시 몽상과 명상을 구별하여 사용하고 있다는 것을 알 수 있다.

 이와 같이 몽상과 명상은 서로 구분이 가능함에도 불구하고 〈두 번째 산책〉과 〈일곱 번째 산책〉에서 볼 수 있는 바와 같이 흔히 병행되기도 하고 그렇지 않으면 상호보완적으로 진행된다. 루소에게는 몽상에서 명상으로 발전해가든지 그와는 반대로 명상을 거쳐 몽상의 황홀경에 도달하든지 간에, 한쪽이 다른 한쪽의 연장선에 놓이는 경우가 빈번하다. 루소는 〈일곱 번째 산책〉에서 이와 같은 명상과 몽상의 상호보완적인 진행을 거론하면서 특히 명상에서 시작하여 몽상으로 끝나는 경우가 대부분이라고 말한다.

 이따금 나는 꽤 깊이 생각에 잠기곤 했다. 그러나 즐거운 마음인 적은 드물었고, 거의 언제나 마지못해 강요당하듯이 생각에 잠겼다. 몽상에 빠지면 피로가 풀리고 즐거워지는 반면, 깊은 생각에 잠기면 피곤하고 우울해진다. 생각을 하는 것은 언제나 내게 힘들고 매력 없는 일이었다. 때때로 몽상이 명상으로 끝나는 일도 있지만, 대개의 경우 내 명상은 몽상으로 끝이 난다.

그리고 그렇게 몽상에 빠져 있는 동안 내 영혼은 상상의 날개를 달고 우주로 날아올라, 다른 모든 향락을 능가하는 황홀감 속을 떠다닌다.

그런데 루소에게 몽상은 그 형태가 어떤 것이든 간에 우울한 것일 수가 없다. 그에게 몽상은 즐기는 기술로서, 위의 인용문에서 나타난 바와 같이 황홀감 속을 떠다니는 것이기 때문이다. 따라서 루소를 피곤하고 우울하게 만드는, 일종의 심사숙고로 볼 수 있는 명상조차 몽상과 결합됨으로써 그 우울한 색채가 희석될 수 있다. 요컨대 몽상과 명상이라는 두 가지 활동은 서로 혼합되기도 하고 때로는 상호의존하기도 하면서 시적 분위기와 내적 반성이 결합된 작품의 특수성을 만들어낸다.

3. 고독, 산책, 그리고 행복

〈첫 번째 산책〉의 첫머리에 제시되어 있는 불가피한 고독의 선언은 작품 전반을 지배한다. 《고독한 산책자의 몽상》에서 루소는 과거나 지금이나 자신이 동일한 사람이라는 자아의 항구적 성격을 여전히 확신하면서 세상으로부터 고립되어 있는 자신의 상황을 이야기하지만, 《고백》에서와는 달리 자신의 특이성을 주장하는 데서 그치지 않고 고독을 능동적으로 받아들이고 고독에 애착을 갖는 태도를 보여준다. 이와 같은 고독에 대한 루소의 애착은 어쩔 수 없는 상황에 의해 체념적으로 받아들인 것이라기보다는 자의적이고 방법론적인 양상을 띠고 있다. 루소는 〈세 번째 산책〉에서 그 논리적 체계를 다음과 같이 명료하게 설명하고 있다.

내가 세상을 완전히 포기한 것은 바로 그 시기부터였고, 그때부터 나는 언제나 고독에 강한 애착을 가지게 되었다. 내가 착수한 작업은 완전한 은둔

속에서만 가능한 것이었다. 그 작업은 시끌벅적한 사회에서는 불가능한, 평화로운 긴 명상을 필요로 했다.

위에서 말하는 "그 시기"란 바로 1751년에 루소의 내면에서 일어났던 일대 개혁의 시기를 말하는 것으로, 그 개혁은 자연적인 생활양식으로의 전향으로 나타났다. 루소에게 자연은 진리를 찾는 열쇠인 반면 사회는 반자연적인 정의의 대명사였으므로, 인간이 진리를 발견할 수 있는 유일한 방법은 자기 자신을 사회에서 격리시켜 자연으로 회귀함으로써 가능했던 것이다. 그가 〈네 번째 산책〉에서 "양심의 규칙"이라고 지칭하는 것에 일치되는 행동이란 바로 자연의 섭리를 따라 사는 것이며, 이 양심의 규칙은 인간 행동의 가장 훌륭한 규범으로서 자연이 인간의 마음속에 지울 수 없는 글자로 새겨준 법칙이기도 하다. 그러므로 고독에 대한 그의 애착은 이성의 빛보다는 양심의 소리에 귀 기울이고자 하는 루소가 내면적인 필요에 의해 스스로 선택한 것이다. 말제르브에게 보내는 세 번째 편지에서도 분명히 지적되어 있듯이, 고독은 자연스런 감성의 분출을 가능하게 해주는 여러 가지 요소들과 결합하여 충만한 기쁨을 성취할 수 있는 매개체가 된다. 존재와 자연 사이의 일치와 조화, 아름다움에 대한 인식, 상상세계를 통한 내면적 보상, 몽상의 촉발 등과 같은 모든 것이 고독의 공간을 통해 가능해지기 때문이다.

그러나 고독 그 자체만으로는 충만한 기쁨의 공간이 될 수 없다. 루소에게 고독이 충만한 기쁨을 느끼는 공간이 되기 위해서는 자연 속에서의 산책이 필요하다. 《고독한 산책자의 몽상》에는 밝고 어두운 두 가지 측면이 나타나는데, 어두운 측면은 인간을 향한 것이고 밝은 측면은 자연을 향한 것이다. 즉 세상의 소동 속에서 고독은 루소를 지루하게 하고 고통스럽게 할 뿐이지만, 자연 속에서 산책을 할 때에는 루소의 내부에서 고통이 사라지고 자연의 충만함 속에서 새로운 행복을 체험하는 감각의

혁명이 서서히 진행되는 것이다.

세상으로부터 홀로 고립된 자신과 핍박받는 자신에 대한 탄식으로 시작하고 있는 〈첫 번째 산책〉에서 루소는 마음의 평온을 얻은 지 불과 두 달도 채 못 된다고 적고 있다. 루소가 이렇게 마음의 평온을 되찾은 것은 실제로 그가 매일 즐겨하던 산책 덕분이다. 《고독한 산책자의 몽상》을 쓸 당시 루소의 일과는 매우 규칙적이었다. 그는 일찍 일어나서 오전 내내 악보를 필사하고 오후에는 샹젤리제 카페에서 커피를 마시고 파리의 교외를 산책했다고 한다. 루소에게 산책은 대부분 몽상과 동시에 이루어지므로, 결국 그에게 즐거움과 황홀함을 선사해주면서 마음의 평안을 가져다주는 것이었다.

사실 산책은 한편으로는 사회적인 활동이라고 할 수 있다. 일상생활에서는 대개 산책을 하면서 주변 사람들과 대화를 나누는 기회를 갖기 때문이다. 그러나 루소는 "고독한 산책자"라고 "고독한"이라는 형용사를 덧붙임으로써 자신이 한 산책이 기존의 산책과 다른 의미임을 시사하고 있다. 루소에게 산책이 대화의 기회로 작용한다면, 그것은 사람들과의 대화가 아니라 자기 자신의 영혼과의 대화인 셈이다. 여기서 자아는 자신 속으로 도사리는 폐쇄적인 자아가 아니라, 녹음, 새, 꽃 들, 다시 말해 자연의 삼라만상과 결합하여 멋진 조화를 이루면서 팽창하고 도약하는 순수한 자아이다. 루소는 이와 같이 절대적 고독 속에서가 아니라 들판과 숲에서 우주의 생명력과 함께 진정한 자아를 되찾는다. 그리고 자아의 충일감을 느끼면서 자아 이외의 다른 어떤 것도 필요하지 않은 절대적인 행복에 이르는 것이다. 루소는 〈다섯 번째 산책〉에서 이와 같은 행복을 신이 독자적 절대성으로 느끼는 행복에 비유한다.

그런 상황에서 사람들은 무엇을 즐길까? 자신의 외부에 있는 것은 결코 아니다. 오직 자기 자신과 자신의 존재를 즐길 따름이다. 그런 상태가 지속되는 한, 사람은 신처럼 자기 자신만으로도 부족함을 느끼지 않는다.

시간이라는 장애물이 정복되어 과거를 회상하거나 미래를 기웃거릴 필요도 없는 상태, 시간의 흐름이 느껴지지 않는 상태, 기쁨이나 고통 또는 욕망이나 두려움과 같은 모든 감정이 사라지고 오직 존재하고 있다는 실존의 감정만 느껴지는 상태, 그 실존의 감정만으로 영혼을 충만하게 채울 수 있는 상태, 바로 이러한 상태를 루소는 행복이라고 부른다. 그리고 그는 산책의 느린 움직임을 따라 서서히 되살아나는 그러한 행복을 맛본다. 〈여덟 번째 산책〉에서 말하듯이, "하루하루의 삶이 전날을 즐겁게 상기시켜주고, 내일도 오늘과 다름없기를 바라"면서…… 루소가 몽상을 통해 진정 그와 같은 행복을 맛볼 수 있었다면, 《고독한 산책자의 몽상》은 상처 입고 고통 받은 자의 자기위안이나 단순한 자기만족이 아니라 새로운 삶의 지평을 열었음에 틀림없을 것이다.

옮긴이주

1) 루소는 《고백》 7장과 8장에서 나중에 부록을 추가하겠다는 의사를 표명했다.
2) 몽테뉴Michel Eyquem de Montaigne(1533~1592)는 프랑스의 철학자이며 사상가로서, 고향으로 돌아가 저술에 몰두하여 1580년에 《수상록Les essais》을 완성했다.
3) 쌍떡잎식물 초롱꽃목 국화과의 두해살이풀. 학명은 Picris hieracioides인데, 루소는 이 학명으로 표현하고 있다.
4) 쌍떡잎식물로 미나릿과의 여러해살이풀. 여기서도 루소는 Bupleurum falcatum 이라는 학명을 사용하고 있다.
5) 석죽과의 두해살이풀인데, 여기서 루소가 사용한 학명은 Cerastium aquaticum 이다.
6) 갈랑 자르디니에Galant Jardinier는 당시 많이 존재했던 술집 중 하나로 추측된다. 이 술집 이름은 당쿠르Dancourt라는 사람의 극작품(1704)에서 따왔는데, '점잖은 정원사'라는 뜻으로 목가적 전원시 같은 분위기를 환기한다.
7) 1776년 12월 20일, 아비뇽 통신은 루소가 죽었다고 보도했다.
8) 솔론(BC 640?~BC 560?)은 아테네의 정치가이자 시인이다. 루소는 플루타르코

스의《영웅전》가운데〈솔론의 생애〉를 참고했다.
9) 루소는 신교도 집안에서 태어났으나 1728년에 토리노에서 가톨릭으로 개종했다.
10) 페늘롱François de Salignac de la Mothe-Fénelon(1651~1715)은 프랑스의 종교가이자 소설가로, 24세에 신앙생활에 들어가 정적주의(靜寂主義)에 심취했다.
11) 당시 루소는 재정가인 뒤팽Dupin의 비서이자 회계사로 일하고 있었다.
12) 그리스의 철학자이며 저술가인 플루타르코스(46?~120?)의 윤리 논집《모랄리아》를 말한다. 이 책은 다양한 주제에 대한 230편 이상의 논문으로 이루어져 있는데, 표제와는 달리 인간사 일반에 걸친 수필집에 가깝다.
13) 루소는 1768년 리옹에서 로지에 신부를 만났다. 로지에 신부는 리옹의 왕립 아카데미 회원으로서 1771년부터《물리, 자연사 잡지》를 편찬했다.
14) '진리를 위해 일생을 바치다'는 루소의 좌우명으로서, 그는《학문예술론》을 비롯한 여러 저서에서 이 같은 내용을 피력했다.
15) 1728년 4월 토리노 주위를 떠돌다가 베르첼리스 부인 집에서 하인으로 일할 때 자신이 리본을 훔쳐놓고는 가정부 마리옹에게 뒤집어씌운 사건을 말한다.
16) 아리스토텔레스의 정의의 관념 가운데 하나로, 인간 가치의 차이에 근거해 재화를 차별적으로 배분하는 것을 공정함으로 여기는 정의이다.
17) 1725년에 출판된 이 작품은 몽테스키외의 작품으로 인정되고 있으나, 몽테스키외 자신은 오랫동안 이 작품의 저자임을 부인했다.
18) 이탈리아 시인 타소(1544~1595)의 최대 걸작인 장편 서사시《해방된 예루살렘》에 나오는 구절.
19) 제네바의 남서쪽 지역.
20) 프랑스에서 유래한 크로케와 유사한 게임으로, 공을 나무망치로 쳐서 경기장 양쪽 끝에 세워진 아치형의 높은 철문을 통과시키는 놀이이다.
21) 스위스 서부 쥐라 지방에 있는 호수.
22) 스위스 서부에 위치한 지역. 베른에서 서쪽으로 40킬로미터 떨어져 있고 프랑스와 국경을 접하고 있다.
23) 스위스의 지명. 1765년 9월 이곳에서 사람들은 루소의 집에 돌을 던지며 적의를 표했다.
24) 실제로는 육 주간 머물렀다. 루소는 9월 12일에 도착해 10월 25일에 떠났다.
25) 스웨덴의 식물학자 린네(1707~1778)의 저서.

26) 라 퐁텐Jean de La Fontaine(1621~1695)은 17세기 프랑스의 시인이며 대표적인 우화 작가이다.
27) 구약성서의 12 소예언서 중 여덟 번째로 나오는 책으로 예언자 하박국이 신바빌로니아의 포학에 굴하지 말고 희망을 가지고 의를 행하라고 역설하는 내용이다. 실제로 라 퐁텐이 언급한 책은 구약성서의 외경인 바룩서인데, 루소가 잘못 안 듯하다. 바룩은 이스라엘의 대예언자 예레미야의 제자이다.
28) 그리스의 영웅들이 용이 지키는 보물인 금빛 양의 모피를 찾아 원정을 떠났을 때 탄 배.
29) 《에밀》이 아니라 《고백》 5부에서였다.
30) 슈아죌 공작은 1758년에 프랑스 총리가 된 사람으로, 루소를 비방했다. 루소는 슈아죌을 자신에게 반대하는 동맹의 주동자 중 한 사람으로 생각했다. 샹베리를 여행 중이던 루소는 믿었던 친구인 샤르메트 백작이 매수된 것을 알고 크게 실망했다는 내용의 편지를 테레즈에게 보낸 바 있다.
31) 〔 〕 안은 루소의 원고에서 붉은 줄 혹은 검은 줄이 그어져 있거나, 행간이나 여백에 쓰여 있는 말이다.
32) 기게스는 기원전 7세기 리디아의 왕이다. 그는 손에 끼면 모습이 보이지 않게 해주는 마법의 반지를 가지고 있었다고 한다.
33) 1700년대에 파리의 성 메다르 교회에서는 엄청난 기적이 일어났다고 한다. 병을 치유하는 힘을 가진 성인으로 추앙받던 파리의 부제 프랑수아 드 파리의 관이 메다르 교회의 무덤에 안치되고 사람들이 꽃을 던질 때, 오른발을 못 쓰던 아이가 완쾌된 것이다. 이 소문을 들은 절름발이, 문둥병자, 장님 등이 이 교회로 몰려들었다. 그러나 무덤은 1732년에 폐쇄되었다.
34) 테오프라스토스(BC 327?~BC 288?)는 그리스의 철학자이자 과학자이며 식물학의 창시자이다. 《식물지에 대하여》, 《식물의 본원에 대하여》 등의 저작을 남겼다.
35) 1세기경 그리스의 식물학자. 600여 종의 식물과 1,000종에 이르는 약용식물이 기재된 저서 《약물에 관하여》는 16세기까지 약초학의 권위서였다.
36) 외과의로서 시골에서 의술을 펼치기도 했던 그는 또한 식물학자이기도 했다.
37) 루소는 1765년에 폭행당한 적이 있는데, 몽몰랭 목사가 마을 주민들을 선동한 것이라고 비난했다.

38) 이후의 세 번의 산책에 대해서는 원문에 8, 9, 10으로만 표기되어 있다.
39) 자애심(自愛心)amour de soi과 이기심amour-propre은 루소 사상의 근간을 이루는 중요한 용어로서 서로 대립적인 위치에 있다. 루소는 많은 저작에서 이 두 용어를 비교 설명하는데, 가장 명쾌한 정의는 《인간 불평등 기원론》에서 찾을 수 있다. 《인간 불평등 기원론》에서 루소는 "자애심은 모든 동물이 자신을 보존하고자 애쓰도록 만드는 자연적인 감정이다. 사람의 경우, 그것은 이성의 인도를 받고 동정심에 의해 변모됨으로써 인간미와 덕을 낳게 된다. 이기심은 상대적이고 인위적인 감정에 불과하며 사회 안에서 생겨난다. 그것은 각 개인으로 하여금 다른 어느 누구보다 자기 자신을 중시하게 하고, 사람들이 서로에게 저지르는 모든 악행을 부추긴다"라고 설명한다. 간혹 이기심보다는 자존심이 우리말의 문맥상 더 자연스러운 예도 있는데, 루소의 사상 체계에서 두 용어가 차지하는 위상과 대립적인 의미를 감안하여 전집 번역에 참여한 모든 번역자들의 숙고와 협의 끝에 이기심이라는 용어를 택하기로 원칙을 정했다.
40) 이 첫 문단은 나중에 추가된 것이다. 그런데 루소는 이 문단을 추가할 때, 먼저 써놓은 아홉 번째 산책의 9라는 숫자를 지우는 것을 잊어버려, 원서에는 이 문단 뒤에 다시 9라는 숫자가 명시되어 있다.
41) 스위스의 철학자이며 의사인 피에르 프레보Pierre Prévost(1751~1839)인 것으로 알려져 있는데, 그는 루소의 말년에 자주 루소를 방문했다.
42) 볼테르의 작품 《마호메트》의 작중인물을 가리킨다.
43) 슈브레트 성의 주인인 드니 조제프 랄리브Denis-Joseph Lalive를 말한다. 그는 루소에게 거처를 제공하는 등 많은 도움을 준 데피네 부인Mme d'Épinay의 남편이다.
44) '저녁의 아가씨들'이라는 뜻으로, 그리스 신화에 나오는 여신이다. 이 여신들은 세계의 서쪽 끝에서 오케아노스 강 가까이에 있는 황금 사과가 열리는 나무를 지키고 있었는데, 백 개의 머리를 가진 용(龍) 라돈이 그녀들을 도와 이 나무를 지켰다고 한다.
45) 현재는 나폴레옹의 유해가 안치된 군사 박물관이지만, 설립 당시인 1670년대에는 부상병과 연로한 퇴역자를 위한 생활 근거지로 마련되었다.
46) 플루타르코스의 《영웅전》 중 〈리쿠르고스의 생애〉에 나오는 구절.
47) 트로카데로 언덕과 앵발리드 광장 사이의 센 강에 있던 다섯 개의 작은 섬으로,

나폴레옹 시대에 센 강 좌안에 병합되었다.
48) 루소는 토리노에서 일 년 남짓 살다가 1729년 6월 바랑 부인 곁으로 돌아갔다.
49) 69~79년에 로마를 통치한 황제.
50) 루소는 1762년 1월 26일 말제르브에게 쓴 편지에서도 이 이야기를 하는데, 그 편지에서는 시밀리우스라는 이름을 밝혔고 트라야누스 황제의 고관인 것으로 이야기했다. 하지만 실제로 시밀리우스는 베스파시아누스 황제의 신하도 트라야누스 황제의 신하도 아니고, 하드리아누스 황제의 신하인 것으로 밝혀졌다.
51) 열 번째 산책은 루소의 사망으로 완성되지 못했다.
52) 리비아 드루실라Livia Drusilla(BC 58~AD 29). 티베리우스 클라우디우스 네로와 결혼하여 티베리우스를 낳았다. 아들 티베리우스는 로마제국 제2대 황제가 되었다.
53) 로마 제정 시대의 역사가인 타키투스(55~117)를 말한다. 티베리우스 황제의 등극에서부터 도미티아누스 황제의 죽음에 이르기까지의 역사를 연대기식으로 서술한《연대기》를 썼다. 1754~1755년에 루소는 타키투스 번역을 즐겨 했다.
54) 프랑스의 시인이며 극작가인 장 바티스트 루소Jean-Baptiste Rousseau(1671~1741)를 말한다. 재담을 좋아하고 퇴폐적이었던 그는 당시의 파리 사교계에서 큰 인기를 누렸다.
55) 말제르브Chrétien Guillaume de Lamoignon de Malesherbes(1721~1794)는 프랑스의 정치가로 간접세원의 원장, 서적 검열관장을 지냈다.
56) BC 3세기에 활동한 로마의 지휘관이며 정치가. 청렴결백했던 그의 인품은 로마인이 갖추어야 할 미덕의 전형으로 간주되었다.
57)《학문예술론》제1부 참조. 고대 로마 시대의 정치가 파브리키우스가 살아 돌아온다면 무슨 말을 했을까 하는 내용이 직접 화법으로 쓰여 있다.
58) '진리를 위해 일생을 바치다'라는 좌우명. 1759년 3월 18일 루소는 이 좌우명을 처음으로 사용했다.
59) 루소는《학문예술론》을 발표한 후 오륙 주 동안 앓아 누웠는데, 이때 몇몇 의사들이 왕진을 했고 여섯 달 이상 살지 못할 거라고 진단했다.
60) 로마 황제의 전기 작가로 3세기경 혹은 4세기 말의 인물로 추정되며, 실존 인물이 아니라는 설도 있다.
61) 로마 황제(재위 98~117).

62) 《고독한 산책자의 몽상》의 열 번째 산책에서도 같은 언급이 나온다. 옮긴이주 50번 참조.
63) 1756년 4월 9일은 테레즈와 함께 레르미타주에 체류하게 된 때이다. 그러나《고백》과《고독한 산책자의 몽상》에서는 바랑 부인과 샤르메트 계곡에 체류했던 시절의 행복을 떠올리며 '칠 년밖에 살지 않았다'는 식의 표현을 사용했다.
64) 루소는 장난삼아 개에게 그런 이름을 붙이기도 했는데, '충실한 아샤트'는 둘도 없는 친구라는 뜻이다.
65) 1759년 11월 15일 말제르브는 루소에게《주르날 데 사방(학자들의 잡지)》의 편집자 자리를 제안했다.
66) 루소는 나중에《루소, 장 자크를 심판하다 — 대화》와《고독한 산책자의 몽상》을 집필할 때는 이런 희망을 버린다.
67) 루소는 〈몽상의 초안〉 1번에서도 자신의 인생은 긴 몽상에 불과하다고 말한다.
68) 루소가 메모해놓은 27장의 카드로, 그의 사후 서류 뭉치 속에서 발견되었다.
69) 기원전 6세기경의 리디아 최후의 왕. 엄청난 부로 유명했다.
70) 여기서 '그들'은 고대인을 가리킨다고 생각된다.
71) 마자랭Jules Mazarin(1602~1661)은 프랑스의 재상으로 부르봉 왕조의 절대주의를 완성하는 데 공헌했다. 먼저 추기경으로 임명되었다가 1643년 재상으로 임명되었다. 본문에서 루소가 말한 모호한 구절은 마자랭의《회고록》에서도, 또는 루소가 참조한 마자랭에 대한 서적에서도 출처를 찾을 수 없다.
72) 이 부분을 루소가 쓰려고 계획한 저서에 대한 구상으로 보는 견해도 있다. 어쩌면 저서에 대한 구상일 수도 있고, 다루고자 하는 주제의 목록일 수도 있다.
73) 29번 글은 알아보기 힘들 정도로 갈겨쓴 원본으로 남아 있다. 특히 괄호 안의 내용은 알아보기가 더욱 힘들다.
74) 호메로스의 서사시《일리아스》 4권 141행을 암시한다.
75) 돌바크Paul Henri Dietrich d'Holbach(1723~1789)는 프랑스 계몽기의 철학자이자 문인으로, 18세기 프랑스 유물론의 대표자이다.
76) 많은 루소 연구서에는 8월 30일에 결혼한 것으로 쓰여 있다.
77) 바랑 부인을 말하는데, 공증인이 부아랑으로 잘못 표기했다.
78) 상속물 가운데 상속받은 사람이 마음대로 처리하지 못하고 일정한 상속인을 위해 반드시 남겨두어야 하는 부분.

79) 〔 〕 안의 내용은 유서 원본에서는 텍스트 말미에 첨가돼 있다.
80) 속이 비거나 차 있는 가늘고 유연한 원통형의 긴 기구로, 요도처럼 비교적 좁은 체관(體管)에 삽입해 질환의 진단과 치료에 쓰인다. 소식자라고도 한다.

찾아보기 | 인명

달랑베르, 장 르 롱 130, 182
돌바크, 폴 앙리 디트리히 206, 232
디드로, 드니 171, 206
디베르누아 박사 76, 98
디오스코리데스 102

로지에 신부 52~53, 71, 228
루소, 장 바티스트 164, 231
리비아 드루실라 153, 231
린네, 칼 폰 103, 228

마자랭, 쥘 194, 232
말제르브, 크레티앙 기욤 드 리무아뇽 165
　～187, 231~232
무라위, 요한 안드레아스 99
몽몰랭 목사 112, 229
몽테뉴, 미셸 드 23, 162, 227

바랑 부인 39, 145, 147, 231~232
베르길리우스 164
볼테르 182, 230
비니스 사제 91

샤르메트 백작 91, 229
소크라테스 158
솔론 36, 51, 72, 189, 227

슈아쥘 공작 205, 229

조프랭 부인 130, 133

타키투스 153, 231
테레즈 르 바쇠르 77, 206, 211, 229, 232
테오프라스토스 102, 229
티베리우스 153, 231

파브리키우스 172, 231
팔레 사제 91
페늘롱, 프랑수아 드 39, 228
플라톤 158
플루타르코스 52, 170, 227~228, 230

호메로스 164, 202, 232

찾아보기 | 용어 · 저작

감수성 101~102, 117
거짓말 52~54, 56, 58~67, 69~71, 125, 152, 198
고독 19, 21, 27~28, 39, 41, 50, 105~106, 110, 114, 116, 126, 141, 147, 166~167, 183, 201
《고백》 21~23, 26, 53, 66~68, 70, 227, 229
《국가론》 158
교육 38, 132, 146
《그니드 신전》 59, 63

덕, 미덕 51, 67, 71, 88, 90, 99, 158, 167, 189, 230
도덕 49, 55, 198
도덕적 본능 54, 58, 63
동맹 119, 229
동의 45, 49~50, 157~158, 189
동정, 동정심 88, 230

《루소, 장 자크를 심판하다―대화》 19, 23, 232

명상 21, 23, 25~26, 28, 39, 41, 45~47, 53, 100, 147, 180
몽상 21, 23, 25~26, 28, 77~79, 81~84, 98, 100~101, 104, 111, 128, 134, 176~178
무관심 23, 40, 92~93, 117, 119, 141, 157, 162
무위안일 75

배분적 정의(配分的 正義) 57
법, 법칙 95, 104, 108~109, 120, 212
본성 21, 25, 38~39, 45, 88, 95, 102, 128, 130, 132, 164, 171

《사부아 보좌신부의 신앙고백》 45
상상력 18, 25, 28, 34, 48, 67, 82, 84, 100~101, 105, 108, 117, 140, 162~163, 167, 178, 188
선행 18, 22, 28, 67, 86~87, 89~92, 143, 160, 168, 191
성실성 42, 44, 67
소유 55, 162
《수상록》 23, 227
수치심 53, 64~66, 89, 118, 138
《식물계》 99
식물학 76, 98, 102~103, 109~111, 113~114, 151
《신 엘로이즈》 131

양심 50, 53~54, 58~60, 63, 66, 70, 89, 91, 195
《에밀》 88, 132, 229
여론 34, 118~119, 122, 166, 171, 173, 178, 182
오성 45, 49, 106
우정 37, 161~162, 168, 184
유용성 55~57, 59
은둔 28, 39, 41, 166, 168~169, 174~175, 177, 181~182
의식 104, 157
의지 34, 64, 66~67, 72, 89, 93, 96~97, 105, 119, 167, 183, 189
이기심 20, 65, 92, 94, 121~122, 124~125, 127, 155, 157, 162, 173, 230
이성 35, 37, 40, 42, 45, 47~50, 55, 58, 63~64, 92, 95, 100, 120~122, 127, 230

자기 존중 122
자연 39, 73, 91, 101~105, 107~110, 112~113, 122, 127, 141, 177~179, 202
《자연의 체계》 76
자유 25, 87~88, 94, 96~97, 109, 113, 147, 168, 174, 180, 195
정념 18, 20, 37, 42, 45, 54, 58, 81~83, 88, 94~95, 99, 109, 119, 122, 127, 146, 166, 178, 189, 196
정신 21, 27~28, 41, 43, 45, 50, 62, 66, 102, 124, 129, 163, 171, 175, 180, 194, 202
종교 39, 208
진보 51, 100, 107

체계 44~45, 47, 77, 101, 105, 110, 120
편견 39, 47, 103, 118~119, 178, 185
《학문예술론》 172, 228, 231
허구 59~61, 63~64, 71
행복 19, 26, 38, 40~42, 44~45, 51, 55, 67, 73, 75, 80~81, 86, 95, 101, 105, 108~109, 114~116, 118~119, 122, 124, 126, 128~130, 135, 147, 156, 158, 160, 166, 168, 173~175, 180, 182, 186, 189~190, 200~201, 214
허영심 41, 112, 154, 166~167, 178

옮긴이 진인혜

연세대학교 불어불문학과를 졸업하고 같은 대학 대학원에서 석사와 박사 학위를 받았으며, 파리 4대학에서 D.E.A.(박사과정 수료)를 취득했다. 연세대학교, 충남대학교, 배재대학교에 출강하고 배재대학교 학술연구교수를 역임했으며, 현재 목원대학교 강의전담교수로 재직 중이다. 저서로《프랑스 리얼리즘》(단독 저서) 및《축제와 문화적 본질》,《축제정책과 지역현황》,《프랑스 문학에서 만난 여성들》(공저) 등이 있다. 역서로는《루소, 장 자크를 심판하다—대화》,《부바르와 페퀴셰》,《통상 관념 사전》,《플로베르》,《티아니 이야기》,《말로센 말로센》,《해바라기 소녀》,《미소》,《잉카》,《감정교육》등 다수가 있다.

루소전집 4

고독한 산책자의 몽상
말제르브에게 보내는 편지 외

펴낸날   초판 1쇄 2013년 1월 25일

지은이   장 자크 루소
옮긴이   진인혜

펴낸이   김직승
펴낸곳   책세상
주소   서울시 마포구 신수동 68-7(121-854)
전화   02-704-1251(영업부), 02-3273-1334(편집부)
팩스   02-719-1258
이메일   bkworld11@gmail.com
홈페이지 www.bkworld.co.kr
등록   1975. 5. 21. 제1-517호

ISBN   978-89-7013-834-3 04860
        978-89-7013-807-7(세트)

* 잘못된 책은 바꾸어드립니다.
* 책값은 뒤표지에 있습니다.